NOUVEAUX CLASSIQUES LAROUSSE

Collection fondée en 1933 par
FÉLIX GUIRAND

continuée par
LÉON LEJEALLE (1949 à 1968) et **JEAN-POL CAPUT (1969 à 1972)**
Agrégés des Lettres

OX⅃   2.50

W9-CIF-508

LA FARCE
DE MAISTRE PATHELIN

Librairie Larousse (Canada) limitée, propriétaire pour le Canada des droits d'auteur
et des marques de commerce Larousse. — Distributeur exclusif au Canada : les
Éditions Françaises Inc., licencié quant aux droits d'auteur et usager inscrit des
marques pour le Canada.

Une rue au Moyen Age.

Miniature du *Gouvernement des princes*,
Paris, bibliothèque de l'Arsenal.

Phot. Giraudon.

LA FARCE
DE
MAISTRE PATHELIN

avec une Notice historique et littéraire, des Notes explicatives,
une Documentation thématique, des Jugements, un Questionnaire
et des Sujets de devoirs,
par
GUILLAUME PICOT
Agrégé de l'Université

texte intégral

accompagné de la traduction et d'un commentaire philologique et grammatical

LIBRAIRIE LAROUSSE
17, rue du Montparnasse, et boulevard Raspail, 114
Succursale : 58, rue des Écoles (Sorbonne)

BIBLIOGRAPHIE SOMMAIRE

ÉTUDES GÉNÉRALES

Édouard Fournier — *le Théâtre français avant la Renaissance (1450-1550)* [Paris, Laplace, Sanchez et Cie, 1872].

Louis Petit de Julleville — *la Comédie et les mœurs en France au Moyen Âge* (Paris, Colin, 1885) ; *le Théâtre en France* (Paris, Colin, 1897).

Chevaldin — *les Jargons de « la Farce de Pathelin »* (Paris, Fontemoing, 1903).

Eugène Lintilhac — *Histoire générale du théâtre en France*, t. II : *la Comédie* (Paris, Flammarion, 1904-1911).

Jens Peter Jacobsen — *Essai sur les origines de la comédie en France au Moyen Âge* (Paris, Champion, 1910).

P. Neri — *Farces* (Turin, 1930).

Félix Gaiffe — « *l'Évolution du comique sur la scène française : le Moyen Âge* », dans *Revue des cours et conférences* (15-30 janvier 1931).

Gustave Cohen — *le Théâtre en France au Moyen Âge*, tome II : *le Théâtre profane* (Paris, Rieder, 1931) ; *Mélanges d'histoire du théâtre du Moyen Âge et de la Renaissance offerts à Gustave Cohen, professeur honoraire en Sorbonne, par ses collègues, ses élèves et ses amis* (Paris, Nizet, 1950).

M. G. Harvey — *The Theater of the Basoche* (Cambridge, Massachusetts, 1941).

Albert Pauphilet — *Jeux et sapience du Moyen Âge* (N.R.F., 1951).

Grace Frank — *The Medieval French Drama* (Oxford, 1954).

SUR LE THÉÂTRE COMIQUE AU MOYEN ÂGE

Louis Petit de Julleville — *les Comédiens en France au Moyen Âge* (Paris, 1889).

W. L. Wiley — *The Early Public Theatre in France* (Oxford University Press, Londres, 1960).

Pierre François Godart de Beauchamps — *Recherches sur les théâtres de France depuis l'année 1161 jusqu'à présent* (Paris, 1735), 3 vol.

Maurice Bernardin Napoléon — *la Comédie italienne en France et les Théâtres de la Foire et du Boulevard (1570-1791)* [Paris, Revue bleue, 1902].

Nicolas Brazier — *Chroniques des petits théâtres de Paris, réimprimées avec notices, variantes et notes par Georges d'Heylli* (Paris, Rouveyre et Blond, 1883).

© Librairie Larousse, 1972   ISBN 2-03-034345-5

Émile Campardon   *les Spectacles de la foire depuis 1595 jusqu'à 1791, documents inédits recueillis aux Archives nationales* (Paris, Berger-Levrault, 1877).

Gustave Cohen   *Études d'histoire du théâtre en France au Moyen Âge et à la Renaissance* (5ᵉ édition, Paris, Gallimard, 1956).

Sylvia Lennie England   *An Unrecognized Document in the History of French Renaissance Staging* (Londres, 1935).

François Victor Fournel   *Tableau du vieux Paris, les spectacles populaires et les artistes des rues* (Paris, Dentu, 1863).

Robert Garapon   *la Fantaisie verbale et le comique dans le théâtre français du Moyen Âge à la fin du XVIIᵉ siècle* (Paris, 1957).

L. Gofflot   *le Théâtre au collège du Moyen Âge à nos jours,* avec bibliographie et appendices (le Cercle français de l'université Harvard, Paris, Champion, 1907).

Halina Lewicka   *la Langue et le style du théâtre comique français des XVᵉ et XVIᵉ siècles. La Dérivation* (Varsovie, 1960).

SUR LE THÈME SATIRIQUE DE LA FARCE

G. Harvey   « The Judge and the Lawyer in the Pathelin », dans *Romanic Review* (1940).

P. Lemercier   « les Éléments juridiques de Pathelin et la localisation de l'œuvre », dans *Romania* (LXXIII, 1952).

Rita Lejeune   « le Vocabulaire juridique de Pathelin et la personnalité de l'auteur », dans *Fin du Moyen Âge et Renaissance, mélanges de philologie française offerts à Robert Guiette* (Anvers, De Nederlandsche Boekhandel, 1961).

Louis Douce   *l'Avocat vu par les littérateurs français* (Rennes, 1947).

J. V. Alter   *les Origines de la satire anti-bourgeoise en France* (Genève, Droz, 1966).

SUR LA MISE EN SCÈNE

Karl Mautzius   *A History of Theatrical Art in Ancient and Modern Times* (Londres, Duckworth, 1903).

    le Lieu théâtral à la Renaissance (C.N.R.S., 1954) [voir en particulier la communication du professeur Raymond Lebègue *Unité et pluralité de lieu dans le théâtre français*].

Donald Clive Stuart   *Stage Decoration in France in the Middle Ages* (New York, 1966).

Phot. Larousse.

« Que ce drap ycy est bien fait!
qu'est il souëf, doulx et traitics! »
(II, lignes 180-181.)

LA FARCE
DE MAISTRE PATHELIN
1486

NOTICE

CE QUI SE PASSAIT VERS 1486

■ *EN POLITIQUE. En France :* Soumission de la Guyenne en 1486. La bataille de Saint-Aubin-du-Cormier met fin à « la Guerre folle » en 1488. Mort de François II de Bretagne.

À l'étranger : Espagne : Ferdinand d'Aragon prend Málaga en 1487. En 1490, une croisade des Rois Catholiques échoue contre Grenade. — Italie : dure répression, en 1486, d'une révolte des Orsini à Rome. Paix entre le pape et Naples. — Allemagne : les Fugger deviennent banquiers de Sigismond de Tyrol. — Autriche : Frédéric III reprend l'Autriche en 1490.

■ *EN LITTÉRATURE. En France :* Commynes rédige entre 1489 et 1499 les six premiers livres de ses Mémoires. Lefèvre d'Etaples écrit l'Introduction à la métaphysique d'Aristote en 1490.

À l'étranger : Pic de La Mirandole rédige son questionnaire en 1486 et est condamné par le pape en 1487.

■ *DANS LES SCIENCES ET DANS LES ARTS. En Italie :* Botticelli peint les fresques de la villa Legnini en 1486. Ghirlandaio décore le chœur de Sainte-Marie-Nouvelle à Florence. Filippino Lippi : Triomphe de saint Thomas d'Aquin en 1488. L'Annonciation de Botticelli en 1489-1490.

LES ÉDITIONS ET ADAPTATIONS SUCCESSIVES

La première édition du texte de *la Farce de maître Pathelin* est un incunable sorti des presses de l'imprimeur Guillaume Le Roy, de Lyon (1486). C'est le texte qui fut traduit en prose anglaise par Richard Holbrock (Boston et New York, 1905).

Suit l'édition produite par Pierre Levet, imprimeur à Paris ; elle contient six gravures sur bois, documents de base pour les metteurs en scène (Paris, 1489).

En 1490, un éditeur parisien, Bénéant, édite à son tour un *Pathelin*. À la fin du XVIᵉ siècle, *Pathelin* totalise vingt-cinq éditions. Parmi les éditions parues après 1532, date à partir de laquelle l'œuvre est moins comprise, il en est de « restituées », dont le texte est « remis », « réduit en son naturel ». Les éditions fautives deviennent nombreuses.

Au XVII° siècle, il ne paraît que deux éditions françaises, l'une à Paris (1614), l'autre à Rouen (1656), celle-ci coïncidant avec un passage de la troupe de Molière. La préface de cette édition rouennaise est constituée par un article de Pasquier, dont de larges extraits sont cités dans la présente édition. C'est d'après cette édition que l'abbé Brueys écrira son *Avocat Pathelin* (1706), qui restera au répertoire du Théâtre-Français jusqu'au moment où l'Opéra-Comique accueillera la pièce (vers 1856). Dans le drame apparaissent alors des personnages un peu parasites et des intrigues amoureuses qui chargent l'action.

Au XVIII° siècle, en plus de l'édition Brueys, qui connaît de nouveaux tirages, paraissent les éditions Coustellier (1723) et Durand (1762). Il convient de signaler l'indulgence dont fait preuve Voltaire à l'égard de l'édition Brueys.

Au XIX° siècle, il y a notamment l'édition Geoffroy-Château (1853), l'édition Fournier dans *le Théâtre français avant la Renaissance* (Paris, Laplace, Sanchez et C¹°, 1872). C'est le texte de cette dernière édition qui sera joué à la Comédie-Française en 1872. Signalons enfin, entre autres, l'édition Génin (Paris, 1854), l'édition Paul Lacroix (*Bibliothèque gauloise*, 1859), insérée dans un *Recueil de farces, soties et moralités du XV° siècle*.

Au XX° siècle, Roger Allard remanie le texte établi par Fournier pour faire jouer la pièce par Jacques Copeau au théâtre du Vieux-Colombier (1922). Cette mise en scène comporte un décor à compartiments.

Enfin paraît une édition critique, dont le texte est reproduit dans le présent ouvrage : *Maistre Pierre Pathelin, farce du XV° siècle*, deuxième édition revue par Richard T. Holbrook (Paris, Champion, 1967).

LA RÉGION, L'ÉPOQUE, L'AUTEUR

Le nom de l'auteur de *la Farce de maître Pathelin* est inconnu, mais l'étude du texte lui-même et des allusions historiques qu'il contient permet d'imaginer ce que fut l'homme et de situer à peu près la région et le temps où il composa.

La pièce est écrite en dialecte francien (langue parlée et écrite dans l'Ile-de-France). Mais il s'y mêle des traits picards (c'est en picard qu'Adam de la Halle écrivit vers 1276-1277 le *Jeu de la feuillée* et le *Jeu de Robin et Marion*) et des traits normands (c'est en normand qu'un trouvère inconnu composa vers 1170 *la Chanson de Roland*). Caractéristiques à cet égard sont les rimes *pièce-despeche, donge-songe, pierre-tromperre*.

On a relevé d'autre part une allusion aux « foureux » de Bayeux (vers 895). Saint Garbot (Gereboldus), évêque de Bayeux, avait été chassé par ses ouailles, qui ne prisaient pas ses discours austères. Dieu, irrité, déchaîna sur la ville une épidémie de dysenterie. L'évêque intercéda, et ses prières firent cesser l'épidémie. L'auteur parle de l'abbaye de Fécamp¹ (vers 771). A deux reprises, les « cornards », ou joueurs de

---

1. Ce vers fait allusion au nombre très restreint de leçons et de psaumes de règle dans cette abbaye.

farces, de Rouen sont cités (vers 1170 et 1294). L'écu dont se servent les partenaires pour évaluer la marchandise est une monnaie normande : il ne vaut pas 30 sous « tournois » comme dans l'Ile-de-France, mais 24 sous « parisis ». Ajoutons que la classe dominante à Rouen est alors la corporation des drapiers, contre laquelle, précisément, l'auteur dirige ses traits satiriques, et qu'au siège de l'échiquier de Normandie on compte 339 avocats pour l'année 1464, ce qui est un chiffre énorme. Or, notre auteur fustige aussi les avocats.

Rien n'empêche donc d'admettre que notre premier drame a vu le jour en milieu normand et que l'auteur était normand. Hypothèse que ne saurait infirmer le fait qu'en 1656 un éditeur de Rouen situa l'action « à Paris près Saint-Innocent » (la porte Saint-Innocent était connue pour son marché, où l'on vendait de la toile ; cf. le Bourgeois gentilhomme (III, 13) : « [...] et ses deux grands-pères vendaient du drap auprès de la porte Saint-Innocent »). Ni d'admettre que la première se déroula à Paris, vraisemblablement sur la célèbre Table de marbre du Palais de Justice. Donc un auteur normand, une première à Paris, peut-être à Rouen. Voilà pour la région.

L'époque peut être indiquée avec une certaine précision. Il existe deux documents ; une lettre de Louis XI (22 avril 1470) relate une anecdote : son clerc de chancellerie Jean de Costes dîna un soir en l'hôtel de maître Claude Sillon, de Tours. Il manifesta le désir d'y coucher aussi, et il fit le malade. Voici la réponse qu'il s'attira : « Jean de Costes, je vous connais bien, vous cuidez pateliner et faire du malade [...] ». Cela atteste la popularité de la pièce, familière à ce point en Touraine en 1470 ! Sensiblement plus tard, Rabelais (Tiers Livre) rappelle qu'en 1530, à Montpellier, avec ses compagnons de la faculté de médecine, il vit une farce, la Femme morte : « Je ne riz oncques tant que je feis à ce patelinage. » La pièce était si connue alors que Rabelais put en forger un néologisme. D'autre part, le texte contient une allusion à la « grande froidure » de 1464. L'époque se situe donc très peu après 1464, sensiblement avant 1470, très sensiblement avant 1530. On s'accorde à placer entre 1468 et 1473 la date de composition.

Quant à l'identité de l'auteur, le mystère n'a jamais pu être élucidé de façon incontestable. Au XVIIIᵉ siècle, dans l'enthousiasme de la découverte de notre littérature ancienne, enchanté par les thèmes satiriques développés dans le premier chef-d'œuvre de notre art dramatique, Tressan, dans l'article « Parade » de l'Encyclopédie, songe aux auteurs du Roman de la Rose. Il écarte Jean de Meung, incline pour Guillaume de Lorris. C'était situer la pièce dans un contexte de querelles qui ne pouvaient que rencontrer la sympathie au siècle des lumières. L'examen de la langue et du style, que Tressan n'était pas en mesure d'opérer, oblige à exclure la séduisante hypothèse.

Les chercheurs modernes ont imaginé d'abord un moine (la Farce ne contient aucun trait satirique visant le clergé).

Les noms de Pierre Blanchet et d'Antoine de La Salle ont été tour à tour avancés, sans entraîner aucune conviction. Assez sérieuse, par contre, l'hypothèse de Louis Cons, professeur à l'université Harvard, et Richard T. Holbrook, professeur à l'université de Californie : l'auteur serait un moine normand, Guillaume Alecis, bibliothécaire et archiviste de l'abbaye de Lyre, auteur d'un poème satirique intitulé *Feintes du monde,* où nos chercheurs ont relevé quatre passages qu'ils estiment révélateurs :

> Tel a largement de blason[2]
> Qui ne sait pas son *patelin.*
>
> L'une dit : « Las ! mon bon mari,
> Mon bon seigneur est bien malade ! »,
> Mais elle n'a pas le cœur marri
> Combien qu'elle fasse chère fade[3].
>
> Tel dit : « Venez manger de l'oie »
> Qui n'a chieux[4] lui rien apprêté.
>
> Tel se confie en son berger
> Qui lui cabasse[5] ses moutons.

C'est vraiment mince ! Le détail de l'argumentation peut être suivi dans l'ouvrage de Holbrook, intitulé *Guillaume Alecis et Pathelin* (Berkeley, University of California Press, 1928).

On a songé aussi à un clerc, à un membre de la basoche, qui pourrait être Villon. Évidemment, ce serait de son temps et de son esprit ; et il est un fait que la *Farce* se trouve parfois publiée dans le même volume que les œuvres de Villon. C'est ainsi que l'éditeur Galliot du Pré imprima un livre contenant la *Farce,* l'œuvre de Villon, une œuvre de Guillaume Alecis, moine normand, et des vers de Guillaume Crestin, ami de Marot, maître de Clément Maroy. L'indice est fragile !

Il n'est pas impossible qu'un joueur de farce, dont le nom de guerre aurait été Pathelin, ait écrit la pièce (hypothèse analogue à celle qui a été formulée concernant *la Chanson de Roland :* Turold est-il le trouvère seulement ou aussi l'auteur ?) [voir *la Chanson de Roland,* « Classiques Larousse », tome II, page 117] ; deux vers de P. Grognet dans *Louange et excellence des bons facteurs :*

> Quant au regard de Pathelin
> Trop practique son pathelin,

et une allusion à un personnage nommé Pathelin dans *les Vertus qui font triompher la royale maison de France* empêchent d'écarter *a priori* cette ingénieuse idée.

Ce qui est décisif, semble-t-il, c'est ce que le texte révèle de la personnalité du créateur : une culture juridique étendue est évidente. Elle se manifeste surtout durant l'acte final, qui représente le déroulement du procès intenté par le drapier au berger qui égorgeait ses moutons. Ce ne peut être que l'œuvre d'un homme du Palais, qui connaît les finesses de la maison. Mais elle apparaît aussi lors de l'évocation du « retrait des rentes » et lorsque Pathelin réussit à substituer à la vente au comptant que voulait le marchand une vente à crédit. L'ensemble de l'action révèle une connaissance de l'organisation judiciaire, de la procédure, des formalités concernant

---

2. Réputation ; 3. Mine triste ; 4. Chez ; 5. Filoute.

la conclusion d'une vente mobilière. D'un bout de la pièce à l'autre, d'un personnage à l'autre, on retrouve cette même précision dans les détails juridiques, cette délectation évidente devant les *casus*, cette surabondance de termes techniques qui trahit l'expérience d'un professionnel. Plutôt qu'un poète de vagabondage et de ribaudaille, l'auteur est un homme d'esprit et d'expérience, un poète de basoche qui a offert un divertissement, probablement à l'occasion des jours gras, s'intégrant dans les représentations dites « de la Table de marbre ». N'est-il pas logique, en outre, qu'appartenant au personnel du Palais et membre de la basoche il ait tenu à garder l'anonymat ?

ANALYSE DE LA PIÈCE

■ *SCÈNE PREMIÈRE.* Chez Pathelin.

Maître Pierre Pathelin, avocat, et Guillemette, sa femme, déplorent la dégradation de leur situation. La gêne s'est introduite peu à peu chez eux. Pathelin a une idée : il part pour la foire, se faisant fort de rapporter du drap. Comment va-t-il opérer ? Il n'a pas d'argent. Il quitte Guillemette, tiraillée entre un vague espoir et l'angoisse (de quel expédient son mari va-t-il user ?). La première scène s'achève dans l'inquiétude.

■ *SCÈNE II.* À la foire. Devant l'étal de Guillaume Joceaulme, drapier.

Pathelin entre en conversation avec le drapier : une succession de blasons flatteurs de la famille de Guillaume Joceaulme et du drapier lui-même conditionnent peu à peu le méfiant maquignon. Une promesse de paiement en or, l'acceptation d'un prix très exagéré par Pathelin achèvent de persuader le marchand : celui-ci laisse Pathelin emporter son drap à crédit ; pratique déplorable, tient à préciser à plusieurs reprises le drapier.

■ *SCÈNE III.* Chez Pathelin.

Mais Pathelin a invité le drapier à dîner : on mangera de l'oie et l'on boira du bon vin. Le drapier a stipulé que l'or lui sera versé avant qu'on se mette à table. Si bien que la joie de Guillemette en apercevant le drap se mêle d'une mortelle inquiétude. La situation est d'autant plus grave qu'il y a récidive. L'avocat a déjà été condamné. Il est bien résolu à faire face : on va le recevoir, l'avide marchand ! Et d'esquisser une série de blasons dépréciatifs du personnage et de sa famille, blasons qui contredisent heureusement ceux de la scène précédente.

■ *SCÈNE IV.* Chez le drapier.

Première méditation du drapier : il fait le point. Il a volé son client ; son client l'a invité à dîner ; le même client s'est engagé à le payer en or. Bonne journée ! Il ferme boutique. Ce marchand, bassement cynique et matérialiste, mérite amplement le sort qui l'attend.

■ *SCÈNE V.* **Devant, puis dans la maison de Pathelin.**

Pathelin, remarquablement secondé par Guillemette, attend son homme. Il se met au lit. Guillemette, seule d'abord, accueille donc le drapier. Elle feint un grand désespoir : depuis six semaines son mari est au lit. Il est maintenant à la dernière extrémité. Comment aurait-il pu venir à la foire ? Ahurissement, puis fureur, puis compassion : le drapier, à moitié convaincu qu'il a rêvé, se retire. Il chemine tout en méditant, regagne sa boutique, revoit la place maintenant vide de la pièce de drap. Convaincu qu'il a été joué, il revient, frappe à la porte de l'avocat, qui, en compagnie de sa femme, se réjouissait déjà, et attaque de nouveau. Cette fois, Pathelin le conditionne en délirant en divers langages. Nouvelle modification dans l'âme du drapier, qui bat de nouveau en retraite.

■ *SCÈNE VI.* **Chez le drapier.**

Thibault Aignelet, berger du drapier (nous savions, en effet, que le maquignon faisait confectionner son drap à partir de la laine de moutons dont il pratiquait l'élevage : double bénéfice !), vient supplier son employeur d'annuler une assignation formulée contre lui : Guillaume l'accuse en effet de lui avoir volé des moutons. Attitude impitoyable du drapier. Thibault répond qu'il se défendra.

■ *SCÈNE VII.* **Chez Pathelin.**

Ce que fait le berger : le hasard (c'est le seul événement providentiel de la pièce) le conduit... chez maître Pierre Pathelin. Récit de Thibault Aignelet (le nom est une trouvaille !) à maître Pierre, contredisant exactement le récit de Guillaume Joceaulme de la scène précédente. Conseil intelligent de Pathelin : il réalise qu'il a affaire à un simple. Il lui confie un rôle à sa mesure. Il ne s'embrouille pas dans les textes. Il opère avec son bon sens. Personnage finaud, sans plus !

■ *SCÈNE VIII.* **Au tribunal.**

Où l'expérience de Pathelin se vérifie : il intervient juste assez pour faire divaguer le drapier, qui entremêle les deux affaires qui lui pèsent : celle du drap et celle des moutons. Le juge, intelligemment sceptique, renvoie tout le monde dos à dos. Il est d'ailleurs pressé, et un esprit aussi compliqué que Guillaume Joceaulme le rebute au point qu'il lui enlève tout recours.

■ *SCÈNES IX ET X.* **Devant le tribunal.**

Comique de situation : quand Pathelin réclame son salaire à Thibault Aignelet, celui-ci observe la même attitude que devant le juge. Il ne réagit absolument pas : *Bée !* est tout ce que peut tirer l'avocat de cet ingrat client.

LES TROUPES

À l'époque de la composition de *la Farce de maître Pathelin*, les jongleurs, sauf ceux qui sont musiciens (ménestrels), sont discrédités. Le *Grand Cous-tumier de France* les met au rang des personnes « diffamées », de même que les « basteleurs » et « joueurs de corde ». *Jongleur* est une injure au même titre que *ribaud*. La fête des fous est condamnée par le concile de Bâle (1436) en raison des « larvales », des « théâtrales jocos » (« mascarades », « jeux de théâtre ») qu'elle comporte. Elle ne disparaît pas absolument. Ainsi, à Troyes, l'évêque signale « un certain jeu de personnages vitupérant aucunes paroles erronées » (1445); à Reims, on raille les bourgeoises de la ville, accusées de singer « la façon des dames de Paris ».

Aux « fous » succèdent peu à peu les confréries joyeuses, par exemple les « cornards » à Rouen, la « mère folle » à Dijon. Celles-ci sont, comme les fous d'église et leurs scandaleuses saturnales, condamnées par les prélats. Ainsi, l'archevêque de Sens Louis de Melun jette l'anathème en 1445 contre « ces hommes nus ou indécemment couverts » *(sine verendorum tegmine)* qui parcourent la ville en promenant leur théâtre « sur des chars ou d'autres grossiers véhicules *(in curribus et vehiculis sordidis)* pour exciter le rire des spectateurs par d'infâmes spectacles ».

Les sociétés littéraires, ou « puys », académies locales devant lesquelles les poètes venaient présenter leurs œuvres (au puy d'Arras, Adam de la Halle présenta le *Jeu d'Adam* et le *Jeu de la feuillée* vers 1260), où l'on déclamait des sermons (ce fut le cas du puy de Valenciennes), cessent à l'époque de *Pathelin* les représentations dramatiques... Mais elles ont expérimenté certaines techniques, celles mêmes que commencent à exploiter les confréries. C'est ainsi que, peu avant la date présumée de la première de *Pathelin*, la confrérie des « cordouaniers » monta à Paris deux représentations de mystères (1443-1459). Peu après cette première de *Pathelin*, les confrères de Saint-Didier à Langres jouèrent une *Vie de saint Didier* (1482); à Rouen, la confrérie de Saint-Romain joua une *Vie de saint Romain*; à Chartres, la confrérie de la Passion interpréta un *Mystère de saint Ladre* (1491). Une représentation du même genre se déroula à Rouen dans le cimetière des Jardins « par des confrères et de grands personnages en habits bien honnêtes » (1492).

Depuis 1303, les clercs du parlement de Paris constituèrent une société agréée par Philippe le Bel, le Royaume de la basoche (le mot vient soit du grec *basocheios*, « loquace », soit du latin *basilica*, « maison royale »). La basoche parisienne avait son roi, son chancelier, son vice-chancelier, ses maîtres des requêtes, son référendaire, son grand audiencier, son procureur général. Ses membres étaient clercs de procureurs, clercs d'avocats, clercs de greffiers, clercs de conseillers au parlement. La basoche du Châtelet comprenait des clercs de notaires, des clercs de procureurs, des clercs des greffiers du Châtelet.

Une autre corporation s'appelait l'*empire de Galilée* (*galilea*, en latin médiéval, signifiait « galerie »).

Chaque année en juin se déroulaient les fêtes de la basoche. C'était une manière de revue. Elle avait lieu dans la grande cour du Palais. Elle était suivie d'une mascarade. Sébastien Mercier y fait encore allusion dans son *Tableau de Paris* (1782). En cette occasion, la basoche donne des spectacles devant le Grand Châtelet, dans la cour ou dans la grand-salle du Palais, sur la Table de marbre, privilège que seul le roi a le droit d'accorder, et cela le jeudi avant ou après la fête des Rois, au commencement de mai, au commencement de juillet, le jour de la « martre » (« martyr ») solennelle. Évidemment, les basochiens raillent de préférence les juges, les avocats, les huissiers, les procureurs. C'est dans cette société que naît *Pathelin*, farce tout imprégnée de l'esprit du Palais. Et, d'ailleurs, tout tribunal n'est-il pas une scène? Une séance de tribunal n'est-elle pas un drame? Et dans la « Bibliothèque du Théâtre-Français » du duc de La Vallière ne figurait-il pas un exemplaire du *Débat entre la simple et la rusée* de Guillaume Coquillard?

Aux basochiens, il convient de rattacher les enfants sans souci, ou galants sans souci ou sots, association présidée par le prince des sots, assisté d'une mère sotte. La première édition de la *Sottise du prince des sots* de Gringoire renferme un bois : mère Sotte entre deux Sots : robe serrée à la taille, amples manches serrées aux poignets, camail à capuchon orné d'oreilles d'âne; devise de Gringoire : « Tout par Raison, Raison par Tout, par Tout Raison. » On parodie non seulement la hiérarchie ecclésiastique, mais encore la société tout entière. C'est tout à fait dans l'esprit des satires marotiques, et l'auteur de l'*Enfer* s'en réclame un peu. Ainsi, dans *Coq à l'âne* (2ᵉ épître), il ne craint pas d'écrire :

> Attache moi une sonnette
> Sur le front d'un moine crotté,
> Une oreille à chaque côté
> Du capuchon de sa caboche;
> Voilà un sot de la Bazoche,
> Aussi bien peinct qu'il est possible.

Et voici la description d'un costume de sot au XVIIᵉ siècle : « L'habit était fait par bandes de serge, moitié de couleur verte et l'autre de jaune; et là où il y avait des bandes jaunes il y avait des passements verts, et, sur les vertes, des passements jaunes; entre les bandes il y avait aussi du tafetas jaune et vert, qui était cousu entre lesdites bandes et passements. Les bas-de-chausses cousus avec le haut étaient l'un tout de serge verte et l'autre de jaune, et un bonnet aussi moitié de jaune et vert, avec des oreilles[6]. »

LES ACTEURS

Il n'existe pas de comédiens de profession. Quelques jongleurs sont peut-être devenus acteurs. Mais un texte de Rabelais indique qu'à son époque les jongleurs ne sont pas acteurs. Ils sont « bateleurs, trajectaires et thériacteurs, grands jaseurs et beaux bailleurs de balivernes ». Ce qui est établi, par contre, c'est que les cours des grands personnages comprenaient parfois des « joueurs de personnages », c'est-à-dire des acteurs. Ainsi, les comptes de la maison de Louis d'Orléans font apparaître en 1392 des sommes versées à ce titre à quelques membres de la maison. De même, le budget des ducs de Bourgogne (1447) comprend l'entretien d'un théâtre : ils rétribuent donc des acteurs, comme Marguerite d'Angoulême, sœur de François Iᵉʳ, rétribuera à Alençon et à Nérac des interprètes pour ses

---

6. *Requestes présentées au Roy*... par le S. de Vertan. Cité par Leber dans *Coup d'œil sur les médailles*, page 64.

œuvres, comme l'évêque de Beauvais subventionnera les « farceurs de M. de Beauvais », comme Louis XIV finira par subventionner la maison de Molière. Les acteurs sont généralement désignés par les termes de *joueurs*, de *compagnons* ou même de *personnages*. S'il s'agit de « sots », les acteurs prennent le nom d'*enfançons* ou de *farceurs*.

Pour recruter des joueurs, des concours s'instituèrent ; on les appela *concours de joueurs de personnages*. Le premier semble avoir été celui de Béthune (1423).

Le pouvoir paraît avoir été indulgent pour les « farceurs ». Ainsi, le 5 janvier 1470, la veille des Rois, la faculté des arts à Paris rappelle sa décision : « Que nul écolier ne prenne l'habit de fou cette année [...] à moins que ce ne soit pour jouer une farce. » Même libéralisme en province : en 1492, les écoliers de l'université de Caen, au carnaval, présentent une farce satirique contre les magistrats intitulée *Pattes ointes* ; un magistrat préside le spectacle !

LA MISE EN SCÈNE. LES DÉCORS

Les documents figurés et les textes d'archives n'indiquent rien. Une seule chose est certaine, c'est que les « farceurs » voyageaient avec peu de bagages. Le décor était donc réduit à quelques accessoires.

En ce qui concerne notre pièce, elle comporte trois scènes se déroulant dans la maison de Pathelin, où il y a un lit. On « frappe à la porte » et l'on entre ; « devant la boutique du drapier », puis dans la boutique du drapier, où Pathelin entre et s'assied ; devant le juge, qui est assis, peut-être en plein air, peut-être dans une salle couverte. Cela semble exclure une représentation sommaire de l'endroit. Alors on peut supposer que les décors étaient figurés par des montants et des rideaux à tringles. Quand ils se tiennent devant, les acteurs sont supposés être dans la rue ; si un rideau est tiré, l'action se transporte à l'intérieur d'une maison ; quand l'action se déplace d'une maison à une autre, le personnage se déplace devant les toiles de fond tout en monologuant (c'est plusieurs fois le cas du drapier).

Voici comment, de nos jours, on représente *la Farce de maître Pathelin* : la première scène se déroule dans la maison de Pathelin, où il y a quelques chaises et un lit. Logis exigu, qui est le lot du plus grand nombre. Sur la rue, seule ouverture, une porte. Cuisine, salle à manger, chambre à coucher constituent une seule pièce. Le lit est juché sur une estrade et est surmonté d'un dais.

Puis le décor change. Plus exactement, la scène se transporte : nous sommes devant la boutique du drapier. Il y a là une porte, des fenêtres aussi, qui servent de devanture. Deux volets s'ouvrent, l'un vers le bas, pour constituer un étalage, l'autre vers le haut, formant un auvent. Ce détail importe pour la fin de la scène II, lorsque l'auteur montre le drapier fermant lentement boutique, tout à la joie d'avoir vendu cher sa marchandise.

Enfin il y a l'audience. Peut-être se déroule-t-elle en plein air. Le juge est assis. Près de lui, le « tronc » où l'on déposait le « denier de Dieu ».

Plusieurs personnages sont, eux aussi, installés sur des chaises ; d'autres sont debout.

Les planches de l'édition P. Levet (Paris, 1489) permettent d'imaginer les premières mises en scène. Elles semblent, d'ailleurs, avoir constitué le document à partir duquel ont travaillé tous les adaptateurs. Il est vraisemblable que le mur de la façade de la maison est chaque fois en « pan coupé » ; portes et fenêtres se trouvent pratiquées sur le mur de côté, suffisamment raccourci pour qu'on voie les acteurs de toutes les places (procédé encore usité de nos jours).

D'autre part, les trois décors sont plantés simultanément : jusqu'en 1636, la technique demeurera immuable, témoin cette remarque de Scudéry (1637) : « Le théâtre en est si mal entendu qu'un même lieu représentant l'appartement du roi, celui de l'infant, la maison de Chimène et la rue presque sans changer de face, le spectateur ne sait le plus souvent où sont les acteurs. » Le théâtre n'est-il pas une convention ? Tout n'y est-il pas imaginaire ?

LES COSTUMES

Le dramaturge n'y cherche aucun effet : chaque personnage est vêtu selon sa condition. La diversification des vêtements est beaucoup plus voyante au Moyen Âge que de nos jours. Moralistes et prédicateurs en dissertent volontiers. C'est que l'habit matérialise une hiérarchie sociale férocement maintenue : « Vous êtes fils de vilain et de vilaine, et vous avez quitté l'habit de votre père et de votre mère et vous portez une robe de camelin plus riche que celle du roi », reproche sévèrement un sénéchal à une personne de l'entourage royal (Joinville, III). Et Christine de Pisan, en pleine querelle des femmes (affaire Jean de Meung), avait rappelé avec sa raideur coutumière : « Non pourtant c'est bien droit que chacune porte tel habit et estat qui appartient à son mary et à elle, mais s'elle est Bourgoyse qu'elle se porte telle comme une Damoyselle, et la Damoyselle comme une Dame, et ainsi de degré en degré en montant. Sans faylle c'est chose hors ordre de bonne police. »

Aussi, l'importance des costumes est-elle minime. La fantaisie et l'imagination de l'auteur ne peuvent rien changer à ces uniformes que chacun doit porter. D'ailleurs, avant le spectacle, des « peintres imagiers » fixent sur le parchemin les principales scènes, donc l'ensemble de chaque décor et, bien entendu, les costumes. Ainsi, l'iconographie seconde l'art dramatique. C'est le cas pour l'édition Levet de *la Farce de maître Pathelin*. Il arrive que les acteurs s'habillent comme ils l'entendent, tellement ce point est jugé indifférent sur la scène. Il faudra attendre le XVIIIe siècle pour voir apparaître les habilleuses de théâtre.

Ainsi, Pathelin portait certainement une robe et un chaperon d'avocat, le juge une robe fourrée, le marchand une robe de drap simple, la femme une cotte, le berger une cotte et un gipon[7].

---

7. Forme de jupon. Ce mot a parfois au XIVe siècle le sens de « vêtement de travail très court ».

LA FARCE

« La farce fleurit en France du XIVe au XVIe siècle, au temps des mystères, des soties et des moralités. C'était un genre de petites pièces courtes, d'un comique bas, trivial, burlesque et, la plupart du temps, très licencieux... La farce tirait son nom, dit-on, d'un genre de poésie très usité au Moyen Âge et qui prit naissance vers le Xe ou le XIe siècle : cette poésie, écrite alternativement en latin et en langue d'oc ou en langue d'oïl, était appelée *farcia* ou *farcita*, parce que le texte latin était comme *farci* de termes vulgaires ajoutés après coup[8]. »

Ce genre de représentation se déroula d'abord en plein air, sur les champs de foire. Il y avait des improvisations, parfois de petits drames, qui alternèrent avec les moralités et les mystères. Les titres en sont significatifs : *Farce des hommes qui font saler leurs femmes à cause qu'elles sont trop douces; Farce des bossus; Farce joyeuse et récréative d'une femme qui demande des arrérages à son mari.* Selon l'*Art de rhétorique* de Gratien du Pont, une farce ne doit pas excéder cinq cents vers.

Au milieu du XVIe siècle, de toutes les formes d'art dramatique médiévales (déclamations des jongleurs, miracles, soties, moralités), seule la farce survit. À Paris et à Rouen, les sociétés à demi professionnelles ne produisent plus que des farces, au moment même où commence l'imitation des tragédies et des comédies antiques (Jodelle, Grévin, La Péruse) et où la cour ne protège plus que les ballets à l'italienne (commedia dell'arte).

LA SATIRE

Le climat social est favorable au développement de la littérature satirique : depuis le début du XIIIe siècle, au « noble bacheler » médiéval, dont le prestige pâlit, succède le « riche marchand ». D'Angleterre, d'Espagne, d'Italie, du Proche-Orient affluent vair, gris, isembrun, écarlate. Les foires du genre de celle où est installé le drapier de *la Farce de maître Pathelin* ne sont pas rares. Une place plantée d'arbres y suffit, et il y en a dans tous les bourgs. La corporation des drapiers est une des plus puissantes organisations commerciales. Draps de luxe et fines lingeries, toiles de chanvre et tiretaines enrichissent qui sait s'en procurer et surtout qui sait revendre; et le vêtement, en cet âge de grand trafic, où l'argent change constamment de mains, a une telle importance! Il y a d'innombrables étalages, des boutiques où, le plus souvent, on vend « à fenêtre ouverte »; et, en dépit d'une réglementation rigoureuse, la moralité des marchands prête à la critique : on vend de la fouine pour de la zibeline, du drap de bourre pour du drap de laine; on triche sur le poids et sur la mesure; on étire le drap en aunant. Les prélats essaient de rappeler quelques principes (l'exemple d'Étienne de Fougères au XIIe siècle fut suivi, et les sermons moralisateurs émaillent notre littérature des XIIIe et XIVe siècles); surtout il y a là un terrain toujours fertile pour les poètes satiriques : par exemple, au XIIIe siècle, le *Roman de Renart* amusa, un peu comme amusa à la fin du XVe siècle notre marchand de drap malhonnête.

---

8. Arthur Pougin, *Dictionnaire historique et pittoresque du théâtre* (Paris, 1885).

De bonne heure, la noblesse joint ses protestations à celles des écrivains. Ainsi, Christine de Pisan : « Ce n'est mie comme ceux de Venise ou de Gennes, qui vont oultre mer, et par tout pays ont leurs facteurs, achaptent en gros, et font grands frais. Et puis semblablement envoyent leurs marchandises en toutes terres à grands fardeaulx, et ainsi gaignent grands richesses, et tels sont appeléz nobles marchands. » Et de citer une dame de ses amies : « Celle dont nous disons achapte en gros et vend à détail pour quatre soubs de denrées (se besoing est) ou pour plus, ou pour moins (quoy qu'elle soit riche et portant trop grand estat[9]). »

Depuis le début du XIVe siècle, une certaine agitation se développe en Flandre parmi les tisserands et les foulons. Les drapiers détiennent le pouvoir : parmi eux se recrutent maires et échevins. Deux documents attestent le malaise : l'œuvre du trouvère Adam de la Halle, précisément arrageois, le *Jeu de Robin et Marion*, pastourelle dramatique, et surtout une revue des notables d'Arras, le *Jeu de la feuillée* (1276 ?).

La richesse, l'apparition des négociants, qui constituent bien vite une classe dirigeante enviée, amènent une transformation du droit de propriété, qui devient de plus en plus *jus utendi et abutendi* ; les contestations (à part ce qui concerne le mariage et l'usure) ne donnent plus lieu à l'intervention de tribunaux ecclésiastiques, mais à celle de cours composées d'experts au courant des pratiques commerciales, ce qui amène peu à peu les marchands à entrer dans la magistrature.

Et une deuxième catégorie sociale est à son tour objet d'envie, celle des gens de loi. L'auteur de *Pathelin* n'est pas le premier à les montrer sous un jour inquiétant : juges, procureurs, avocats, notaires, greffiers sont vigoureusement pris à partie par exemple dans la *Bible Guiot*[10], dont l'auteur, Guiot de Provins, ne cache pas son animosité pour ceux qu'il nomme avec mépris les *legistres*. Leur importance n'a cessé de croître depuis le début du XIIIe siècle : le XIIe siècle a été marqué par la renaissance du droit écrit et l'enseignement du droit romain. Sous Philippe Auguste, Louis IX, Philippe le Bel, les juristes sont des conseillers écoutés du roi. Ils sont d'autant plus libres qu'ils ne relèvent que du pouvoir central ; ils sont complètement affranchis en particulier de toute allégeance féodale. Tout avocat peut espérer entrer dans la noblesse. Alors, la satire se déchaîne, encouragée par l'Eglise. Voici quelques extraits de sermons concernant les légistes : « Pour extorquer, ce sont des harpies ; pour parler avec les autres, des statues ; pour comprendre, des rochers ; pour dévorer, des minotaures » (Jacques de Vitry) ; « Si leurs vêtements étaient mis sous le pressoir, le sang des pauvres en découlerait » (Ménot). Le « songe d'enfer » devient un lieu commun de la poésie satirique : ces songes sont presque toujours des prétextes à malmener les gens de loi. Ainsi, Raoul de Houdain imagine un dîner infernal, au menu duquel figurent des langues d'avocats.

---

9. Cité par J. V. Alter dans *les Origines de la satire anti-bourgeoise en France* (Genève, Droz, 1966) ; 10. La *Bible Guiot* est l'ouvrage satirique le plus voyant ; mais Guiot eut de nombreux émules, par exemple Eustache Deschamps, auteur notamment d'une satire alerte contre les gens de loi, *la Farce de maître Trubert et d'Autrougnart*.

Et dans un songe d'enfer anonyme on assure que les juristes « seront en enfer mangiés à joie ». Ecclésiastiques, bourgeois, nobles sont heureux chaque fois qu'on attaque les maudits « legistres », ou « légistes », et le vocabulaire est fort riche : retenons dans notre farce les expressions « avocat dessous l'orme », « avocat potatif à trois leçons et trois psaumes ».

Aux marchands, aux gens de loi, il convient d'ajouter les médecins; les railleries les concernant sont assez rares dans *la Farce de maître Pathelin*; dans la scène du délire, il est fait allusion aux panacées à la mode — l'eau rose, les « brouillis » (drogues), les « cristères » (clystères), les « pillouères » (pilules) —, aux examens les moins poétiques (« mon orine vous dit-elle point que je meurs? »; à rapprocher de « Preudon, as-tu point d'orinal? » du *Jeu de la feuillée*, vers 230). Plaisanteries attendues : l'auteur leur sacrifie quelques répliques, réservant tout son fiel aux marchands et gens de loi.

UNE COMÉDIE DE CARACTÈRE CLASSIQUE

L'action.

Elle est liée aux caractères : aucun événement fortuit, sauf le choix du berger (la providence fait qu'il va consulter, pour se défendre du drapier, précisément maître Pathelin, qui est en litige avec le même drapier). La première partie de l'intrigue sort de l'idée de Pathelin (l'escroquerie par persuasion), laquelle entraîne l'expédient imaginé par le même Pathelin (la scène d'envoûtement au cours de laquelle, péniblement, le drapier est amené à croire qu'il a rêvé : on songe à *Amphitryon*); la seconde partie sort de l'imagination du même Pathelin — toujours lui! —, qui forge au berger un système de défense simple et efficace, dans le style de l'escroquerie initiale. C'est logique, simple, un. Exactement classique.

Une trouvaille psychologique : la modification.

Elle est une source inépuisable de comique, et le décor de l'époque s'y prête : quand le drapier quitte sa boutique pour se rendre chez Pathelin, tout en cheminant, il médite; il est gai : il vient de voler un client; ce client l'invite à dîner; il est gai : il y aura de l'oie! Quand il arrive devant la porte du domicile de l'avocat, il exulte! Lorsque Guillemette est parvenue à lui faire croire qu'il a rêvé et que jamais il n'a remis de drap à Pathelin, il est d'abord ahuri, consterné; il refait en sens inverse le chemin qu'il a parcouru dans l'allégresse; à mesure qu'il chemine, ses dispositions changent; quand il arrive chez lui, il retrouve son premier état : il ne croit plus rien de ce qui lui a dit Guillemette. Nouveau cheminement, nouvelle scène chez Pathelin, nouvelle modification, et le cercle se referme! Ces modifications successives font songer à celles que subit le malheureux Sosie : leur effet dramatique est tout aussi irrésistible!

Les portraits.

Ils jouent un rôle de premier plan dans l'art classique : les marquis jouant aux portraits avec Célimène; la scène des portraits qui ouvre *le Tartuffe*; le portrait de Sévère, qui précède son apparition au deuxième acte de *Polyeucte*; les portraits de La Bruyère, de Saint-Simon, etc. La tradition remontait haut, aux blasons, les uns laudatifs, les autres dépréciatifs, qui émaillent nos poèmes lyriques du Moyen Âge, nos premières revues (le *Jeu de la feuillée* d'Adam de la Halle), nos romans courtois, etc.

De même, les caricatures du drapier qu'esquissent tour à tour Pathelin et sa femme, alors que l'original est constamment en scène, exposé aux regards narquois, le blason laudatif du père du drapier, composé par l'avocat dans un dessein évident, auquel succède bientôt un blason dépréciatif, lui sincère et qui n'a d'autre objet que d'égayer, accumulent les effets dramatiques les plus heureux.

Les récits.

Ils sont nombreux et variés; ils sont une source intarissable de comique. Chaque fois qu'un acteur vient relater une scène qu'on a vue, le rire naît de l'écart entre la vérité vraie et la vérité selon le personnage qui parle. Ainsi, Pathelin fait rire quand il conte à sa femme la scène de l'escroquerie que le spectateur vient de vivre; de même, le drapier fait rire quand il conte la même scène à Guillemette d'abord, au juge ensuite. Et l'ordre même de ces récits est ménagé de main de maître. On songe à la succession astucieuse de récits qui composent l'*École des femmes*.

Il y a mieux: après la première scène de délire, Guillemette retrace à son mari les jeux de physionomie du drapier: l'expression d'avidité d'abord, de détresse enfin qu'exprimaient les traits de l'imbécile; le spectateur revit la scène et la savoure; et le retour du drapier fait que, de nouveau, on compare récit conté et scène vécue. Nouvelle source de rire, encore exactement classique!

Enfin, un récit n'est jamais le même selon qu'on le fait en présence d'un personnage ou d'un autre. L'écart suffit à provoquer l'hilarité. C'est le cas quand le berger conte la mort des moutons, dont il avait la garde, à leur propriétaire d'abord (« la fatalité! la clavelée! »), à son avocat ensuite (« il assommait les malheureuses bêtes, sans égard pour leurs cris ni pour le voisinage que ces massacres successifs émouvaient »).

La leçon même de l'avocat à son client, lui mimant ce que devra être son attitude à l'audience, prend tout son sel quand le spectateur assiste à l'audience elle-même: le récit précédant la scène en souligne le comique. Et celui-ci redouble quand l'attitude de l'accusé se prolonge au cours de la dernière scène, lorsqu'il n'est plus en présence que de son défenseur, contre lequel il retourne son système de défense... L'art du récit est déjà, comme il sera dans le théâtre classique, la clef de voûte de l'art dramatique.

Les personnages.

Cinq personnages, dont trois représentent des types bourgeois. De leur rencontre se dégage une atmosphère vivante, réaliste, prosaïque, toujours vivante. C'est l'esprit du tiers état: tout le monde s'emploie à s'abuser mutuellement. Telle est la mentalité grossière, aventureuse des bourgeois du XVᵉ siècle. Les cinq personnages, et pas seulement maître Pierre et le juge, jonglent avec le vocabulaire du Palais: le drapier, le « berger des champs », Guillemette la coquine. Malgré les différences de conditions, tous parlent comme s'ils avaient la pratique de la procédure. Le public n'était-il pas celui de la basoche, tout à fait capable d'apprécier les situations juridiques et l'esprit des reparties ? Les spectateurs suivaient facilement et applaudissaient en connaisseurs.

En premier lieu le héros, maître Pierre Pathelin, dont le nom s'étale sur le premier décor, tout à fait à la gauche du public : avocat retors, finalement berné par quelqu'un dont il a surestimé la simplicité. Il est pauvre comme tant de petits légistes de l'époque ; il possède un incroyable don de saisir immédiatement ce qu'une petite affaire peut rapporter ; ses procédés sont douteux, à mi-chemin entre la malhonnêteté et les possibilités qu'offre toute procédure ; le vol ne lui fait aucun scrupule ; il a eu maille à partir avec la justice. Sans doute, il ignore le « grimoire », les textes eux-mêmes, mais il figure honorablement à l'église, où il dispose d'un lutrin ; il est un peu initié à divers langages ; il marchande habilement, sait se montrer persuasif. Qu'il dépouille le riche marchand ou soit lui-même volé par un simple berger, on l'applaudit ; la satire fait coup double : les marchands volent, et les légistes ne sont pas aussi fins qu'on prétend.

Guillemette est digne de son mari : femme singulièrement affranchie, rompue à tous les expédients, n'ignorant rien de certaines pratiques moralement douteuses et juridiquement assez faibles, elle se tire des situations les plus dangereuses par son audace, sa loquacité, son esprit d'à-propos, un instinct qui la porte à tout amplifier. Elle n'est d'ailleurs guère instruite. Le cas n'est pas rare en ce XV⁰ siècle finissant : sans doute, des écoles s'ouvrent aux filles, souvent tenues par des communautés religieuses. Sans doute, de plus en plus les femmes savent écrire et s'expriment même parfois en latin ; mais que de méfiance encore ! Ne lit-on pas par exemple dans un conte, *Urbain le courtois*, ce conseil : « Ne prends pas une femme pour sa beauté et parce qu'elle saura lire dans les livres : ces femmes-là sont souvent décevantes. » « Lettroier » n'est pas une occupation recommandée, et les romans courtois, largement diffusés, inquiètent. Nous sommes d'ailleurs en pleine « querelle des femmes » depuis Jean de Meung (à qui, d'ailleurs, certains critiques ont attribué *la Farce de maître Pathelin*). Nul doute que les féministes de l'époque n'aient admiré une personne qui fait si honneur à son sexe et seconde aussi dignement son mari ! Cet aspect féministe du personnage devait d'ailleurs être retenu au Siècle des lumières. C'est ainsi que, le 21 février 1760, sur le théâtre de « société » (théâtre du Faubourg du Roule) que possédait Philippe d'Orléans à Bagnolet, la pièce fut montée avec succès ; le rôle de Guillemette était tenu par Mlle Lamothe, de la Comédie-Française. L'aspect féministe du rôle, astucieusement monté en épingle par l'artiste, fut remarqué par le public, qui assura dans le même temps le succès des drames de Beaumarchais.

Il est d'ailleurs certain qu'à la création ce fut une femme qui incarna Guillemette : en France, en effet, les femmes ne furent jamais écartées ni de la scène ni des salles de spectacle. La seule restriction concerna, et cela jusqu'au milieu du XVII⁰ siècle, les rôles bouffons, par exemple les rôles de vieilles servantes et de nourrices, réservés à des interprètes hommes. Les témoignages ne manquent pas. Ainsi, Jean de Troyes rapporte que, le 31 août 1461, on fêta à Paris l'entrée solennelle du roi Louis XI. Des femmes jouèrent des rôles de sirènes, revêtues de costumes dont l'audace plut. De même, en 1468, à Metz, fut représenté le mystère de sainte Catherine de Sienne : « [...] et portait le personnage de sainte Catherine une jeune fillette âgée d'environ dix-huit ans [...] et parla cette fille si vivement et piteusement qu'elle provoqua plusieurs gens à pleurer, et estait agréable à toutes gens. Et, à l'occasion de ce, fut celle fille richement mariée à un gentilhomme de Metz, appelé Henri de La Tour, qui d'elle s'enamoura par le grand plaisir qu'il y prit. »

Maître Guillaume n'a aucune qualité (dans cette comédie de caractère, son rôle est un peu un rôle de repoussoir : comparé à lui, le héros est plutôt sympathique, malgré son absence de scrupules) : il est âpre au gain, retors, naïvement accessible à la flatterie, rusé et fraudeur, avide (pas de petites économies ! il mangera de l'oie, boira gratis, et le client qu'il est tout heureux d'avoir volé paiera !), menteur, crédule ; face à un magistrat, il perd pied, bafouille, manifeste une passive stupidité. Sa lenteur d'imagination est astucieusement mise en relief par ses cheminements sur scène (les « modifications » sur le chemin de sa boutique à la maison de Pathelin et *vice versa*).

Le berger : un simple... en apparence ; avec ce personnage, le spectateur va de surprise en surprise : sournois et tremblant devant le drapier irrité (premier récit de la disparition des moutons) ; cynique et rieur, en confiance devant son défenseur (deuxième version du même exploit) ; idiot, comme on le lui a recommandé quand il est face au juge et au drapier ; triomphant dans son attitude d'idiot lors de la scène finale.

Le juge n'est nullement abruti, comme certains critiques l'ont prétendu avec J. V. Alter *(op. cit.)* ; il est courtois, papelard, travaille vite : un technicien qui sait éclaircir et expédier une affaire. Fuyant en apparence, il a une solide mémoire, et il peut devenir redoutable : que penser de son invitation à dîner, que Pathelin élude immédiatement d'un geste (son mal de dents !) ? Caricature très fouillée.

MAISTRE PIERRE PATHELIN

Scène première. — PATHELIN, GUILLEMETTE.

Le théâtre représente un intérieur pauvre. A gauche, par rapport au spectateur, une porte. Sur cette porte est inscrit en lettres capitales le mot AVOCAT. Devant cette porte, Pathelin est assis (une aiguille à la main, il ravaude un misérable vêtement dont il sera question un peu plus tard). A l'autre extrémité de la scène, sa femme, Guillemette, lave : sur un tabouret en face d'elle est placé un baquet. Entre l'avocat, qui ravaude, et Guillemette, qui lave, il y a, tendues, des ficelles sur lesquelles sèche du linge. A droite, par rapport au spectateur, une porte ouverte, et l'on aperçoit un escalier qui permettra une série de jeux de scène lorsque le drapier viendra réclamer le prix de la marchandise emportée par l'avocat. Décor fruste et qui ne comporte que ce qui est essentiel à l'intelligence du texte. Exactement classique.

Pathelin porte un ample chaperon à banderoles (facile à imaginer : les miniatures du XVe siècle ne manquent pas), une robe courte, descendant à mi-jambes, serrée par une ceinture où pendent une bourse et une écritoire.

Guillemette, visage aigu, air pincé, tantôt coquette, tantôt impérieuse, porte une coiffe genre religieuse; robe attachée par une ceinture à gros fermoir.

A titre d'indication, à la Comédie-Française, le rôle de Pathelin fut confié à Denis d'Inès, titulaire du rôle du Baron dans On ne badine pas avec l'amour, *et celui de Guillemette à Berthe Bovy, titulaire du rôle de Madame Pernelle. D'un côté, un caractère tout d'une pièce; de l'autre, une femme acariâtre, habile à critiquer, à l'esprit de suite fort nuancé.*

Nous sommes déjà, en ce milieu du XVe siècle, dans les subtilités de la comédie de caractère.

Paris, musée des Arts et Traditions populaires.

Phot. Maget.

Texte.

I

Chez Pathelin

MAISTRE PIERRE *commence*

Saincte Marie! Guillemette,
pour quelque paine que je mette
a cabasser[11] n'a ramasser,
nous ne povons rien amasser;
5   or vis je que j'avocassoye.

GUILLEMETTE

Par Nostre Dame, j'y pensoye,
dont on chante, en advocassaige;
mais on ne vous tient pas si saige
des quatre pars[12] comme on soulloit[13].
10   Je vis que chascun vous vouloit

Traduction.

PATHELIN. — Par sainte Marie, Guillemette, quelque peine
que je mette à grappiller et à glaner, nous ne pouvons rien
amasser. Pourtant j'ai vu un temps où j'avais des clients.

GUILLEMETTE. — Par Notre Dame, on en jase dans le monde
du barreau. J'avais la même pensée. Votre réputation a baissé
des quatre cinquièmes. J'ai vu un temps où chacun voulait

---

11. *Cabasser* : tromper par de belles paroles pour avoir la marchandise au
rabais. Ex. : « Il en a cabassé la moitié » (*Histoire du Petit Jehan de Saintré*);
12. *De quatre pars* : du tout au tout ; 13. On avait l'habitude.

Commentaire philologique et grammatical.

Vers 1. *Saincte Marie. Marie* compte pour trois syllabes. Cf. *arrivée, roue*. Ce phénomène se poursuivra jusqu'au XVI⁰ siècle (par exemple chez Ronsard). Au XVII⁰ siècle *partie* compte encore pour trois syllabes chez Molière. Villon abuse de cette commodité de versification. On peut rapprocher : de *play's Dieu*, où l'*-e* n'est pas compté (vers 891) ; de *dient*, compté pour trois syllabes au vers 60 (cf. Corneille : « les sœurs *crient* miracle ») ; de *paiëment*, compté pour trois syllabes au vers 207. Aujourd'hui, on laisse *-e* ou l'on met un accent circonflexe.

Vers 2. *Pour quelque paine que je mette. Pour* est analogique d'une phrase comme « pour quelque peine que je travaille ». Traduire : « quelque peine que je mette ».

Vers 3. *Cabasser* signifie « chaparder », « empocher ». C'est le premier exemple de l'emploi de ce mot. Mot populaire ? peut-être (l'auteur s'efforce de faire parler les personnages selon leurs conditions), mais en tout cas dialectal : il s'employait couramment au XV⁰ et au XVI⁰ siècle en Normandie. Il est formé sur le nom *cabas*, qui signifie « panier » (voir vers 1140) ;
N' = *ne*. Cette négation employée dans une phrase qui n'est pas négative de forme est amenée par une idée dubitative (voir vers 115, où *ne* = *ou* (cf. La Fontaine : « que force ni que rage »). *Ni* finalement a triomphé. Il vient probablement d'une coupure fautive : *n'icelui* compris comme *ni celui* ; *ni* est plus expressif à l'oreille. *Ne* subsiste au XVII⁰ siècle dans les expressions « ne plus ne moins ». *Ne* vient du latin *nec*, comme *que* vient de *qued*, lui-même évolution romane de *quod*. *Ni*, au contraire, est de formation romane).

Vers 4. *Amasser* et *ramasser* sont déjà distingués, alors qu'on a commencé par les employer l'un pour l'autre.

Vers 5. *Vis je* est une inversion fréquente dans l'ancienne langue, qui postpose le pronom sujet quand la phrase commence par un complément ou un adverbe. Peut-être y a-t-il une influence de la syntaxe germanique ;
Or (= pourtant) a une valeur conjonctive. L'inversion ne devrait pas avoir lieu. Mais le mot a conservé sa syntaxe d'adverbe, bien qu'il soit devenu conjonction. Cf. notre français moderne « aussi est-il arrivé en retard », « peut-être s'est-il trompé ». Il semble qu'il faille voir dans l'emploi de ce tour une affectation d'élégance.
L'emploi du passé simple, alors que nous employons le passé composé, montre que Pathelin considère son action dans le passé et non par rapport au moment où il parle (voir vers 159-160).
Avocasser n'a ici aucun sens péjoratif. Le mot apparaît au XIV⁰ siècle. Il est tiré du nom *avocat*, qui a donné *avocassage* et aussi *advocasserie* (vers 47) et *advocacion* (vers 55). Nous sommes encore à une période d'incertitude de la langue. Ces mots, usuels encore au XVI⁰ siècle, ont pris depuis un sens péjoratif. Dans le mot *avocat*, le *-t* est prononcé. *Avocassoye* par *avocassoue*. Il y a là une forme étymologique de l'imparfait. *Debebam* a donné par dissimilation *debeam*. D'où *debeie, deboie*. Cf. *habebam, habeam, aveie, avoie*. Et ici *avocasseie, avocassoie*. Les formes d'imparfait en *-ois*, puis en *-ais* apparaissent au XIV⁰ siècle et triomphent à la fin du XV⁰. A rapprocher de *j'avois* au vers 198. La graphie *-ais* de Voltaire ne sera adoptée par l'Académie qu'en 1845. A l'époque de *Pathelin* existaient trois formes d'imparfait, en *-oye*, *-ois*, *-oi*. Ronsard affirme qu'on peut employer indifféremment les trois formes ; selon lui, la forme en *-oye* est picarde.

Vers 6. *J'y pensoye* est probablement une parenthèse. Dans les farces, une invocation est fréquemment suivie d'une coupe.

Vers 7. *Dont on chante* signifie « qu'on invoque ».
Advocassaige pour *advocassage* est une forme dialectale anglo-normande ; à rapprocher de *froumaige, aurai-je*.

Vers 8. *Saige* au sens de « habile » sera encore usité au XVII⁰ siècle.

Vers 9. *Quatre pars* au sens de « quatre cinquième » est un reste de numération latine. L'auteur est probablement un clerc.
Comme ou *si comme*, là où nous employons *que*, est une tournure qui durera jusqu'au XVII⁰ siècle. Mais *que* apparaît dès le Moyen Age (« plus belle *que* rose »).

Texte.

> avoir pour gangner sa querelle ;
> maintenant chascun vous appelle,
> partout, « advocat dessoubz l'orme[14] ».

PATHELIN

> Encor ne le dis je pas pour me
> 15 vanter, mais n'a, au territoire
> ou nous tenons nostre auditoire,
> homme plus saige, fors le maire.

GUILLEMETTE

> Aussy a il leu le grimaire[15]
> Et aprins à clerc[16] longue pièce.

Traduction.

vous avoir pour gagner sa cause. Maintenant chacun vous appelle partout « Avocat sous l'orme ».

PATHELIN. — Pourtant, je ne le dis pas pour me vanter, il n'y a pas dans notre circonscription judiciaire d'homme plus habile, le maire excepté.

GUILLEMETTE. — Aussi a-t-il lu le grimoire et fait de longues études de clerc.

---

14. Cette justice en plein vent existait déjà au IV⁰ siècle. *De robore judicant* fait dire à un personnage l'auteur de la comédie de Querolus. A l'époque de la composition de Pathelin, il existe des « juges guestrez sous l'orme, qui n'ont point d'auditoire certain et rendre la justice : le carrefour ou la place du milieu du village est leur salle d'audience, un vieux chêne, resté du déluge, sert de lambris, de parapluie et d'ombrelle, avec un gazon pour siège » (Bruneau, *Observations et maximes sur les matières criminelles*). Il y a ainsi le chêne de Saint Louis à Vincennes, l'orme de saint Gervais à Paris, l'orme de prétoire de saint Cloud. L'assignation devant un tel tribunal était dérisoire. « Attendez-moi sous l'orme ! » voulait dire « attendez-moi ! je n'irai pas ! ». D'autre part, les expressions péjoratives servant à désigner les légistes sont nombreuses en cette fin du XV⁰ siècle. L'activité des légistes, en effet, inquiète autant les bourgeois que les nobles. Cf. dans notre texte *avocat d'eau douce* (vers 756), *avocat potatif à trois leçons et trois psaumes* (vers 771) ; 15. *Le grimaire :* la grammaire, c'est-à-dire le latin. « En France, la grammaire était le latin » (Daunou, *Histoire littéraire de France*, tome XVI, page 138). Guillemette semble confondre avec le mot *grimoire*, qui servait à désigner les livres mystérieux de sorcellerie (par exemple *le Grimoire du pape Honorius*). Pour elle, *grimoire* est synonyme de *livre*. Elle reproche à son mari d'ignorer les textes juridiques ; 16. Littéralement : il a appris à être clerc pendant longtemps. D'où : il a fait de longues études de clerc.

Commentaire philologique et grammatical.

Vers 11. *Gangner* pose un problème de prononciation. Trois possibilités sont à envisager : *-agne, -angne* ou *-aigne*. Quelle était la prononciation au XVᵉ siècle ? *-agne*, semble-t-il, à Paris. Mais Villon a connu la prononciation *-aigne*. A Paris, on prononce tantôt *-agne*, tantôt *-aigne* (les deux sont attestées dans le *Roman de la Rose*). Il en est resté *baigner, saigner, araignée, châtaigne* (*baigner* a pu subir l'influence de *bain, châtaigne* celle de *châtain*). Mais *gain* aurait dû amener *gaigner*. On ne peut que relever cette incohérence.

Querelle signifie « cause ». C'est le sens où l'emploie Corneille dans *le Cid* et Racine dans *Athalie*. Au Moyen Age, le mot a souvent le sens juridique de « contestation ». Le sens de « plainte » apparaît au XVIᵉ siècle (il vient directement du latin) et ne semble pas être passé dans la langue parlée.

Vers 13. *Orme* doit être prononcé « ourme ».

Vers 14. *Me* à la fin du vers ne compte pas pour le nombre de syllabes, mais pour la rime. On constate un phénomène analogue chez Marot (fins de vers en ... *pour ce, source*, etc.). Cette licence disparaît au XVIᵉ siècle. A rapprocher des vers 20-21 : *despiece* (l'*e* final compte) rimant avec *mettre*.

Vers 15. *A* au sens de « il y a » est courant au XVᵉ siècle, en concurrence avec *y a* et *il y a*. Au XVIIᵉ siècle apparaîtra *il a* pour *il y a*. Les hiatus sont continuels. Ce sera la règle jusqu'au XVIᵉ siècle.

Territoire au sens de « pays » est d'un emploi très rare au XVᵉ siècle. Il y a là une hardiesse de vocabulaire. D'ailleurs, le mot ne s'installera qu'au XVIIIᵉ siècle.

Vers 16. *Auditoire* au sens de « séance de tribunal » est d'un emploi constant jusqu'au XVIᵉ siècle. Le sens moderne, qui est celui du latin *auditorium*, apparaîtra au XVIIᵉ siècle et éliminera l'autre. Les deux sens sont ceux du mot latin *auditorium*.

Vers 18. *A il*. Le *-t-* de liaison n'apparaît qu'au courant du XVᵉ siècle. Il n'est pas euphonique. Il est analogique d'expressions comme *vient-il*. Au XVIᵉ siècle, il s'installe dans la prononciation, mais l'ancienne graphie persiste. Pelletier du Mans le regrette. Vaugelas remarque qu'au XVIIᵉ siècle certaines gens ne prononcent pas toujours le *-t-*.

Grimaire existe aussi sous la forme *grimouere*. Il y a là une altération du mot *grammaire*, dont le sens était « grammaire latine », puis « instruction ». De là on passe au sens de « livre difficile à comprendre » et plus particulièrement de « livre de sorcellerie » (à rapprocher de *ingremance*, au sens de « sorcellerie »). On a parfois rapproché *grimaire* de *grimaud*, qui désigne le diable au XVIᵉ siècle. Quant au changement de genre, il est dû à l'influence de *livre*. Et ainsi *grimaire* s'est différencié de *grammaire*.

Vers 19. *Aprins*. La prononciation est inconnue. Le passé simple *prins* a persisté jusqu'au début du XVIIᵉ siècle. Il vient d'une analogie avec *tins*, passé simple de *tenir*, et avec *vins*, passé simple de *venir*. Vaugelas connaît encore la forme *vindre*. Mais, au XVIIᵉ siècle, la forme étymologique reprend le dessus ; *à a* le sens de « en vue de ».

Pièce. Ce mot servira jusqu'au XVIᵉ siècle à désigner le temps (cf. Montaigne : « bonne *pièce* »). Et *piéça* est sorti de la langue au XVIᵉ siècle.

Texte.

PATHELIN

20 A qui vez vous que ne despiece
    sa cause, se je m'y vueil mettre ?
    et si n'aprins oncques a lettre
    qu'ung peu ; mais je m'ose vanter
    que je say aussi bien chanter
25 ou livre[17] avecques nostre prestre
    que se j'eusse esté a maistre
    autant que Charles en Espaigne[18].

GUILLEMETTE

Que nous vault cecy ? Pas enpaigne :
nous mourons de fine famine,
30 noz robbes sont plus qu'estamine
reses[19], et ne povons savoir
comment nous en peussons avoir.
Et ! que nous vault vostre science ?

PATHELIN

Taisiez vous ! Par ma conscience !
35 se je vueil mon sens esprouver,
   je sçauray bien ou en trouver,

Traduction.

PATHELIN. — A qui voyez-vous que je n'expédie son affaire, si je m'y veux mettre ? Et pourtant je n'ai que fort peu étudié les textes. Mais je m'ose vanter de savoir aussi bien chanter au lutrin avec notre prêtre que si j'avais suivi les cours d'un maître aussi longtemps que Charles a séjourné en Espagne.

GUILLEMETTE. — Que nous vaut ceci ? Rien du tout. Nous mourons tout simplement de faim. Nos robes sont plus rasées qu'étamine, et nous ne savons comment nous pourrions nous en procurer. Eh ! Que nous vaut votre science ?

PATHELIN. — Taisez-vous ! Par ma conscience, si je veux essayer mon esprit, je saurai bien où en trouver des robes et des

---

17. *Ou livre* : au lutrin. *Lutrin* est écrit souvent *lettrin* ; 18. Allusion au deuxième vers de *la Chanson de Roland* : « Sept ans tout pleins est resté en Espagne », indication de temps d'ailleurs incertaine (des traditions comptent vingt-sept ans), mais sur laquelle revient l'auteur de la *Chanson* au vers 197 : « Il y a sept ans tout pleins que nous arrivâmes en Espagne. » Allusion devenue proverbiale à l'époque de la composition de *Pathelin*. Cf. Martial d'Auvergne, *les Arrêts d'amour*; consultez sur ce point Le Roux de Liney, *Proverbes français*, 1re édition, tome II, page 30 ; 19. *Reses* : rasées, râpées.

Commentaire philologique et grammatical.

Vers 20. *Despièce* est une correction de Holbrook. Le manuscrit porte *depeche*, qui rime mal avec *pièce*. Alors le sens (*despièce* = « met en pièces ») est un peu dur. La correction de Holbrook a été contestée.
Vez : contraction normale de *vëez* (voir vers 168), lequel a été refait en *voyez* ; *vez* se trouve surtout à l'impératif : *vez ci, vez là ; vecy* a vécu jusqu'au XVIIe siècle ; *vela, vez vous là, vez vous ci*, etc.

Vers 21. *Vueil*, prononcé « veuil », représente un verbe latin *voleo*. La forme est signalée au début du XVIIe siècle. Elle a été éliminée par *veux*, refait sur la troisième personne *veult*.
Se est la forme normale. *Sī* latin aurait donné *si*. Il y a donc eu un *sí* latin. On trouve quelques *sí* extrêmement rares et qui sont des latinismes avant le XVIIe siècle ; *se* est alors sa seule forme usuelle. *Si* a triomphé à cause du latin et d'expressions comme *si celui*.

Vers 24. *Say* est la forme normale. L'*-s* est analogique et n'apparaît qu'au XVIe siècle. Chez Victor Hugo et Lamartine, l'*-s* manque parfois (archaïsmes).

Vers 26. *J'eusses*. L'*-s* a tendu à pénétrer dans toutes les premières personnes. *Pathelin* a été composé en pleine période de flottement.

Vers 29. *Fine* : véritable, parfaite, complète. C'est un adjectif déverbal tiré du verbe *finer*. Ex. : « *fin amor* », « *fin amant* », expressions courantes dans les romans courtois. Il en est resté des expressions du type « le fin fond de l'affaire », « le fin mot de l'histoire », etc.

Vers 30. *Robbes* : vêtements. Le sens premier du mot est « butin » : il est emprunté au germanique *rauba* (cf. *Rauben*), que l'on rencontre au XVIe siècle dans les proverbes. Très vite, le mot a servi à désigner un vêtement de femme, emploi qu'il a toujours.

Vers 31. *Reses* est la forme phonétique régulière. *Ras* a été refait sur *rasus* (cf. « rez-de-chaussée »).

Vers 32. *Peussons* est un imparfait du subjonctif. C'est la forme régulière jusqu'au XVIe siècle. On trouve aussi la graphie *pussons*. L'imparfait du subjonctif a servi d'abord à exprimer l'éventualité : le sens ici est exactement celui de notre expression actuelle « nous pourrions », et cet état de choses n'a cessé qu'à la fin du XVIIIe siècle. Ex. : « On craint qu'il n'essuyât les larmes de sa mère » (Racine).

Vers 34. *Taisiez vous* est une simple graphie.

Vers 36. *Je sçauray* est écrit souvent *je saurai*. Cette forme n'apparaît qu'au XVIe siècle. Au Moyen Age, il n'existe que *savrai* (cf. *avrai* et sa forme réduite *arai*). Il est impossible de savoir comment on prononçait à l'époque de *Pathelin* ; (l'*-u* des incunables est impossible à interpréter phonétiquement). Nous avons vraisemblablement affaire à une forme picarde.

Texte.

des robbes et des chapperons !
Se Dieu plaist, nous eschaperons
et serons remis sus en l'eure.
40 Dea ! en peu d'eure Dieu labeure[20].
S'il escouvient que je m'aplicque
a bouter avant ma praticque,
on ne sçaura trouver mon per.

GUILLEMETTE

Par saint Jaques[21] ! non de tromper :
45 vous en estes ung fin droit maistre.

PATHELIN

Par celluy Dieu qui me fist naistre,
mais de droitte advocasserie !

GUILLEMETTE

Par ma foy, mais de tromperie !
Combien vrayment je m'en advise,
50 quant, a vray dire, sans clergise[22]
et sans sens naturel, vous estes
tenu l'une des chaudes testes
qui soit en toute la parroisse.

Traduction.

chaperons ! S'il plaît à Dieu, nous nous tirerons d'affaire et
serons sur l'heure rétablis. Par le diable, Dieu travaille beaucoup en peu de temps ! S'il faut que je m'applique à faire
marcher mon expérience, on ne trouvera pas mon égal.

GUILLEMETTE. — Par saint Jacques, non ! En l'art de tromper, vous êtes passé fin maître.

PATHELIN. — Par le Dieu qui me fit naître, non ! mais maître
en l'art de plaider !

GUILLEMETTE. — Non, par ma foi, en l'art de tromper !
Combien je m'en rends compte quand, sans pour ainsi dire
connaissance ni sens commun, vous êtes tenu pour l'homme
le plus malin qui soit dans toute la paroisse.

---

20. Proverbe : cf. « en petit d'eure Diex laboure » (fabliau d'*Estura*, publié
par Barbazan, tome III, page 67) ; **21.** Au XVe siècle, chacun savait qu'un
doute subsistait sur les reliques de saint Jacques apôtre. Il semble que, dans
notre texte, le nom soit plaisamment associé à l'idée de tromperie (voir vers
294, 296, 910, 911, 1592) ; **22.** Littéralement : sans avoir eu besoin d'étudier
et de passer clerc.

Commentaire philologique et grammatical.

Vers 38. *Dieu* a une valeur de datif. L'ellipse de *à* est assez rare. Il est certain que le tour est gauche et porte à équivoque. Prendre garde que, dans l'expression « Dieu merci », *Dieu* est un génitif et non un datif.

Vers 39. *Sus* disparaît au XVII⁰ siècle au profit de *sur*. Il reste « courir *sus* ».
En l'eure : vieille locution, assez rare.

Vers 40. *Dea*, prononcé *da*, est monosyllabique. La graphie *dea* dure jusqu'au XVI⁰ siècle. Elle est une contraction de *diva* : *dis* + *vas*. Cf. aujourd'hui *oui-da*.
En peu d'eure est attesté dès le XIII⁰ siècle.
Labeure coexiste au XV⁰ siècle avec *laboure*. Le déverbal *labour* (d'où *labourer*) a éliminé la première forme. Il existait parallèlement une forme *arer*.

Vers 41. *Escouvient* : du verbe *escouvenir*, composé de *couvenir* avec préfixe *es-*. Cf. *efforcer*. Avant le XVI⁰ siècle, *ecouvenir* et *couvenir* ont été éliminés au profit de *convenir*, plus proche du latin. D'ailleurs, presque tous les verbes commençant par *cou-* ont été refaits sur le latin.

Vers 42. *Bouter* signifie « pousser », « faire marcher ». D'origine germanique, ce verbe a parfois encore au XVI⁰ siècle le sens de « germer ». Le sens s'est vite affaibli (= « mettre » [cf. « boute-selle », « boute-en-train »]). Au XVII⁰ siècle, le verbe appartient à la langue burlesque.
Pratique signifie ici « expérience » ; ailleurs, il a parfois le sens de « profession ».

Vers 43. *Sçaura* signifie « pourra ». Ce sens disparaît complètement au XVII⁰ siècle. Il n'en subsiste que l'expression « je ne saurais ». Aux XIV⁰, XV⁰ et XVI⁰ siècles, le verbe a les sens très étendus de « savoir ».

Vers 44. *De tromper* est repris par *en*.

Vers 45. *Droit* signifie « véritable » (cf. « droite peinture », « droit fort »). Son emploi est fréquent jusqu'au XVI⁰ siècle. Ex. : « par droite félonie » (*la Chanson de Roland*), le « droit roi de France » (*Couronnement de Saint Louis*).

Vers 46. *Celluy Dieu qui*. Jusqu'au XVII⁰ siècle, les démonstratifs (*celui, cest*) sont indifféremment adjectifs ou pronoms et ne s'opposent que par le sens. La répartition ne devait s'opérer qu'au XVII⁰ siècle. Il est resté de l'état ancien des expressions comme « à celle fin » (langue des juristes), altéré en « à seule fin » (langue vulgaire).

Vers 47-48. *Mais … mais* : plutôt … plutôt.
Advocasserie : voir vers 6.

Vers 50. *Quant* au sens de « puisque » est assez exceptionnel encore ; actuellement, la même tournure, quoique un peu littéraire, est possible.
Clergise : variante de *clergie*, mot assez rare. Il existe quelques exemples au Moyen Age, un seul au milieu du XVI⁰ siècle. Il est arrivé à Voltaire d'employer le mot *clergie*. Cf. « or reviens à *clergie* » (Adam de la Halle, le *Jeu de la feuillée*).

Vers 52. *Une des chaudes…* Dans cette tournure, l'omission de *plus* fait difficulté ; ellipse usuelle encore au XVII⁰ siècle. Ex. : « une des grandes erreurs qui soient parmi les hommes ».

Texte.

PATHELIN

Il n'y a nul qui se congnoisse
55 si hault en advocacion.

GUILLEMETTE

M'aist Dieu! mais en trompacion!
au mains en avez vous le los.

PATHELIN

Si on ceulx qui de camelos[23]
sont vestus et de camocas[24],
60 qui dient qu'i' sont advocas,
mais pourtant ne le sont ilz mye[25].
Laissons en paix ceste bavrie :
je m'en vueil aler a la foire.

GUILLEMETTE

A la foire?

Traduction.

PATHELIN. — Il n'y a personne qui ait si haute connaissance du métier d'avocat.

GUILLEMETTE. — Non, par Dieu, mais de celui de trompeur. Au moins en avez-vous la réputation.

PATHELIN. — C'est la réputation de ceux qui vont vêtus de camelot et de camocas, se disent avocats, et ne le sont pas. Mais laissons ce bavardage : je veux aller à la foire.

GUILLEMETTE. — A la foire?

---

23. *Camelos* : étoffe de prix, de poils de chameau ou de chèvre. Elle est citée de pair avec le *samit* et le *cendal* dans le *Roman de la Rose,* éd. Méon, tome III, page 294 ; 24. *Camocas* : sorte de cendal ou satin très fort, qui venait de Damas. En France et en Grande-Bretagne, elle servait à la confection des robes de magistrats (cf. *The Squyr of Love Degree,* vers 835), des habits de cour et des riches tentures qui ornaient palais et églises. A partir du XVe siècle, les robes de camocas constituent l'uniforme des gens de loi (juges et avocats) ; 25. Cette allusion est un trait de satire sociale. Très tôt, des lois somptuaires avaient tenté de modérer le luxe vestimentaire : dès 1188, le concile du Mans avait interdit étoffes dentelées, écarlate, vair, gris, zibeline. Mais Philippe Auguste n'en portait pas moins robes et capes de camelin fourré de vair, et Saint Louis un manteau de samit vermeil fourré d'hermine. Philippe le Bel interdit théoriquement aux bourgeois vair, gris, hermine (1294). En vain ! Les portraits satiriques de jeunes élégantes et de jeunes élégants émaillent toute la littérature médiévale. Au XIVe siècle, aucun changement ne se manifeste.

Commentaire philologique et grammatical.

Vers 54. *Congnoisse* est une graphie étymologique.

Vers 55. *Hault* signifie « bien ». Il ne se trouve qu'ici en ce sens.
Advocacion : voir vers 6.

Vers 56. *Trompacion* (*hapax*) est une création plaisante.
M'aist Dieu : si me Dieu, se me Dieu. A rapprocher de *se m'aïst Dieu* (vers 116).
Le *-s-* est purement graphique (imitation de l'imparfait du subjonctif). La
forme phonétiquement régulière est *aiut*, qui vient de *adjutet*. A rapprocher de
l'ancien français *aiue*, venant de *adjuta*, et de l'ancien français *à l'aïe* (« à
l'aide ! »). *Aide* a été refait sur *aidier*.

Vers 57. *Au mains.* Le latin *minus* est devenu *menus*, puis *meins*, comme
vena est devenu *veine*. Au XVIe siècle encore, on trouve *meins*. Ex. : « ne plus
ne *meins* » (Jean Marot). On peut rapprocher de *poena*, devenu *peine*, de
foenum, devenu *fein*, de *avena*, devenu *aveine*. Au cours du XVIe et du
XVIIe siècle, *-eine* est devenu *-oine*. En ce qui concerne *fein*, par exemple, il y
a eu heurt avec *fin*. Même conflit homonymique entre *maint* et *meins*. Ainsi,
maint est sorti de la langue. De même, en gascon, *gallum* a donné *gatt*, même
mot que *chat*, et il a fallu éliminer un des deux mots. *Minor* est devenu
mendre, lequel, sous l'influence de *moins*, a été refait en *meindre* et en
moindre.
Los est déjà considéré comme un archaïsme au XVIIe siècle (La Fontaine). Il
vient de *laus* et non de *laudes*. Il n'a aucun caractère populaire. C'est un mot
latin transposé et à demi francisé.

Vers 60. *Dient* est dissyllabique (voir vers 1, 354). Etape de la disparition
régulière de *-c-*. Ainsi, *mica* devient *mie*, *dicunt* devient *dient*. La forme
disent apparaît de bonne heure au XVIIe siècle, mais la forme ancienne persiste.
Ex. : « Il faut que je die » (Racine, *Bérénice*), « Quoi qu'on die » (Molière,
les Femmes savantes, III, II).
I : il tendait à se prononcer « i ».

Vers 61. *Mye*, particule négative en concurrence avec *pas*, *point*, a lentement
disparu. Au XVIIe siècle, cette particule n'est plus usitée que dans la langue
burlesque. On la rencontre en particulier chez La Fontaine et Scarron.

Vers 62. *Bavrie* ne compte que pour deux syllabes. Cette graphie est une
hardiesse (l'*-e* est caduc).

Texte.

PATHELIN

Par saint Jehan, voire !

il fredonne

65 « A la foire, gentil marchande[26]... »

parlé

Vous desplaist il se je marchande
du drap, ou quelque aultre suffraige
qui soit bon pour nostre mesnaige ?
nous n'avons robbe qui rien vaille.

GUILLEMETTE

70 Vous n'avez ne denier ne maille ;
qu'i ferez vous ?

PATHELIN

Vous ne sçavez

belle dame. Se vous n'avez
du drap pour nous deux largement,
si me desmentez hardiment.
75 Quel couleur vous semble plus belle,
d'ung gris vert ? d'ung drap de Brucelle ?
ou d'aultre ? il le me fault sçavoir.

Traduction.

PATHELIN. — Par saint Jean, oui ! « A la foire, gentille marchande ! » Vous déplaît-il que j'achète du drap ou quelque autre effet pour remonter notre ménage ? Nous n'avons vêtement qui vaille.

GUILLEMETTE. — Vous n'avez denier ni maille : qu'y ferez-vous ?

PATHELIN. — Vous ne le savez pas ? Belle dame, si vous n'avez du drap largement pour nous deux, alors donnez-moi hardiment le démenti. Quelle couleur vous semble la plus belle ? Un gris vair ? Un drap de brunette ? ou une autre ? Il me le faut savoir.

---

26. Ce vers paraît être un extrait de quelque ballade : il semble avoir été *chanté*, non *dit*. *Gentil marchande* fait songer au « belle marquise » de M. Jourdain (*le Bourgeois gentilhomme*, II, 4).

Commentaire philologique et grammatical.

Vers 65. *Gentil.* Cet adjectif vient du latin *gentilis.* L'absence de *-e* pour marquer le féminin était de règle pour les adjectifs en *-ant, -ent, -el* ; cela dura jusqu'au XVIe siècle, où l'on a relevé toutefois par exemple « genti femme ». La forme *gentille* est due à une substitution de terminaison.

Vers 66. *Marchande* signifie « achète » (voir vers 255). Le verbe avec ce sens se trouve encore chez Amyot.

Vers 67. *Suffraige* signifie « objet ». Le mot a été relevé encore au XVIe siècle chez du Fouilloux, lequel écrit en dialecte poitevin. Dans la liturgie catholique, le mot *suffrage* sert à désigner des prières que l'on fait à certaines époques (courtes oraisons surérogatoires). La Fontaine emploie l'expression « menus suffrages » pour distinguer des futilités. Dans le Centre, des « menus suffrages » sont des dettes de peu d'importance contractées par des fermiers envers leurs propriétaires, des sortes de petites redevances.

Vers 70. *Maille* sert à désigner une petite pièce de monnaie. Ex. : « ni sou ni maille », « avoir maille à partir ». Le mot vient d'une contamination de *macula* (tache sur une étoffe par exemple) et de *metalla.*

Vers 72. *Bel* au sens de « cher » est courant en ancien français. Ex. : « beau sire », « belle ante », « beau doux ami ».

Vers 74. *Si me desmentez.* Le pronom est placé devant l'impératif. Cette tournure syntaxique, régulière quand la phrase commence par un adverbe (en ce cas, le pronom ne se trouve plus atone), ne dépassera pas le XVIIe siècle.

Vers 75. *Plus belle :* superlatif relatif. On attendrait *la plus belle.* Cette tournure est fréquente au XVe siècle. Les deux constructions subsistent concurremment au XVIe siècle. Des traces de l'ancienne subsistent au XVIIe siècle. Ex. : « les reliques plus chères » (Racine, *Bajazet*).

Vers 77. *Il le me fault sçavoir.* La place des pronoms est curieuse. A rapprocher des vers 83, 240, 365. C'est le même ordre qu'aujourd'hui avec *le lui.* A l'époque de la composition de *Pathelin*, cet ordre était identique pour tous les pronoms. Le renversement se situe à la fin du XVe siècle. La tournure moderne triomphe au XVIIe siècle. Elle se trouve encore sporadiquement au XVIe siècle. Ex. : « je le vous promis » (*Satire Ménippée*), « je le vous dis » (Malherbe). Ce renversement est d'ailleurs curieux ; peut-être « je le lui » est-il plus littéraire. Il convient de noter qu'en ancien français *le* est enclitique (« jes vois » = « je les vois ») ; il est peu à peu devenu proclitique.

Texte.

GUILLEMETTE

Tel que vous le pourrez avoir :
qui emprunte ne choisit mye.

PATHELIN, en contant sur ses dois[27]

80 Pour vous, deux aulnes et demye,
et, pour moy, trois, voire bien quatre ;
ce sont...

GUILLEMETTE

Vous comptez sans rabatre :
qui dyable les vous prestera ?

PATHELIN

Que vous en chault qui ce fera ?
85 On les me prestera vrayment,
a rendre au jour du jugement,
car plus tost ne sera ce point.

GUILLEMETTE

Avant ! mon amy : en ce point,
quel que soit en sera couvert[28].

Traduction.

GUILLEMETTE. — Telle que vous pourrez l'avoir. Qui emprunte ne choisit pas.

PATHELIN, *en comptant sur ses doigts*. — Pour vous, deux aunes et demie, et pour moi trois, voire bien quatre. Ce sont...

GUILLEMETTE. — Vous comptez largement. Qui diable vous les prêtera ?

PATHELIN. — Que vous importe qui ? On me les prêtera, pour sûr, à rendre au jour du Jugement, car ce ne sera pas plus tôt.

GUILLEMETTE. — Avant, mon ami, en ce cas, quelqu'un en sera dupé.

---

27. Pathelin compte effectivement sur ses doigts. Le jeu de scène figure dans l'édition Berréant (1490), et la gravure de l'édition Levet représente Pathelin comptant sur ses doigts ; **28.** Quel que soit le prêteur, il sera dupé.

Texte.

PATHELIN

90 J'acheteray ou gris ou vert,
et pour ung blanchet[29], Guillemette,
me fault trois quartiers de brunette[30],
ou une aulne.

GUILLEMETTE

Se m'aist Dieu, voire!
Alez! n'ombliez pas a boire,
95 se vous trouvez Martin Garant[31].

PATHELIN

Gardez tout.
il part

GUILLEMETTE

Hé Dieu! quel marchant?...
Pleust or a Dieu! qu'i' n'y vist goutte!

Traduction.

PATHELIN. — Je l'achèterai ou gris ou vair... Et pour un blanchet, Guillemette, il me faut trois quartiers de brunette ou une aune...

GUILLEMETTE. — Vraiment, si Dieu m'aide. Allez! N'oubliez pas de boire, si vous trouvez Martin Garant!

PATHELIN. — Faites attention à tout!
Il part.

GUILLEMETTE. — Hé! Dieu! Quel marchand faudra-t-il qu'il rencontre?... Maintenant plaise à Dieu qu'il n'y voie goutte!

---

29. *Blanchet :* flanelle de futaine blanche, qui servait à confectionner les vêtements de dessous. C'est ainsi qu'il existe encore une rue des Blanchets à Toulouse (exactement « rue des marchands d'étoffes de laine »). Rabelais emploie le mot pour désigner des doublures (« blanchets raiez », II, II) ; 30. *Brunette :* étoffe de laine très fine, trop belle pour confectionner des blanchets. Elle servait à la confection des robes de dames. On l'opposait à la bure, ou bureau, que portaient les femmes du peuple. Le mot se trouve dans le *Roman de la Rose* et dans la 39e nouvelle de *l'Heptaméron :*

Aussi bien sont amourettes
Sous bureau que vous brunettes.

31. Voici le sens littéral des vers 93-94 : si vous rencontrez Martin Garant ou par dérision Martin Gallant (c'est-à-dire l'être mythique qui se portera garant pour vos dettes), buvez un bon coup avec lui... et à ses frais bien entendu (commentaire de A. Pauphilet). Martin Garant patronne toutes les cautions et garanties pour rire. Cf. dans les *Repues franches :*

Lendemain m'alloye enquérant
Pour rencontrer Martin Gallant.

Texte.

II

*Devant l'étal
du drapier*

PATHELIN

N'est ce pas y' la? J'en fais doubte.
Et! si est, par saincte Marie!
100 il se mesle de drapperie.
saluant le drapier

Dieu y soit!

GUILLAUME JOCEAULME, drappier

Et Dieu vous doint joye!

PATHELIN

Or ainsi m'aist Dieu que j'avoye
de vous veoir grande voulenté.
Comment se pourte la santé[32]?
105 Estes vous sain et dru, Guillaume?

Traduction.

Scène II. — PATHELIN, GUILLAUME JOCEAULME LE DRAPIER.

La scène se déroule devant l'étal du drapier. Ce dernier porte un chapeau enfoncé sur le chaperon — un « heaume », dira Pathelin par dérision —, une robe demi-longue, une aumônière à la ceinture.

PATHELIN. — N'est-ce pas lui là? J'en doute... Mais oui, par sainte Marie! Il est dans la draperie. (*Il salue.*) Dieu soit avec vous!

LE DRAPIER. — Et Dieu vous donne joie!

PATHELIN. — Et ainsi Dieu me vient en aide, car j'avais grand désir de vous voir. Comment se porte la santé? Toujours solide et bien portant, Guillaume?

---

32. Formule de politesse : Comment vous portez-vous?

Vers 91. *Blanchet :* sorte de flanelle ; par suite, vêtement fait avec cette étoffe ; Palsgrave : « blanket clothe ». Probablement y a-t-il ici un jeu de mots : un *blanc* est en effet une pièce de monnaie d'argent de cinq deniers.

Vers 92. *Quartier :* la quatrième partie d'une aune. Le mot se trouve encore sous la plume de Mme de Sévigné.

Vers 94. *Ombliez.* Le verbe est attesté au XVIIe siècle en normand (Vauquelin de La Fresnaye) et il est toujours vivant en dialecte normand.
Ombliez a. La tournure est usuelle depuis le haut Moyen Age et a persisté jusqu'au milieu du XVIIIe siècle. Cf. « commencer de », « commencer à », « essayer de », « essayer à ». Les grammairiens ont tenté d'instituer des distinctions (« oublier de » = « manquer à » ; « oublier à » = « perdre l'habitude de »), sans aucun succès.

Vers 97. *Vist :* imparfait du subjonctif à valeur d'éventuel. Cette tournure ne dépassera pas le XVIe siècle.

Vers 98. *Y' la.* L'adverbe est déjà vieilli à l'époque de *Pathelin*. Il était le pendant de *i-ci.* On le trouve encore chez Rémy Belleau. A rapprocher de *céans, léans,* etc.
J'en fais doubte est un tour qui fut usuel jusqu'au XVIIIe siècle. Ex. : « On n'en fait aucun doute » (Corneille).

Vers 99. *Si est* équivaut à *si fait.* Le tour est fréquent jusqu'au XVe siècle. On entend encore en Lorraine *si est* pour *si,* en concurrence avec *si ot.*

Vers 101. *Dieu y soit :* voir *se m'aïst Dieu* au vers 116. L'invocation, manquant de corps, a disparu.
Doint (voir *pardoint* au vers 174) a vécu jusqu'au XVIIe siècle (La Fontaine, J.-B. Rousseau). Déjà, dans notre texte, il est archaïque. Une forme latine *doneo* a dû donner *doing ;* d'où *doinst* et *doint.*

Vers 103. *Voulenté* est la forme la plus populaire de *voluntas.* A rapprocher de *doniarium,* qui a donné *dangier,* de *dominicellum,* qui a donné *dancel,* de *dominia* qui a donné *dame* (peut-être sous l'influence de *damoisel*), de *nenni,* qui a donné *non,* de *l'en,* qui a donné *l'on ;* dans *Pantagruel,* on relève « sainte voulenté ». Notre forme actuelle, qui se trouve déjà chez Froissart, est refaite sur *voluntas.*

Vers 105. *Dru* signifie « bien portant ». Aujourd'hui, cet adjectif ne s'emploie plus qu'en parlant de la végétation et comme adverbe. Il se rencontre au XVIIe siècle : « petite fille toute drue » (Mme de Sévigné). Il vient du gaulois *drutos,* qui signifie « fort », « hardi », et s'entend encore dans les régions celtiques.

─────────── **QUESTIONS** ───────────

SUR LA SCÈNE PREMIÈRE. — Une scène d'introduction classiquement menée : montrez comment la dispute initiale fait apparaître chez les deux antagonistes des traits de caractère d'où va sortir l'action.

— Comment s'explique la brusque décision de Pathelin ?

— Comment se manifeste la curiosité de Guillemette ?

— Relevez les traits de mœurs médiévales.

— L'intérêt de curiosité : comment l'auteur s'y prend-il pour l'éveiller immédiatement ? Pourquoi la curiosité est-elle à son comble à la fin de la scène ?

— Montrez que les trois dernières répliques sont excellentes du point de vue dramatique.

Texte.

LE DRAPPIER

Ouÿ, par Dieu!

PATHELIN

Sa, ceste paulme!

Comment vous va?

LE DRAPPIER

Et bien! vrayment,

a vostre bon commandement.
Et vous?

PATHELIN

Par saint Pierre l'apostre,

110 comme celluy qui est tout vostre.
Ainsi vous esbatez[33]?

LE DRAPPIER

Et voire!

Mais marchans, ce devez vous croire,
ne font pas tousjours a leur guise.

PATHELIN

Comment se porte marchandise?
115 s'en peult on ne soigner ne paistre?

Traduction.

LE DRAPIER. — Oui, par Dieu!

PATHELIN. — Çà, donnez-moi la main! Comment va?

LE DRAPIER. — Bien, vraiment. A votre service. Et vous?

PATHELIN. — Par saint Pierre l'Apôtre, comme un qui est tout vôtre. Ainsi votre vie est gaie et agréable!

LE DRAPIER. — Voire! Mais les marchands, je vous prie de le croire, ne font pas toujours comme ils voudraient.

PATHELIN. — Comment va le commerce? Y trouve-t-on encore à se vêtir et à manger?

---

33. Littéralement : vous agissez allègrement, à votre aise. Cf. *tu hic recreas mentem, puto (Veterator).*

Commentaire philologique et grammatical.

Vers 106. *Ouÿ* est dissyllabique (voir vers 206), comme presque partout dans ce texte (*O-il*). Malherbe préférera la prononciation dissyllabique. Après le début du XVIIᵉ siècle, *oui* monosyllabique deviendra la règle.

Sa a une valeur interjective, comme il en aura une chez Molière et encore de nos jours. A l'époque de *Pathelin*, il y a flottement entre *çà* et *sa*. *Ceste* pour *votre* n'est pas encore sorti de l'usage ; voir vers 240 : *par ceste âme* (voir Racine, *Iphigénie* : « ce front chargé d'ennui »).

Vers 107. *Comment vous va,* parfois écrit *comment vous voi,* est une locution archaïque. Celle-ci se trouve encore chez Molière : « comment vous en va ? » (*l'Impromptu* I, II).

Vers 113. *Faire* au sens de « agir » ne s'emploie plus. Il est au contraire très fréquent jusqu'au XVIIᵉ siècle. Ex. : « c'est faire en honnête homme » (Molière, *les Précieuses ridicules*).

Vers 114. *Marchandise* signifie « condition de marchand », « commerce ». L'emploi de *marchandise* en ce sens durera jusqu'au XVIᵉ siècle. Ex. : « La marchandise était tenue chose honorable » (Amyot).

Vers 115. *Se soigner.* On rencontre l'expression sous plusieurs formes : « se soigner », « se signer ». Voici quelle en semble être l'origine : dans son adaptation anglaise, Holbrook écrit « I have not a penny to bless myself with » (Je n'ai pas un sou pour me signer). Or, *soigner* pour *signer* est une forme picarde. Précisément, notre texte renferme des termes dialectaux anglo-normands et picards.

Ne. La négation vient de l'idée négative contenue dans l'interrogation (voir vers 3).

Se paître pour *se repaître* subsistera jusqu'au XVIIᵉ siècle.

Texte.

LE DRAPPIER

Et ! se m'aïst Dieu, mon doulx maistre,
je ne sçay ; toujours « hay avant[34] ! »

PATHELIN

Ha, qu'estoit ung homme sçavant
(je requier Dieu qu'il en ait l'ame)[35],
120 de vostre pere ! Doulce Dame !
il m'est advis tout clerement
que c'est il de vous, proprement.
Qu'estoit ce ung bon marchant, et saige !
Vous luy resemblez de visaige,
125 par Dieu, comme droitte painctjure !
Se Dieu eust oncq de creature
mercy, Dieu vray pardon luy face,
a l'amë[36].

LE DRAPPIER

Amen ! par sa grace ;
et de nous quant il luy plaira.

PATHELIN

130 Par ma foy, il me desclaira
maintes fois et bien largement

Traduction.

LE DRAPIER. — M'aide Dieu, mon doux maître, je ne sais :
c'est toujours : « Hue, en avant ! »

PATHELIN. — Ah ! l'homme savant — Dieu garde son
âme ! — qu'était votre père ! Douce Dame ! Il m'est avis, tout
simplement, que vous êtes proprement son image ! Le bon,
l'habile marchand qu'il était ! De visage vous lui ressemblez,
par Dieu, comme son vrai portrait ! Si jamais Dieu eut pitié
d'une de ses créatures, qu'il accorde éternelle miséricorde à
son âme !

LE DRAPIER. — Amen, par sa grâce, et à nous de même
quand il lui plaira !

PATHELIN. — Par ma foi, il m'a prédit souvent et longue-

---

34. *Hay avant !* est le refrain de la vieille chanson de Jean de Nivelle, qui
devait déjà être populaire. Cf. *la Farce des deux savetiers ;* 35. « Je prie Dieu
qu'il en ait l'âme » est le refrain d'une ballade de Charles d'Orléans, *Sur la
mort de sa maîtresse ;* 36. L'élision de la dernière syllabe de amë devant Amen
ne doit pas se faire (aucune élision n'est possible d'une réplique à l'autre).
Ainsi, le vers est complet et régulier.

Commentaire philologique et grammatical.

Vers 116. *Se m'aïst Dieu :* voir vers 56.

Vers 117. *Hay !* pour *eh !* se trouve encore dans *les Femmes savantes.*
Avant pour *en avant* durera jusqu'au XVIᵉ siècle. L'expression *hay avant !,* fréquente au XVIᵉ siècle, s'emploie pour chasser, repousser quelqu'un, pour exprimer le blâme.

Vers 120. *Doulce Dame* désigne la Vierge.

Vers 121. *Il m'est advis que* signifie « il me semble que ». Cette tournure est calquée sur *mihi est visum,* transposition vulgaire de *mihi videtur.* Dans le *Saint Alexis,* on trouve indifféremment « ce m'est vis » et « ce m'est a vis ». L'expression devint « ce m'est avis » (chez Rabelais et encore chez Malherbe) et persiste dans le langage populaire.

Vers 122. *C'est il de vous.* Cet emploi du pronom tonique est en voie de disparition (voir vers 146). *De* marque le point de départ : « Mult est male chose d'envie ». Il en reste « si j'étais de vous », « si j'étais que *de* vous » et Molière : « Voilà que c'est de ne voir pas Jeannette » (*l'Etourdi,* IV, VI).

Vers 123. *Estoit ce* subsiste aujourd'hui encore dans les phrases exclamatives. En principe, le sujet doit rester à la même place, mais l'usage ne suit pas toujours : « En a-t-il fait des bêtises ! » Voir aussi le vers 181 ; aux vers 171 et 184 il n'y a pas d'inversion.
Bon marchant et saige. Cette tournure durera jusqu'au XVIIᵉ siècle. Ex. : « après une si belle action et si utile » (Mᵐᵉ de Sévigné). Vaugelas blâme cette expression. De fait, le français a le goût de l'équilibre. Cf. « les Lois de l'équilibre en français », article de R. L. Wagner dans *le Français moderne,* fasc. 4.

Vers 125. *Paincture* au sens de « portrait » se rencontre encore au XVIIᵉ siècle.

Vers 128. *A l'amë.* L'*-e* n'est pas élidé, phénomène fréquent au XVᵉ siècle (voir vers 437, 610, 1526).

Vers 129. *De nous* signifie « quant à nous », « quant à ce qui nous concerne ». L'expression est fréquente même au XVIIᵉ siècle. Ex. : « Mais de moi ce n'est pas de même » (Molière).

Vers 130. *Desclaira* vient du verbe *desclairier.* Il semble y avoir eu contamination de *desplaider* et de *desclairier.* Quant au moderne « déclarer », il a été calqué sur le latin *declarare.*

Texte.

le temps qu'on voit presentement;
moult de fois m'en est souvenu.
Et puis lors il estoit tenu
135 ung des bons.

LE DRAPPIER

Sëez vous, beau sire :
il est bien temps de vous le dire,
mais je suis ainsi gracïeux.

PATHELIN

Je suis bien. Par le corps precieux!
il avoit...

LE DRAPPIER

Vrayment, vous serrez!

PATHELIN

140 Voulentiers.
il s'assied

« Ha, que vous verrez »,
qu'il me disoit, « de grans merveilles! »
Ainsi m'aist Dieu que des oreilles,
du nez, de la bouche et des yeulx,
oncq enfant ne resembla mieulx
145 a pere. Quel menton forché!
vrayment c'estes vous tout poché[37]!

Traduction.

ment le temps qu'on voit présentement. Je m'en suis souvenu
bien souvent. Et puis alors il était considéré comme un brave
homme.

LE DRAPIER. — Asseyez-vous, beau sire; il est bien temps de
vous y inviter. Voilà bien mon amabilité!

PATHELIN. — Je suis bien, par le précieux Corps... Il avait...

LE DRAPIER. — Vraiment, vous vous assiérez!

PATHELIN. — Volontiers! Ah! que vous verrez, me disait-il,
des choses étonnantes! Par Dieu, que des oreilles, du nez, de
la bouche, des yeux, jamais enfant ne ressembla mieux à son
père! Quel menton fourchu! Vraiment, c'est vous, au naturel!

---

37. Frappé. Le mot vient de l'allemand *pochen*, qui a le même sens. Borel,
dans son *Dictionnaire des recherches,* donne *poché* comme synonyme de
semblable.

Commentaire philologique et grammatical.

Vers 133. *Moult* représente *multum* et *multi*. Il est très usuel jusqu'au XVᵉ siècle, où il est à la fois adverbe et adjectif. Il devient rare à partir du XVIᵉ siècle. Le mot moderne *beaucoup* existait déjà chez Joinville. La Bruyère regrette la disparition de *moult* et de *maint* (« *maint* est un mot qu'on ne devait pas abandonner »). *Beaucoup* a l'avantage d'être dissyllabique, donc plus expressif.

Vers 135. *Sëez* (seoir) a donné *séer* (voir aussi vers 480).
Beau sire n'est pas ironique. Ici, *beau* a le sens de « cher ». Il nous en est resté « belle-mère ».

Vers 138. *Precieux*. Cette synérèse (le mot est dissyllabique) a gêné les commentateurs, Dimier entre autres, car elle est extrêmement rare.

Vers 139. *Serrez* : indicatif futur du verbe *seoir*, d'usage courant en ancien français. Il subsiste au XVIIᵉ siècle. Ex. : « sieds-toi ! » (Corneille, *Cinna*). Il en demeure « il sied bien », « seyant », où le verbe a un sens figuré. La deuxième personne du pluriel de l'indicatif présent *seez* a disparu de bonne heure ; cf. *veez* et *creez* (*-etis* ayant donné régulièrement *-eiz*, remplacé dès le XIIᵉ siècle par *-ez*). Par contre, le verbe *asseoir* se maintient malgré les difficultés de sa conjugaison, car il n'est pas remplaçable.

Vers 141. *Qu'il me disoit* est un des premiers exemples d'emploi du relatif dans une proposition incise. Cf. « que je sache » (dont le sens est « à ce que je sais »).

Vers 142. *Ainsi m'aist Dieu* signifie tout simplement « par Dieu ».

Vers 145. *Forché* est une forme altérée de *fourché*. *Fourché* s'emploie toujours avec un sens technique. *Fourchu* est très ancien : Villon l'a employé dans une de ses ballades.

Vers 146. *Tout poché* : voir *crachié* au vers 154. L'origine est obscure. Le sens est sans doute « tout esquissé », peut-être « tout imité ». Les expressions « pocher un œuf » et « pocher un œil » sont déjà usuelles.
C'estes vous. Cette locution était usuelle, de même que « ce suis-je », « c'est-il », « ce sommes-nous », « ce sont-ils ». Le rapport grammatical s'est inversé. Aujourd'hui, il y a la forme tonique du pronom, laquelle est attribut, *ce* étant sujet. L'ancien état de choses s'est maintenu jusqu'au XVIIIᵉ siècle. Notre tournure moderne apparaît dès le XIVᵉ siècle. La substitution s'est faite ainsi : à la troisième personne du pluriel, « ce sont ils » est devenu « ce sont eux ». Dès le XVIIᵉ siècle, il y a eu tendance à dire « c'est eux ». Ex. : « ce n'est pas les Troyens » (Racine).

Texte.

et qui diroit a vostre mere
que ne feussiez filz vostre pere,
il auroit grant fain de tancer[38].
150 Sans faulte, je ne puis pencer
comment Nature en ses ouvraiges
forma deux si pareilz visaiges,
et l'ung comme l'aultre tachié;
car quoy! qui vous aroit crachié
155 tous deux encontre la paroy,
d'une maniere et d'ung arroy[39],
si seriez vous sans difference.
Or, sire, la bonne Laurence,
vostre belle ante[40], morut elle?

LE DRAPPIER

160 Nennin dea!

PATHELIN

Que la vis je belle,
et grande et droitte et gracïeuse!
Par la mere Dieu precïeuse,
vous luy resemblez de corsaige
comme qui vous eust fait de naige;
165 en ce païs n'a, ce me semble,

Traduction.

Et qui dirait à votre mère que vous n'êtes point le fils de votre
père, il aurait vraiment le goût de contester! Sans faute, je
ne puis comprendre comment la nature en ses ouvrages créa
deux visages aussi semblables, avec les mêmes marques; mais
quoi? Si on vous avait tous deux crachés contre le mur, de
la même manière et d'un seul coup, la différence ne serait pas
plus grande! Mais la bonne Laurence, sire, votre belle-tante,
est-elle morte?

LE DRAPIER. — Non, diable!

PATHELIN. — Que je la vis belle et grande et droite et gra-
cieuse... Par la très sainte mère de Dieu, vous vous ressemblez
de corps comme deux statues de neige. En ce pays il n'existe,

---

38. Contredire, discuter; **39.** Ordre; d'où le contraire *désarroi;* **40.** Le latin
anita donne *ante.* Mais les groupes *ta ante* constituent des « hiatus horribles »
(Sylvius, *Grammaire française,* XVIe siècle). Avec Rabelais, l'évolution
moderne est acquise : « ma grand'tante Laurence ».

Commentaire philologique et grammatical.

Vers 147. *Qui diroit.* L'imparfait du subjonctif a une valeur d'éventuel.

Vers 149. *Tancer* intransitif ne s'emploie plus. Mais Marot l'employait, et l'on trouve chez Montaigne « je tence avec mon valet ». Cf. Marie de France : « quant tence a son charruier ».
Il. La reprise du sujet par *il* est usuelle jusqu'au XVIIe siècle. Ex. : « Jésabeth [...] elle trouva » (Racine, *Athalie*). Aujourd'hui, c'est un effet de style. Au XVe siècle, c'est une tournure courante.

Vers 151. *Nature.* L'ellipse de l'article est normale au XVe siècle.

Vers 153. *Tachié* a ici le sens de « marqué ». Le sens de « souillure » est apparu très tôt et a éliminé celui de « marque ». Le mot est d'origine germanique.

Vers 154. *Crachié* est le premier passage qui permet de retrouver l'origine de notre français moderne « c'est lui tout craché ». L'absence de -*s* vient de ce que le participe passé tend déjà à devenir invariable (voir vers 146).
Aroit est une forme réduite de *avroi.* C'est l'expression usuelle jusqu'au XVIe siècle. La forme avec un -*v*- a été inventée au XVIe siècle. Chez Th. de Bèze, on observe une alternance de *avrai, arai, aurai.* Il semble que la forme *aurai,* qui, phonétiquement, peut venir de *avrai,* soit d'origine lyonnaise.
Qui signifie « si quelqu'un ». Ce sens correspond au *si quis* latin. Il sortira de l'usage au XVIIe siècle. Il persiste dans le langage mathématique : « qui ôte tant de tant ». Voir vers 164, 173, 189, 346.

Vers 155. *Encontre* ne sortira de la langue qu'au XVIIe siècle. Ex. : « encontre mont » (au sens de « à contre-courant ») [Garnier, *les Juifves*]. Ce mot remonte au latin vulgaire *in contra.* Il en est resté « à l'encontre de ». *Malencontre* est dérivé de *encontrer.*

Vers 156. *D'ung* signifie « d'un seul ».
Arroy : déverbal de *arroyer.* Le mot sort de la langue au XVIIe siècle. Il est synonyme de *manière.* Du sens premier « équipage », « cortège », on est passé au sens de « manière d'agir ». Il en est resté *désarroi.*

Vers 158. *Sire* a le sens de « monsieur ».

Vers 159. *Ante* vient du latin *anita.* Cf. l'anglais *aunt.* On a même dit jusqu'au XVIe siècle « belle ante », comme on dit « belle-sœur ». *Tante* est probablement une altération du langage enfantin. En picard, *bel homme* veut dire « célibataire ».
Morut : emploi du passé simple (voir vers 5).

Vers 160. *Nennin* : forme nasalisée de *nenni;* forme négative de *oui-da,* phénomène champenois et bourguignon.
Vis je : voir vers 5.

Vers 163-164. *Corsaige, naige.* Il ne s'agit pas d'une rime pour l'œil. On prononçait « corsaige ». Palsgrave connaît encore cette prononciation. *Corsaige* signifie « buste ». Cf. La Fontaine : « dame belette au long corsage » (La Fontaine archaïse). Le vers signifie « comme si on vous avait faits avec de la neige », « comme deux bonshommes de neige ».
Qui : voir vers 154.

Vers 165. *N'a* signifie « il n'y a ». Cet emploi du verbe *avoir* sans *y* ne cessera qu'au XVIe siècle. Ex. : « quinze jours a » (Clément Marot). Chez La Fontaine et chez Racine, on trouve encore l'expression « n'a pas longtemps ».

Texte.

>   lignaige qui mieulx se resemble ;
>   tant plus vous voy... Par Dieu le pere,
>   *regardant le drapier plus fixement encore*
>
>   vez vous la : vëez vostre pere ;
>   vous luy resemblez mieulx que goute
> 170 d'eaue, je n'en fais nulle doubte.
>   Quel vaillant bachelier c'estoit !
>   le bon preudomme, et si prestoit
>   ses denrees qui les vouloit[41].
>   Dieu luy pardoint ! il me soulloit
> 175 tousjours de si tresbon cueur rire.
>   Pleust a Jhesucrist que le pire
>   de ce monde luy resemblast !
>   on ne tollist pas ne n'emblast
>   l'ung a l'aultre comme l'en fait.
>   *il se lève et touche une pièce d'étoffe*
> 180 Que ce drap ycy est bien fait !
>   qu'est il soüef, doulx et traictis[42] !

LE DRAPPIER

>   Je l'ay fait faire tout faictis[43]
>   ainsi, des laines de mes bestes.

Traduction.

ce me semble, de lignage où l'on se ressemble autant. Plus je vous vois... Par Dieu le Père, vous voilà ! voilà votre père. Vous lui ressemblez mieux qu'une goutte d'eau ressemble à une autre, nul doute ! Quel vaillant jeune homme il était, le bon prud'homme ! Aussi vendait-il à crédit à qui voulait. Dieu lui pardonne ! Avec moi il avait l'habitude de rire de si bon cœur ! Plût à Jésus-Christ que le pire de ce monde lui ressemblât ! On ne se volerait pas, on ne se détrousserait pas comme on fait. Que ce drap est de bonne qualité ! Comme il est moelleux, doux et souple !

LE DRAPIER. — Je l'ai fait faire tel quel de la laine de mes bêtes.

---

41. Ce passage est cité par Rabelais (*Tiers Livre*, chap. IV) : « Le noble Patelin, voulant déifier et par divines louanges mettre jusques au tiers ciel le père de Guillaume Jousseaulme, rien plus ne dit sinon :

>   Et si prêtait
>   Ses denrées à qui en voulait.
>   O le beau mot !... » ;

42. *Traictis* : plus tard *traictable, tractable* (Cotgrave) ; 43. *Faictis* vient du bas latin *factitius*, « fait exprès » ; notre mot *factice* a cette origine.

Commentaire philologique et grammatical.

Vers 167. *Tant plus* signifie « plus ». Cet emploi est encore usuel au XVIIᵉ siècle (voir vers 209).

Vers 168. *Vëez* : voir vers 20.

Vers 169-170. *Goute d'eaue.* L'expression veut dire « vous lui ressemblez plus qu'une goutte d'eau ressemble à une autre goutte d'eau ».
Doubte restera féminin jusqu'au début du XVIIᵉ siècle. Il est encore féminin chez Malherbe. Au XVIIᵉ siècle, le masculin l'emporte.

Vers 171. *C'estoit* : voir vers 123.
Bachelier signifie « jeune homme ». Le sens propre est « jeune gentilhomme aspirant à devenir chevalier ». Le mot est courant dans les chansons de geste. Au XIIIᵉ siècle apparaît le sens de « jeune homme ». Rabelais l'emploie dans *Gargantua* notamment (chap. xxv). Au XVIᵉ siècle, le mot est encore fréquent en Picardie. La Fontaine l'utilise, mais c'est alors un archaïsme. Dès le XIVᵉ siècle apparaît le sens universitaire dans les facultés des arts. Les étudiants de ces facultés se nomment « artiens » ou « artistes ».

Vers 172. *Preudomme* signifie « brave homme, sage et loyal ». Un second sens est déjà usuel : « versé dans certaines matières ». Au XVIIᵉ siècle, on ne conserve que ce dernier sens : d'où le sens technique actuel.

Vers 173. *Qui* : voir vers 154.

Vers 174. *Pardoint* : voir vers 101.
Soulloit. Ce verbe disparaît au XVIᵉ siècle. La Bruyère le regrette. Il est certain que ce verbe était difficile à conjuguer.

Vers 175. *Si tresbon* vivra jusqu'au XVIᵉ siècle. Clément Marot l'emploie encore.

Vers 178. *Tollist, emblast.* Cet imparfait du subjonctif à sens conditionnel vivra jusqu'au XVIᵉ siècle. Ex. : « si je ne le sust je ne le mandasse pas » (Marguerite de Navarre), « je désirasse » (Montaigne). Voir vers 826. Le verbe *tollir* a été refait sur l'imparfait du subjonctif. L'infinitif *toldre* ou *toudre*, qui vient du latin *tollere*, existe concurremment. *Tollir* est synonyme de *embler*. Il vit encore à la fin du XVIᵉ siècle. Il a disparu comme bon nombre de verbes à conjugaison difficile, comme *duire*, *soudre*, etc.
Le verbe *embler* a lui aussi disparu. Il était très employé jusqu'à la fin du XVIᵉ siècle. On le trouve encore sous la plume de La Fontaine. Il vient du latin *in-volare*, « voler sur » (terme de chasse). *Voler* au sens de « prendre » n'apparaît qu'au XVIᵉ siècle (langage de la fauconnerie). Le premier exemple date de 1549 (Robert Estienne, *Dictionnaire*). Voir vers 346.

Vers 179. *Comme l'en fait.* La forme *l'en* existait en concurrence avec la forme *l'on*. Mais la première était plus populaire que la seconde. Cf. *nenni* pour *nonni*, *volentiers* pour *volontiers*, *dangiers* pour *dongiers*. *On* a tendance, sous l'accent, à devenir *en*. Ex. : « l'en dit bien vrai » (Molière, *les Femmes savantes*).

Vers 180. *Ce drap ycy.* Cet appui du démonstratif, assez rare avant le XVᵉ siècle, devient très fréquent aux XVᵉ et XVIᵉ siècles. Vaugelas note « cet homme ici » et donne la préférence à cette tournure.

Vers 181. *Qu'est il* : voir vers 123.
Souëf signifie « souple ». Cet adjectif vient de *suavem*, comme *clef* vient de *clavem*. Le mot a disparu à la fin du XVIᵉ siècle. *Suave* date du début du XVIᵉ et a pris tous les sens de *souëf*.
Traictis est un des derniers exemples de l'emploi de cet adjectif, qui signifie « bien fait », « bien tourné », et est tiré de *trait*. La terminaison *-is*, venant phonétiquement du latin *-itus*, a servi à former de nombreux adjectifs. Ex. : *voltis*, *voutis*, *levis* (dérivé de *lever*), *faitis* (de *factitus*, *facticius*).

Vers 182. *Faictis* signifie « fait tout exprès ». Cet adjectif est très usité jusqu'à la fin du XVᵉ siècle au sens de « élégant ». D'où « propre à », « qui convient à », sens qui dureront jusqu'au XVIᵉ siècle. A rapprocher du mot *fétiche* (cf. le portugais *fetizu*), qui sert à désigner un objet enchanté, un sortilège.

Texte.

PATHELIN

Enhen, quel mesnaiger vous estes !
185 Vous n'en ystriez pas de l'orine[44]
du pere ; vostre corps ne fine
tousjours, tousjours de besoignier !

LE DRAPPIER

Que voulez vous ? Il fault songner,
qui veult vivre, et soustenir paine.

PATHELIN, *touchant une autre pièce*

190 Cestuy cy est il taint en laine ?
il est fort comme ung cordoen[45].

LE DRAPPIER

C'est ung tresbon drap de Rouen,
je vous prometz, et bien drappé.

PATHELIN

Or vrayment j'en suis attrappé,
195 car je n'avoye intencion
d'avoir drap, par la passion

Traduction.

PATHELIN. — Eh bien ! Quel organisateur vous faites ! Vous ne seriez pas de l'origine de votre père si vous n'étiez ainsi. Vous ne cessez jamais de perfectionner vos affaires !

LE DRAPIER. — Que voulez-vous ? Si on veut vivre, il faut veiller au grain, et prendre de la peine.

PATHELIN. — Celui-ci est-il de laine teinte ? Il est ferme comme du cuir de Cordoue !

LE DRAPIER. — C'est un très bon drap de Rouen, je vous le certifie, et bien foulé.

PATHELIN. — Voici que vraiment j'en suis séduit, car je n'avais pas l'intention d'acheter du drap, par la Passion de

---

44. Littéralement : autrement, vous ne seriez pas digne de votre origine (*orine*), de votre père. Le jeu de mots *orine/origine* est rare. C'est d'ailleurs la première grossièreté que comporte ce texte. Il y en aura quelques autres (voir vers 637, 657, 666, 887), médicales et scatologiques, jamais érotiques. Le fait est suffisamment rare pour qu'il ait servi à attribuer le texte à un clerc ; 45. Cuir de Cordoue. Importation remontant aux Maures. D'où les mots *cordoanie* et *cordonnier*.

Commentaire philologique et grammatical.

Vers 184. *Vous estes* : voir vers 123.
Mesnaiger a le sens de « administrateur ». Le mot a pris de nos jours un sens un peu restreint, comme dans l'expression « bonne ménagère ».

Vers 185. *En* signifie « dans ces conditions ».
Istriez. *-iez* est dissyllabique (alors qu'il est souvent monosyllabique sous la plume de Guernes de Pont-Sainte-Maxence par exemple). Chez Molière, on observe des exemples de la prononciation monosyllabique, d'autres de la prononciation dissyllabique. A rapprocher du vers 289 (dissyllabique), du vers 290 (trisyllabique), du vers 535 (trisyllabique).
Orine signifie « origine ». Le mot a été usuel jusqu'au XVᵉ siècle, cet exemple est un des derniers, puis il a été francisé sous l'influence de *aurum*. Ici, jeu de mots *urine/orine*.

Vers 186. *Vostre corps* signifie « vous ». Ce sens a duré jusqu'au XVIᵉ siècle. « Le vaillant corps », c'est l'homme vaillant. Ex. : « le corps Roland », au sens de « Roland en personne » (*la Chanson de Roland*) ; « son corps », au sens de « lui-même » (Joinville). Il nous en est resté des expressions comme « son corps défendant », « à corps perdu » et, en langue juridique, « contrainte par corps », « séparation de corps ». On observe un phénomène analogue en latin (Tite-Live, Salluste), en grec (Hécube), en hébreu (« j'ai roulé ma corne »), en arabe (« son âme » ou « son corps »).
Ne fine signifie « ne cesse ». *Finer*, dérivé de *fin*, existe concurremment avec *finir* (de *fenir*). Le verbe a vite pris le sens de « régler une dette », « payer ». D'où le nom *finance*. Ce sens est encore vivant au XVIᵉ siècle (Rabelais, *Gargantua*, chap. LIII). Au XVIIᵉ siècle encore, on relève le sens de « payer ».

Vers 187-188. *Songner, besoignier* correspondent à la prononciation normale. Cf. *pongnée* (*poignée* a été refait sur *poing*).

Vers 189. *Qui veult vivre* : si on veut vivre (voir vers 154).
Soustenir signifie « supporter » au sens classique. Ex. : « je soutiens la vue » (Racine, *Phèdre*).

Vers 190. *Cestuy* a été formé comme *celui* (il se développa parallèlement deux séries, l'une en *cest-*, l'autre en *cel-*, renforcées toutes deux par *-ci* et *-la*. Au XVIIᵉ siècle, *cestui* est considéré comme un archaïsme. Il a disparu plus vite que *cestui-ci*. Aujourd'hui, il nous reste *sti*, qui est faubourien.

Vers 191. *Cordoen* signifie « cuir de Cordoue », d'où « bon cuir ». D'où *cordouanier*, altéré en *cordonnier* sous l'influence de *cordon*.

Vers 193. *Drappé* : foulé. On trouve encore l'expression sous la plume de Rabelais. *Drapper* signifie « frapper comme du drap ».

Vers 198. *J'avois* : voir vers 5.

Vers 199. *Retraire* semble avoir ici le sens de « racheter », au sens où nous disons encore « retraire un viager ». Cf. Loisel, *Traité juridique*.

Vers 204. *Dont*. Le mot fut à l'origine un adverbe (du latin *de unde*) de lieu interrogatif ; puis il fut un relatif à sens local. Au XVIIᵉ siècle, les grammairiens prescrivent de ne pas l'employer avec un sens local. Il en est de même aujourd'hui, sauf pour indiquer l'origine. Ici, l'antécédent est un nom de personne. Nous préférerions aujourd'hui employer *de qui*.

Vers 206. *Et ouÿ bien* existe concurremment avec *mais ouy bien* jusqu'au XVIIᵉ siècle. Après quoi, les deux locutions disparaissent (voir vers 106).

Vers 207. *Tout m'en est ung en païment* signifie littéralement « toute monnaie m'est indifférente », « j'accepte de payer en la monnaie de votre choix ». *Païment* : voir vers 1.

Vers 209. *Tant plus* : voir vers 167.

Vers 212. *Chier* doit être prononcé « cher ». Dès le XIIIᵉ siècle, la réduction de *-ie-* après les palatales est chose faite. Le latin *carum* a donné successivement *chier* et, à partir du XIIIᵉ siècle, *cher*.

Texte.

de Nostre Seigneur, quant je vins.
J'avois mis appart quatre vings
escus, pour retraire une rente[46],
200 mais vous en aurez vingt ou trente,
je le voy bien, car la couleur
m'en plaist trestant que c'est douleur !

LE DRAPPIER

Escus ? voir' ! — Se pourroit il faire
que ceulx dont vous devez retraire
205 ceste rente prinssent monnoye ?

PATHELIN

Et ouÿ bien, se je vouloye :
tout m'en est ung en paiëment.
il touche une troisième pièce

Quel drap est ce cy ? Vrayëment,
tant plus le vois et plus m'assotte.
210 Il m'en fault avoir une cotte[47],
bref, et a ma femme de mesme.

LE DRAPPIER

Certes, drap est chier comme cresme[48].

Traduction.

Notre Seigneur, quand je suis venu. J'avais épargné quatre-
vingts écus pour racheter une rente, mais vous en aurez vingt
ou trente, je le vois bien, car la couleur me séduit si fort que
c'en est douleur.

LE DRAPIER. — Des écus ? C'est à voir. Se pourrait-il que ceux
auxquels vous devez racheter acceptent des pièces d'argent ?

PATHELIN. — Bien sûr, si je voulais. Ce m'est tout un pour
payer. Quel drap est-ce là ? Plus je le vois, et plus je perds la
tête. Il m'en faut une cotte pour moi, et une pour ma femme.

---

46. Pour racheter une rente, c'est-à-dire pour faire un placement. La question du « retrait des rentes » est évoquée ici avec virtuosité. A la vente au
comptant que veut le marchand va se substituer une vente à crédit ; 47. *Cotte* :
sorte de tunique, vêtement de dessous que portaient et les hommes et les
femmes ; 48. *Saint chrême* : huile mêlée de baume, qui sert aux sacrements,
passait pour une des choses les plus précieuses et, par conséquent, les plus
chères. Le Despourvu dit dans le *Vergier d'honneur* :

> Remply je suis pour cette cause mesme
> De son amour, que tiens beaucoup plus chière
> Cent mille fois que fin or, ni que Cresme.

Texte.

> Vous en aurez, se vous voulez :
> dix ou vingt frans y sont coulez
> 215 si tost !

PATHELIN

> Ne me chault ; couste et vaille !
> Encor ay je denier et maille
> qu'onc ne virent pere ne mere[49].

LE DRAPIER

> Dieu en soit loué ! Par saint Pere[50],
> il ne m'en desplairoit en piece.

PATHELIN

> 220 Bref, je suis gros de ceste piece[51] ;
> il m'en couvient avoir.

LE DRAPIER

> Or bien,
> il couvient adviser combien
> vous en voulez, premierement ;

Traduction.

LE DRAPIER. — Certes, le drap est cher comme crème. Vous en aurez, si vous voulez : dix ou vingt francs y ont bien vite passé.

PATHELIN. — Tant pis ! Bon prix, mais de la qualité ! J'ai encore de l'argent qui ne vient pas d'un héritage.

LE DRAPIER. — Dieu en soit loué ! Par le Saint-Père, il ne m'en déplairait nullement.

PATHELIN. — Bref, je suis gonflé du désir de cette pièce : il m'en faut !

LE DRAPIER. — Eh bien, il convient d'abord d'aviser combien

---

49. Cf. *Panurge* (II, 17) : « J'ay encore, dit-il, six sols et mailles, que ne veirent oncque père ny mère » ; **50.** *Par saint Pere*. On disait indifféremment saint Pierre ou saint Perre. Cf. la rue des Saints-Pères ; **51.** Littéralement : j'ai pour cette pièce une envie de femme grosse. Cf. Larivey. *Les Tromperies :* « Monsieur, il y a plus de huit jours que je suis gros de vous voir. »

Texte.

<blockquote>

tout a vostre commandement,
225 quanqu'il en y a en la pille,
et n'eussiez vous ne croix ne pille.

PATHELIN

Je le sçay bien, vostre mercy.

LE DRAPPIER

Voulez vous de ce pers[52] cler cy?

PATHELIN

Avant, combien me coustera
230 la premiere aulne? Dieu sera
payé des premiers, c'est rayson[53] :
vecy ung denier, ne faison
rien qui soit ou Dieu ne se nomme.

LE DRAPPIER

Par Dieu, vous dittes que bon homme,
235 et m'en avés bien resjouÿ.
Voulés vous a ung mot[54]?

</blockquote>

Traduction.

vous en voulez. Tout est à votre disposition, autant qu'il y en a dans la pile, n'eussiez-vous pas un sou!

PATHELIN. — Je le sais bien, et vous en remercie.

LE DRAPIER. — Voulez-vous de cette étoffe bleu clair?

PATHELIN. — Avant, combien me coûtera la première aune? Dieu sera payé des premiers, c'est logique. Voici un denier. Ne faisons rien sans invoquer Dieu.

LE DRAPIER. — Par Dieu! vous parlez en homme de bien. Vous m'en voyez réjoui. Voulez-vous connaître mon juste prix?

---

52. Bleu clair. Le pers était la nuance entre le bleu et le vert; **53.** C'est le « denier à Dieu ». Une fois le denier donné, le prix ne peut plus ni monter ni baisser. D'où la réplique qui suit immédiatement : « Voulez-vous mon dernier mot? » Cf.

<blockquote>

Qui du marché le denier à Dieu prend
Il ne peut plus mettre rabat ne creüe
Ch. d'Orléans (*Rondeaux*).

</blockquote>

Ce denier, d'ailleurs, on ne le gardait pas. On avait le devoir de le donner au premier pauvre qui passait. Ainsi, dans la vingt-huitième des *Escraigues dijonnaises*, un liard mis sur la table « pour le denier à Dieu, qui, incontinent accepté par l'un des vendeurs, est donné à un pauvre ». Guillaume, lui, empoche...; **54.** Le dernier prix, où l'on prend au mot.

Commentaire philologique et grammatical.

Vers 226. *Ne croix ne pille*. Il s'agit des deux côtés de la pièce de monnaie. On ne sait pourquoi l'avers a été nommé *pile*.

Vers 227. *Vostre mercy :* cf. *la mercy Dieu, bien Dieu mercy, ça merci.* Toutes ces locutions sortent de la langue au XVIᵉ siècle. *Merci* signifie « grâce », « valeur » (c'est le sens de *merces* en latin ecclésiastique). Il était féminin. Il est devenu masculin dans « grand merci », où *grand*, d'abord féminin, a été senti comme masculin. Aujourd'hui, il n'a guère de genre. D'où le rapport entre « merci ! », formule de politesse, et l'expression « être à la merci de ».

Vers 228. *Pers*, du bas latin *persus*, de la couleur des tapis persans.

Vers 232. *Faison*. L'absence de *-s* est notable. Le phénomène existait déjà dans l'œuvre de Rutebeuf et il est fréquent en anglo-normand, par exemple dans la *Vie de saint Thomas Becket* de Guernes de Pont-Sainte-Maxence. Il est possible que l'absence de *-s* vienne de ce qu'on a tendu à faire de cette lettre une caractéristique de la deuxième personne du singulier.
Vecy : voir vers 20.

Vers 233. *Se nomme*. Le développement du pronominal à sens passif ne semble pas venir de l'italien comme on l'a cru (idée de Brunot). Il a peut-être été aidé par l'italien au XVIᵉ siècle, mais il existait dès le XIIIᵉ siècle. Il permettait de rendre un verbe imperfectif. Ex. : « la maison est bâtie » (= « la maison est finie », tandis que « la maison se bâtit » veut dire qu'elle est en cours de construction).

Vers 234. *Que*. Le relatif au sens de « ce que » est fréquent avec le verbe *faire*. On le trouve déjà dans la *Chanson de Roland*.

Vers 236. *A ung mot* est une expression rare. Elle a des sens assez variés : « sans marchander », « à prix fixe », « immédiatement ». Ici, le marchand veut dire que son *mot* ne changera pas.

Vers 237. *Chascune*. Son emploi ne se distinguait pas encore de celui de *chaque*.

Vers 238. *Et*. Cet emploi a disparu par suite de l'habitude de compter en chiffres romains.
Non fera. On attendait *ferai*. Il faut comprendre « l'aune ne fera pas ». Cette reprise est fréquente dans les réponses, surtout avec les verbes *être* et *avoir*. Ex. : « ne sont ils ... », « et ne sont ». Ce tour disparaîtra au XVIIᵉ siècle.

Vers 240. *Ceste* a le sens possessif de « mon ». Cf. le latin *hic liber*, « mon livre » (voir vers 106).
Il le m'a cousté : voir vers 77.

Vers 244. *Trestout*. L'adverbe *tres* sert à renforcer beaucoup de mots : cf. *trestant*. Cet emploi subsiste dans nos dialectes.
Est peri. L'emploi de *être* avec le verbe *périr* est usuel jusqu'au XIXᵉ siècle. Les grammairiens du XVIIᵉ siècle ont institué une distinction dans l'emploi des auxiliaires : l'auxiliaire *être* indique un parfait accompli (ex. : « il est vieilli ») ; l'auxiliaire *avoir* équivaut à un aoriste (ex. : « il a vieilli »). Il y a eu dans l'usage un long flottement. La distinction entre la progression de l'action et l'entrée dans l'action n'a pas toujours été sentie.

Texte.

PATHELIN

Ouÿ.

LE DRAPPIER

Chascune aulne vous coustera
vingt et quattre solz[55].

PATHELIN

Non fera!
Vingt et quattre solz? Saincte Dame!

LE DRAPPIER

240 Il le m'a cousté, par ceste ame!
Autant m'en fault, se vous l'avés.

PATHELIN

Dea, c'est trop!

LE DRAPPIER

Ha, vous ne sçavés
comment le drap est encheri!
Trestout le bestail est peri
245 cest yver par la grant froidure[56].

Traduction.

PATHELIN. — Oui.

LE DRAPIER. — Chaque aune vous coûtera vingt-quatre sols.

PATHELIN. — Jamais! Vingt-quatre sols! Sainte Dame!

LE DRAPIER. — C'est ce qu'il m'a coûté, par mon âme! il m'en faut racheter autant, si vous le prenez.

PATHELIN. — Diable! C'est trop!

LE DRAPIER. — Hé! Vous ne savez comme le drap a enchéri. Tout le bétail est mort cet hiver, par la grande froidure.

---

55. Le sol tournois valait un peu moins que le sol parisis; 56. Le jour du marché. Tout le passage constitue l'allusion à la grande froidure de 1464, qui fournit le *terminus a quo* qu'invoque G. Cohen pour déterminer la date du *Pathelin*. D'autre part, un rapprochement s'impose avec Rabelais (II, 12) : «Considérez, dit Humevesne, qu'à la mort du roi Charles, on avait en plein marché la toison pour six blancs, par mon serment, de laine. » Il s'agit de Charles VII, mort dix ans avant la première de *Pathelin*. L'enchérissement (de 6 à 8 blancs) en dix ans est peu vraisemblable. Le drapier vole son client !

Texte.

PATHELIN

Vingt solz! vingt solz!

LE DRAPPIER

Et je vous jure
que j'en auray ce que je dy.
Or attendés a samedi :
vous verrés que vault! La toison,
250 dont il solloit estre foison,
me cousta, a la Magdalaine,
huit blans[57], par mon serment, de laine
que je souloye avoir pour quattre.

PATHELIN

Par le sanc bieu, sans plus debatre,
255 puis qu'ainsi va, donc je marchande.
Sus! aulnés.

LE DRAPPIER

Et je vous demande,
combien vous en faut il avoir?

PATHELIN

Il est bien aisé a savoir :
quel lé a il?

Traduction.

PATHELIN. — Vingt sols! Vingt sols!

LE DRAPIER. — Et je vous jure que j'en aurai ce que je dis.
Attendez donc à samedi! Vous verrez ce qu'il vaut! La toison,
dont il y avait abondance, me coûta, à la Madeleine, huit blancs,
par mon serment, de laine, que j'avais d'ordinaire pour quatre.

PATHELIN. — Palsambleu! Sans plus discuter, puisqu'il en
est ainsi, je fais affaire! Allons! Mesurez!

LE DRAPIER. — Mais je vous demande combien il vous
en faut.

PATHELIN. — C'est bien facile à savoir. Quelle largeur a-t-il?

---

57. Petite monnaie de 5 deniers (Holbrook), synonyme de *blanchets*, par
opposition aux « grands blancs », lesquels valaient 13 deniers (Littré).

Texte.

LE DRAPPIER

Lé de Brucelle.

PATHELIN

260 Trois aulnes pour moy, et pour elle
(elle est haulte) deux et demye ;
ce sont six aulnes... Ne sont mie ?
Et ! non sont. Que je suis becjaune[58] !

LE DRAPPIER

Il ne s'en fault que demie aulne
265 pour faire les six justement.

PATHELIN

J'en prendray six tout rondement ;
aussy me fault il chapperon.

LE DRAPPIER

Prenez là, nous les aulnerons.
Si sont elles cy sans rabattre :
ils mesurent ensemble
270 empreu, et deux, et trois, et quatre,
et cinq, et six.

Traduction.

LE DRAPIER. — La largeur des draps de Bruxelles.

PATHELIN. — Trois aunes pour moi ; et pour elle — elle est
haute — deux et demi, ce qui fait six aunes, n'est-ce pas ?
Eh non ! Suis-je simple ?

LE DRAPIER. — Il ne s'en faut que d'une demi-aune pour
faire exactement six.

PATHELIN. — J'arrondis à six : il me faut aussi le chaperon.

LE DRAPIER. — Tenez l'étoffe, nous allons mesurer. Elles
y sont sans faute. Et d'une, et de deux, trois, quatre, cinq, six.

---

58. *Becjaune* : étourdi, sot, comme l'oiseau qui sort du nid avec le bec encore
jaune. Dans les collèges et dans les milieux de la basoche, on appelait
ainsi les nouveaux venus, non encore « déniaisés ». On trouve l'expression
notamment dans *la Farce de la pippée,* dont les personnages sont des oiseaux,
et dans le théâtre de Molière.

Commentaire philologique et grammatical.

Vers 248. *Or attendés* signifie « attendez donc ! ». Cette construction embarrassée cherche à provoquer le rire.

Vers 249. *Que,* pour *ce que* (voir vers 461, 484), est d'emploi courant au XVᵉ siècle. On le trouve encore sous la plume de Molière et de Mᵐᵉ de Sévigné (« je lui demande que c'était »). Vaugelas condamne l'expression, qui n'en persiste pas moins jusqu'au XVIIIᵉ siècle. Voltaire, par exemple, l'emploie dans *Jeannot et Colin.* De nos jours, *que* subsiste comme attribut : « je ne sais que faire, que dire », etc.

Vers 258. *Il* a la valeur de *ce.* Cet emploi ne dépassera pas le XVIIᵉ siècle. Ex. : « il est trop véritable » (Molière), « qu'il ne fût vrai » (La Fontaine). Aujourd'hui, *il* annonce ce qui suit.

Vers 259. *Lé* signifie « largeur ». Le mot est tiré d'un ancien adjectif *les,* venu phonétiquement du latin *latus. Les* a été éliminé parce que *large* a plus de corps.

Vers 262. *Ne sont mie ? :* n'est-ce pas ? L'expression n'est pas encore figée, et l'on peut mettre le verbe au pluriel.

Vers 263. *Et ! non sont* est une formule qui sert à renforcer la négation. Cf. « non ferai ». Aujourd'hui, on renforce la négation plutôt en la répétant. *Becjaune,* parfois écrit *bejaune* au sens de « sottise », se trouve encore chez Molière.

Vers 269. *Si sont elles* signifie « ainsi les voici, sans faute ». Cet emploi de *si* (= *ainsi*) durera jusqu'au XVIᵉ siècle. Il nous en est resté « si fait ». A l'époque de *Pathelin, si* a parfois concurremment le sens de « pourtant ». *Cy* pour *ici* se trouve encore chez Rabelais (« ci n'entrez pas ! »), mais c'est peut-être un archaïsme.

Vers 270. *Empreu.* Le mot a été vivant du XIIᵉ au XVIᵉ siècle. Il n'a aucun rapport avec *pre* dans le sens de « premier ». Il est composé de *en + preu* (= profit). Ce *preu* est le même mot que *proue.* Dans de nombreux comptes, il y a les mots latins *feliciter, duo,* etc. (compter porte malheur !).

Texte.

PATHELIN

Ventre saint Pierre!

ric a ric!

LE DRAPPIER

Aulneray je arriere?

PATHELIN

Nenny, de par une longaine[59]!
il y a ou plus parte ou plus gaigne
275 en la marchandise. Combien
monte tout?

LE DRAPPIER

Nous le sçauron bien :

a vingt et quatre solz chascune,
les six, neuf frans[60].

PATHELIN

Hen, c'est pour une!

Ce sont six escus[61]?

LE DRAPPIER

M'aist Dieu, voire.

Traduction.

PATHELIN. — Ventre-saint-Pierre! C'est ric et rac!

LE DRAPPIER. — Dois-je mesurer de nouveau?

PATHELIN. — Non! Par la tripe! Il y a plus ou moins de perte ou de gain sur la marchandise. A combien monte le tout?

LE DRAPPIER. — Le compte sera vite fait : à vingt-quatre sols pièce, les six font neuf francs.

PATHELIN. — Hum! Pour une fois... cela fait six écus?

LE DRAPPIER. — Oui, par Dieu!

---

59. Édouard Fournier (*op. cit.*) n'admet pas ce juron grossier et traduit *longaine* par *retardement*, comparant avec l'expression médiévale « Nenny, ce n'est qu'une longaine »; **60.** Le sol parisis vaut un quart de plus que le sol tournois. Les 24 sols font au total 30 sols tournois, c'est-à-dire 1 franc et demi tournois × 6 = 9 francs (consulter sur ce point E. Pasquier, *Recherche de la France*, VIII, 59); **61.** L'écu valait donc 30 sols. Les écus d'or vieux ou « à la couronne » valaient 30 sols (consulter sur ce point Le Blanc, *Traité des monnaies sous Louis XII*). En 1469, l'écu d'or a été rabaissé à 30 sols. Mais, en 1473, il remonte. Cela aide à situer dans le temps *la Farce de maître Pathelin*.

Commentaire philologique et grammatical.

Vers 272. *Ric a ric* se trouve encore dans les dictons. Cf. « ric et rac », « zig zag », « tic tac ». Ce genre d'alternances est normal dans les mots expressifs.
Arriere signifie « de nouveau » et non « en sens inverse ». Ce sens est assez rare. Il subsiste en Anjou. Voir vers 476.

Vers 273. *Longaine* : latrine. *Longaine* rime avec *gaigne*. C'est donc une graphie. La forme ancienne est *longaingne*. Il vient du latin médiéval *longania*, terme d'architecture qui servait à désigner dans les couvents la galerie où l'on mettait les latrines.

Vers 274. *Gaigne* est parfois écrit *gagne*. Le mot le plus éloigné du verbe a été conservé.
Plus employé sans *de*. Le français a longtemps hésité entre cette tournure et notre tournure moderne. La construction sans préposition est la plus usuelle au temps de *Pathelin*, de même encore qu'au XVIe siècle. Ex. : « trop mangeaille » (Rabelais). Cf. « force moutons » (La Fontaine) et notre moderne « force personnes ». Au début du XVIe siècle apparaît le tour « force d'argent ». Une bizarrerie subsiste : « force personnes » à côté de « bien des personnes ».

Vers 278. *C'est pour une* est une locution obscure. Littéralement, elle signifie « c'est pour la dernière fois ». A rapprocher de Rabelais : « ils ont pour une » (= « ils en ont leur compte »).

Vers 280. *Croire* : confier; d'où vendre à crédit. L'emploi de *croire* en ce sens est courant jusqu'au XVIe siècle. Il disparaît.

Vers 281. *Vendrez* est le futur régulier du verbe *venir* : le latin *venire aio* a donné *vendrai*, comme *tenere aio* a donné *tendrai*. A la fin du XVe siècle apparaissent les formes *viendrai* et *tiendrai*, reconstruites analogiquement d'après d'autres formes. L'homonymie avec *tenir, tendre* et *vendre* a amené le triomphe de *viendrai, tiendrai*, etc. A rapprocher des vers 322 (*viendrez*) et 380 (*viendra*). Les deux séries de formes coexistent dans notre texte.

Vers 283. *A mon huis* : chez moi.

Vers 284. *Se tordre* : faire un détour. Voir « passer par la maison sans se tordre » (de Commynes) et le proverbe « il ne se tord pas qui va droit chemin ».

Vers 288. *El* : forme abrégée de *elle*, constante jusqu'au XVIe siècle.

Vers 289. *Tordriez* : voir vers 185.

Vers 290. *Vouldriez* : voir vers 185.

Vers 291. *Achoison* signifie « occasion ». C'est la forme usuelle jusqu'au XVe siècle. Il existait un verbe bas latin attesté, *accadere*, d'où on a pu tirer *accasionem* et *achoison*. Il y a peut-être eu aussi un phénomène d'assimilation; cf. *oroison, orison, oraison; venoison, venison, venaison*.

Vers 293. *Beurez*. Des éditeurs lisent *buvrez*. Au XVIe siècle coexistent deux formes : *beuvrez* et *burez*. *Beuvrez* est considéré au XVIIe siècle comme une forme populaire. La forme *boirai* apparaît au XVIe siècle. *Burai* a été refait d'après le participe *bu*.

Texte.

PATHELIN

280 Or, sire, les voulez vous croire?
jusques a ja, quant vous vendrez?
le drapier fronce le sourcil
Non pas croire : vous les prendrez
a mon huis, en or ou monnoye.

LE DRAPPIER

Nostre Dame! je me tordroye
285 de beaucoup a aler par la.

PATHELIN

Hee! vostre bouche ne parla
depuis..., par monseigneur saint Gille,
qu'el ne disoit pas evangille.
C'est tresbien dit : vous vous tordriez!
290 c'est cela! vous ne vouldrïez
jamais trouver nulle achoison[62]
de venir boire en ma maison;
or y beurez vous ceste fois.

LE DRAPPIER

Et! par saint Jaques, je ne fais
295 guares aultre chose que boire.

Traduction.

PATHELIN. — Eh bien, sire, voulez-vous me les donner à crédit, jusqu'à tout à l'heure, quand vous viendrez? Pas exactement crédit : vous recevrez la somme à la maison, en or ou en monnaie.

LE DRAPIER. — Par Notre Dame, ce sera pour moi un grand détour d'aller par là.

PATHELIN. — Hé! Par monseigneur saint Gilles, vous n'avez pas dit la stricte vérité quand vous disiez que vous feriez un détour. C'est bien cela! Jamais vous ne voudriez trouver une occasion de venir boire chez moi. Eh bien, vous y boirez cette fois!

LE DRAPIER. — Eh, mais par saint Jacques, je ne fais guère

---

62. Occasion. Le latin *occasionem* donne *ochoison*, forme populaire remplacée à partir du XIIIe siècle par notre forme moderne *occasion*.

Gilbert Bourson dans le rôle de Pathelin (1966).

Texte.

> J'iray, mais il fait mal d'acroire[63],
> ce sçavez vous bien, a l'estraine.

PATHELIN

> Souffist il se je vous estraine
> d'escus d'or, non pas de monnoye?
> 360 Et si mangerez de mon oye[64],
> par Dieu, que ma femme rotist.

LE DRAPPIER, *à part*

> Vrayment, cest homme m'assotist.
>   *à Pathelin*
> Alez devant. Sus! J'yray doncques
> et le porteray.

PATHELIN

>   Rien quiconques!
> 305 Que me grevera il? pas maille,
> soubz mon esselle!

Traduction.

autre chose que boire. J'irai. Mais il n'est pas recommandé, vous le savez bien, de donner à crédit pour l'étrenne.

PATHELIN. — Suffit-il que je commence votre vente avec des écus d'or, et non avec de la monnaie? Et ainsi vous mangerez de l'oie que ma femme est en train de rôtir!

LE DRAPIER, *à part.* — Vraiment cet homme me rend fou! Eh bien précédez-moi! J'irai chez vous en apportant le drap.

PATHELIN. — Pas du tout! Le drap, sous le bras, me gênera-t-il? Nullement!

---

63. Faire crédit; **64.** Cf. Gringoire, *les Feintises du monde :*

> Tel dit : « Venez manger de l'oye! »
> Qui cheux luy n'a rien appresté.

L'oie était alors le grand régal des Parisiens. Une rue du quartier Saint-Denis était pleine de rôtisseries, la rue aux Oyes. L'église Saint-Jacques-de-l'Hôpital faisait face à l'entrée. D'où la plaisanterie à l'égard de ceux qui flairaient les dîners :

« Il a comme Saint-Jacques-de-l'Hôpital le nez tourné à la friandise. »

Le bourgeois est réputé pour aimer les plaisirs de la table, et il n'est pas gourmet. « Nous avons pour maître un vilain, dont l'unique bonheur est de manger », lit-on dans *le Lai de l'oiseleur.* Les bourgeois deviennent malades, note Adam de la Halle, « par trop plein emplir leurs bouchiaus ». Le rêve du drapier, qui imagine le vin, lequel, il n'en doute pas, arrosera l'oie, amuse le public du XVᵉ siècle.

Commentaire philologique et grammatical.

Vers 296. *Il fait mal :* il est mauvais ; cf. l'expression moderne « il fait bon ».
Acroire signifie « faire crédit ». Ce verbe a le sens d' « emprunter » et aussi celui de « prêter ».

Vers 298. *Se je vous estraine :* si je commence votre vente.
Souffist est la seule forme jusqu'au XVIe siècle. Elle était très francisée. Au XVIe siècle, la forme moderne, toute proche du latin *sufficit,* a fait son apparition et a triomphé, parce que, précisément, proche du latin.

Vers 300. *Oye :* voir vers 459.

Vers 302. *Assotist :* voir, vers 209, *assotte.* Les deux verbes existent concurremment.

Vers 304. *Quiconques.* L'*-s* adverbial est une graphie. Il convient de faire le rapprochement avec l'expression médiévale « qui qu'onques ». Cela indique qu'il ne s'agit pas d'une simple francisation de *quicumque.* Nous avons affaire à un mot composé du relatif et de l'adverbe *onques.* Jusqu'au XVIe siècle, il pouvait être pronom ou adjectif. Depuis le XVIIe siècle, *quiconque* est un relatif indéfini, et *quelconque* un adjectif indéfini relatif.

Vers 305. *Que* signifie « en quoi ». Cet emploi subsiste dans quelques formules juridiques.
Grever, jusqu'au XVIe siècle, a signifié « charger », en particulier au sens moral. Ce verbe se trouve avec cette signification encore chez Mathurin Régnier : d'où notre mot *grief.* A partir du XVIIe siècle, il signifie « charger d'impôt ».

Vers 306. Le verbe *chaloir* est très usuel jusqu'au XVIe siècle.

Vers 307. *Honeste :* adjectif pris comme nom. Cf. « joindre l'utile à l'agréable ». Cet emploi neutre est toujours possible en français. Au XVIIe siècle, les salons précieux instituent une mode : l'emploi systématique d'adjectifs comme noms. Ex. : « le doux de votre flatterie », « un furieux tendre pour les hommes d'épée ». La Fontaine a employé l'expression « sur le public » au sens de « ce qui est commun ». Aujourd'hui, « l'honnête » ne se dit plus.

Vers 309. *M'envoit.* Le manuscrit porte *M'en voise,* qui n'a aucun sens. *M'envoit* est une correction d'Holbrook. D'autre part, l'inversion est courante jusqu'au XVIe siècle. La disparition des déclinaisons a contraint d'en restreindre l'usage, puis de le faire disparaître (il ne subsiste que dans des expressions archaïques).

Vers 313. *Bosse.* L'*-e* n'est pas élidé devant la voyelle qui suit. Pourtant, ce n'est pas en vertu d'une césure lyrique (celle-ci s'opère après la quatrième syllabe : voir vers 332, 437, 514, 589, 610).
C'est tresbien alé : cela va très bien (voir vers 376). On rencontre la même construction chez Rabelais et chez Montaigne, et aujourd'hui encore : « c'est très bien dit », « c'est bien couru ».

Vers 314. *Il y aura beu et gallé :* on boira et on s'amusera bien. A rapprocher de tournures analogues avec le verbe *être :* « il fut bu, dansé, gallé » (La Fontaine), « il fut bu à votre santé » (Mme de Sévigné). L'équivalence *il y a/il est* explique une tournure avec le verbe *avoir.*
Galler au sens de « se réjouir », de « faire bombance » est très usuel du XIIIe au XVIe siècle.

Vers 315. *Chiez.* L'*-i-* a été absorbé par *ch-* depuis la fin du XIIIe siècle (loi de Bartsch).
Ains que signifie « avant que » (voir vers 655). Cette locution conjonctive est courante jusqu'au XVIe siècle. Ensuite elle prend le sens de « préférence ». Puis est apparu *mais ;* alors *ains* est sorti de l'usage. La Bruyère l'a connu : « *ains* a péri » (*De quelques usages*). Le mot venait de *antius,* tiré de *antea,* comme *postius* de *postea.*

Texte.

LE DRAPPIER

Ne vous chaille :
il vault mieulx, pour le plus honeste,
que je le porte.

PATHELIN

Male feste
M'envoit la saincte Magdalene
310 se vous en prenez ja la paine !
C'est tresbien dit : dessoubz l'essclle.

il met le drap sous sa robe

Cecy m'y fera une belle
bosse ! Ha ! c'est tresbien alé.
Il y aura beu et gallé[65]
315 chiez moy ains que vous en aillez.

LE DRAPPIER

Je vous pry que vous me baillez
mon argent dez que j'y seray.

PATHELIN

Feray. Et ! par Dieu ! non feray[66]
que n'ayez prins vostre repas
320 tresbien ; et si ne vouldrois pas

Traduction.

LE DRAPIER. — Ne vous inquiétez pas ! Il vaut mieux, pour l'honnêteté, que je le porte.

PATHELIN. — Que mauvaise fête m'envoie sainte Madeleine si vous en prenez jamais la peine ! C'est très bien dit : sous le bras ! J'aurai là une belle bosse ! C'est très bien. Il va y avoir beuverie et bombance chez moi avant que vous quittiez !

LE DRAPIER. — Je vous prie de me donner mon argent dès mon arrivée.

PATHELIN. — Oui, ou plutôt non ! Pas avant que vous n'ayez pris un très bon repas. Je voudrais, je vous assure, n'avoir pas

---

65. *Régale* n'est que l'augmentatif de ce mot, dont *galée* est resté, ainsi que galerie (salle où on « gallait »); 66. Procédé de reprise, de repentir, bien connu des auteurs de romans courtois. Dans notre texte, les *si a, non a*, adroitement balancés, font songer à des trouvailles de Molière : par exemple « le pauvre homme ! » ou bien « qu'allait-il faire dans cette galère ? ».

Texte.

    avoir sur moy de quoy payer.
    Au mains viendrez vous assaier
    quel vin je boy. Vostre feu pere,
    en passant, huchoit bien : « Compere ! »
325 ou « Que dis tu ? » ou « Que fais tu ? » ;
    mais vous ne prisez ung festu,
    entre vous riches, povres hommes !

LE DRAPPIER

Et ! par le saint sang bieu, nous sommes
plus povres.

PATHELIN

      Ouay ! a Dieu ! a Dieu !
330 Rendez vous tantost au dit lieu
    et nous beurons bien, je m'en vant.

LE DRAPPIER

Si feray jë. Alez devant,
et que j'aye or[67].

PATHELIN, *en partant*

      Or ? et quoy doncques ?
Or ! dyable ! je n'y failly oncques.
à part
335 Non ! or ! qu'il puist estre pendu !

Traduction.

sur moi de quoi vous payer. Au moins viendrez-vous goûter mon vin. Feu votre père, en passant, criait bien : « Hé ! Compère ! » ou « Que dis-tu ? » ou « Que fais-tu ? » Mais vous, riches, ne prisez un fétu les pauvres !

LE DRAPIER. — Palsambleu ! Mais nous sommes plus pauvres !

PATHELIN. — Ouais ! Adieu ! Adieu ! Rendez-vous tout de suite au lieu convenu ! Nous boirons bien ! Je m'en fais fort !

LE DRAPIER. — Oui ! Allez ! Et que j'aie mon or !

PATHELIN. — De l'or ? Et comment donc ? Diable ! Je n'y manquai jamais ! Non ! De l'or ! Puisse-t-il être pendu ! Hum !

---

67. Jeu de mots sur *or*. Il y en a peu dans la pièce. A rapprocher du vers 185.

Texte.

En! dea! il ne m'a pas vendu
a mon mot[68] : ç'a esté au sien,
mais il sera payé au myen[69].
Il luy fault or! on le luy fourre[70]!
340 Pleust a Dieu qu'il ne fist que courre
sans cesser, jusqu'a fin de paye!
Saint Jehan! il feroit plus de voye
qu'i' n'y a jusqu'a Pampelune[71].

LE DRAPIER, *seul*

Ilz ne verront soleil ne lune,
345 les escus qu'i' me baillera,
de l'an, qui ne les m'emblera.
Or n'est il si fort entendeur
Qui ne trouve plus fort vendeur!
Ce trompeur la est bien becjaune,
350 quant, pour vingt et quatre solz l'aulne,
a prins drap qui n'en vault pas vingt[72]!

Traduction.

Diable! Il ne m'a pas vendu à mon prix, mais au sien! Mais c'est au mien qu'il sera payé! Il lui faut de l'or! On lui en fabrique! Plût à Dieu qu'il ne cessât de courir jusqu'à paiement complet! Par saint Jean! Il ferait plus de chemin que d'ici à Pampelune!

LE DRAPIER. — Ils ne verront soleil ni lune les écus qu'il va me donner, de l'année, à moins qu'on ne me les vole! Il n'est si habile acheteur qui ne trouve vendeur plus fort que lui. Ce trompeur-là est bien naïf d'avoir, pour vingt-quatre sols l'aune, pris du drap qui n'en vaut pas vingt!

---

68. Cf. « moyen de parvenir » : « Des Allemands avaient acheté leurs denrées à leurs mots, à beaux quarts comptants » ; 69. Cf. Rabelais (IV, 58) : « Là Panurge fâché quelque peu frère Jehan, et le feint entrer en resverie, car il le vous preint au mot sur l'instant qu'il ne s'en doubtait mie, et frère Jehan menassa de l'en faire repentir en mesme mode que se repentit Guillaume Jousseaulme vendant a son mot le drap au noble Patelin... » ; 70. « Cette façon de parler fait allusion à ces pièces de monnaie qu'on appelle « fourrées » parce que le faux monnayeur y a fourré un flan de faux aloi, que couvre dessus et dessous une feuille de bon or » (*Ducatiana*, IIe partie, page 501). Voir Duchat, *Remarques sur quelques proverbes français* ; 71. Le plaisir d'entasser l'or est le seul mobile qui pousse le riche marchand. Ce trait ne pouvait que plaire aux spectateurs de l'époque : l'Eglise, les clercs, les paysans aiment qu'on stigmatise l'avarice (voir vers 428 sqq. et vers 498 sqq.) ; 72. A l'époque de la composition de *Pathelin*, il est de bon ton de railler les bourgeois menteurs. Le drapier, au cours de la transaction, a déprécié les bénéfices qu'il tire de son négoce. Il a menti et se félicite de l'avoir emporté.

Commentaire philologique et grammatical.

Vers 339. *Fourre* n'a pas le sens de « mettre », mais le sens propre de « fourrer une monnaie », c'est-à-dire de faire de la fausse monnaie. « On lui en fabrique, de l'or fourré. »

Vers 346. *Qui* : voir vers 154.
Emblera : voir vers 178.

Vers 352. *Devint*. On emploierait aujourd'hui le passé composé.

Vers 353. *Cote hardie* est un vêtement de femme. L'expression se trouve encore sous la plume de Rabelais, mais c'est un archaïsme, et il ne faut pas perdre de vue que *Pathelin* était connu de Rabelais.

Vers 354. *Dye* est un subjonctif (voir vers 60).

Vers 357. *Est il ?* : est-ce ? *Il* au sens de « ce » est curieux dans une phrase interrogative. *Il* au sens de « cela » vit jusqu'au XVIIe siècle (Mme de Sévigné et Molière : « il est de Léandre »).

--------- **QUESTIONS** ---------

SUR LA SCÈNE II. — Relevez les jeux de scène.

— Le personnage de Guillaume Joceaulme : quels traits de son caractère sont mis en lumière au cours de cette scène ? Pourquoi sont-ils tous antipathiques ?

— La satire sociale : comment se manifeste-t-elle ?

— La modification qui s'opère chez le drapier : indiquez-en les différents moments.

— Montrez comment Pathelin mène l'action d'un bout à l'autre. A quels autres personnages de la dramaturgie française vous fait-il songer ?

— Les blasons : relevez-les. Est-ce une nouveauté dans notre histoire littéraire ? D'où vient l'originalité de notre clerc ?

Texte.

III

Chez Pathelin

PATHELIN

En ay je[73] ?

GUILLEMETTE

De quoy ?

PATHELIN

Que devint
vostre vieille cote hardie[74] ?

GUILLEMETTE

Il est grant besoing qu'on le dye !
355 Qu'en voulez vous faire ?

PATHELIN

Rien ! Rien !
En ay je ? Je le disois bien.
il découvre le drap
Est il ce drap cy ?

Traduction.

SCÈNE III. — PATHELIN, GUILLEMETTE.

PATHELIN. — En ai-je ?

GUILLEMETTE. — De quoi ?

PATHELIN. — Qu'est devenue votre vieille cotte hardie ?

GUILLEMETTE. — Il est bien besoin d'en parler ! Qu'en
voulez-vous faire ?

PATHELIN. — Rien, rien ! En ai-je ? Je le disais bien. Est-ce
drap ?

---

73. Cf. Rabelais, *Nouveau Prologue du Quart Livre* : « Ainsi s'en va, pré-
lassant pays, faisant bonne troigne, parmi ses parochiens et voysins, et leur
disant le petit mot de Pátelin : *En ai-je* ; **74.** Grande robe, taillée droite, fermée
comme un fourreau et dessinant audacieusement les formes, ce qui lui avait
fait donner son nom, *tunica audax*. Elle avait été de mode au siècle précédent
(Froissart). Guillemette s'habillait selon la mode du siècle qui précédait.

Maistre Pathelin et Guillemette
Bois de l'édition Pierre Levet publiée à Paris vers 1489.

Texte.

GUILLEMETTE

Saincte Dame !

Or, par le peril de mon ame,
il vient d'aucune couverture[75].
360 Dieux ! dont nous vient ceste aventure ?
Helas ! helas ! qui le payra ?

PATHELIN

Demandez vous qui ce fera ?
Par saint Jehan, il est ja paié.
Le marchant n'est pas desvoyé[76],
365 belle seur, qui le m'a vendu.
Par my le col soye pendu
s'il n'est blanc[77] comme ung sac de plastre !
le meschant villain challemastre[78]
en est saint sur le cul[79] !

GUILLEMETTE

Combien

370 couste il doncques ?

Traduction.

GUILLEMETTE. — Sainte Dame ! Par le péril de mon âme, il vient de quelque tromperie ! Dieux ! D'où nous vient cette aubaine ? Hélas ! Hélas ! Qui le paiera ?

PATHELIN. — Vous demandez qui ? Par saint Jean, il est déjà payé ! Le marchand qui me l'a vendu, ma chère, n'est pas détraqué. Que je sois pendu par le cou, s'il n'est blanc, comme un sac de plâtre. Le méchant vilain rusé est bien roulé.

GUILLEMETTE. — Combien coûte-t-il donc ?

---

75. Littéralement : feinte, moyen inavouable. Équivoque plaisante : drap, couverture. Plus précisément la *couverture*, c'est « la caution donnée pour assumer un paiement » (Littré) : Guillemette pense immédiatement que maître Pierre a utilisé à l'achat du drap la « provision » que lui a remise un client. D'où son gémissement : *Hélas ! hélas ! qui le payra ?* (vers 361) ; 76. Littéralement : hors de sa voie, fou ; 77. Saigné à blanc ; 78. *Challemastre.* Ce mot ne se trouve qu'ici. Il semble qu'avec Sainéan il faille voir dans le mot *chalmastre* le picard de *salmatre* (« saumâtre », « rusé ») ; 79. Cf. *Quinze Joies*, XI : « Et l'amant qui épouse la damoiselle grosse du fait d'un autre semblera Martin de Cambrai, qui en sera scaint sur le cul » ; cf. Rabelais, *Nouveau Prologue du Quart Livre :* « Il en est ceint sur le cul », « il en a dans les fesses ».

Commentaire philologique et grammatical.

Vers 359. *Couverture :* ruse, fourberie. Ce sens est parfois attesté au xvᵉ siècle.
Aucune a ici son sens étymologique. Le sens négatif n'est venu que peu à peu. Le sens affirmatif n'a pas complètement disparu. Il se trouve chez La Fontaine et aujourd'hui encore : « je doute qu'aucun de vous le fasse ».

Vers 360. *Dont* interrogatif est encore courant avec son sens étymologique, qu'il tient du latin de *unde* (voir vers 859). Il vivra jusqu'au xvɪᵉ siècle. *Dont* et *d'où* sont confondus jusqu'au xvɪɪᵉ siècle. Vaugelas établit la distinction.

Vers 364. *Desvoyé* signifie « hors de son bon sens » (voir vers 796, 1503). Il sort de l'usage au xvɪᵉ siècle. Il semble avoir été influencé par le verbe *desver*, qui signifie « être fou ».

Vers 365. *Seur,* employé quand on s'adresse à une épouse ou une amie, est courant au Moyen Age. Ainsi, Robin s'adressant à Marion l'appelle « sœur ».
Qui le m'a vendu : voir vers 77.

Vers 366. *Par my* signifie « par le milieu de » (voir vers 650). Cet emploi est assez ancien. On le relève encore chez Marot : « parmi les pieds ».
Soye vient du latin vulgaire *siam.* Cette forme s'est maintenue plus longtemps que *soie.* On ne trouve jamais *soi ;* de même, on trouve *aye,* mais jamais *ai.*

Vers 368. *Challemastre.* Le mot ne se rencontre qu'ici (*hapax*). Le suffixe *-astre* est péjoratif. Le mot est à rapprocher de *challemeleor,* qui signifie « joueur de chalumeau ». D'où, avec un sens péjoratif, « mauvais joueur de flûte ». Mais on attendrait alors *challemelastre,* qui n'est pas attesté.

Vers 370. *Couste il.* L'élision de *-e* est conforme à la prononciation ancienne. Le *-t-* ne fait son apparition qu'au xvᵉ siècle.

Vers 371. *Ne vous en chaille :* voir vers 306.

Vers 375. *Dame* veut dire « madame ».
Parisi. L'orthographe normale est *parisis.* Mais l's final n'était pas très prononcé. Cf. Hugo, qui fait rimer *perte* et *certes* (« Jeanne était au pain sec »). La livre parisis était une monnaie différente de la livre tournois, laquelle fut frappée jusqu'au milieu du xvɪɪᵉ siècle.

Vers 376. *C'est bien alé :* voir vers 313.
Nisi est un mot latin qui figurait en tête de certains actes administratifs.

Vers 377. *Brevet :* billet à ordre (ce mot existe encore au xvɪɪᵉ siècle).
Œuvré, écrit parfois *ouvré,* vient de la 3ᵉ personne du singulier du verbe latin *operare. Operat* a donné régulièrement *œuvre.* Le verbe a disparu au xvɪɪᵉ siècle devant *travailler,* plus expressif, et surtout en raison de l'homonymie avec *ouvrir* (« le temps ouvre »).

Vers 378. *Recouvré* signifie « obtenu ». Le verbe *recouvrer* a fréquemment ce sens du xvᵉ au xvɪɪɪᵉ siècle. Il a parfois aussi le sens d' « avoir ».

Vers 380. *Gaiger* signifie « saisir », « prendre des meubles en garantie ». Ce sens est usuel jusqu'au xvɪᵉ siècle.
Viendra : voir vers 281.

Texte.

PATHELIN

Je n'en doy rien ;
il est payé ; ne vous en chaille.

GUILLEMETTE

Vous n'aviez denier ne maille.
Il est payé ? en quel monnoye ?

PATHELIN

Et ! par le sanc bieu, si avoye,
375 dame, j'avoye ung parisi[80].

GUILLEMETTE

C'est bien alé ! Le beau nisi[81]
ou ung brevet y ont œuvré ;
ainsi l'avez vous recouvré
et quant le terme passera
380 on viendra, on nous gaigera,
quancqu'avons[82] nous sera osté.

Traduction.

PATHELIN. — Je ne dois rien ; il est payé, ne vous inquiétez pas !

GUILLEMETTE. — Vous n'aviez denier ni maille : il est payé ! En quelle monnaie ?

PATHELIN. — Mais palsambleu ! j'avais de l'argent, j'avais un parisis !

GUILLEMETTE. — C'est du beau travail ! Quelque obligation ou quelque billet y a pourvu ! C'est ainsi que vous vous l'êtes procuré ! Et, à l'échéance, on viendra, on saisira nos biens ; tout ce que nous possédons nous sera enlevé !

---

80. *Parisi* : denier de Paris (voir note 55) ; 81. Les mots *nisi* et *brevet* servent à désigner des « obligations » ou « actes notariés par lesquels on s'oblige à donner ou à faire telle chose dans un temps fixé » (Littré). Une « lettre de nisi », expression abrégée familièrement par Guillemette en *nisi*, est une obligation par serment, sous peine d'excommunication. La formule commençait par le mot latin *nisi*. C'est ainsi qu'une farce de l'Ancien Théâtre a pour titre : *Farce nouvelle [...] des femmes qui demandent les arrérages de leurs maris, et les font obliger par « nisi »*. L' « acte de brevet », expression, elle aussi, abrégée par Guillemette, est « une procuration dont le notaire ne garde pas la minute et qu'il délivre sans y mettre la formule exécutoire » (Littré). Voici donc ce que suppose Guillemette : « Vous vous êtes servi d'une obligation ou d'une reconnaissance de dette ; et, quand viendra l'échéance (le terme), on viendra, on nous gaigera, on prendra chez nous des gages ». *Gager* : « saisir (des meubles) comme gages d'une dette » (Littré). Guillemette prévoit la marche implacable des opérations auxquelles elle est habituée... C'est pittoresque et comique ; 82. *Quantum habemus* : « ce que nous avons ».

Texte.

PATHELIN

Par le sang bieu, il n'a cousté
qu'ung denier, quancqu'il en y a.

GUILLEMETTE

Benedicité, Maria !
385 Qu'ung denier ? Il ne se peult faire !

PATHELIN

Je vous donne cest œil a traire
s'il en a plus eu ne n'aura,
ja si bien chanter ne saura.

GUILLEMETTE

Et qui est-il ?

PATHELIN

C'est ung Guillaume
390 qui a seurnom de Jocëaulme,
puis que vous le voulés sçavoir.

GUILLEMETTE

Mais la maniere de l'avoir
pour ung denier ? et a quel jeu ?

PATHELIN

Ce fut pour le denier a Dieu,

Traduction.

PATHELIN. — Palsambleu ! Il n'en a coûté qu'un denier, le tout !

GUILLEMETTE. — Bénédicité, Maria ! Seulement un denier ? Comment est-ce possible ?

PATHELIN. — Enlevez-moi l'œil s'il en a eu ou en aura davantage, si bien puisse-t-il jamais chanter !

GUILLEMETTE. — Qui est-ce ?

PATHELIN. — Un certain Guillaume, qui a pour nom de famille Joceaulme, puisque vous voulez savoir.

GUILLEMETTE. — Mais la manière de l'avoir pour un denier ? Comment l'avez-vous joué ?

PATHELIN. — Ce fut pour le denier à Dieu. Et encore

Texte.

395 et encore, se j'eusse dit
« la main sur le pot[83] ! », par ce dit
mon denier me fust demeuré[84].
Au fort, est ce bien labouré ;
Dieu et luy partiront ensemble
400 ce denier la, se bon leur semble,
car c'est tout quant qu'ilz en auront,
ja si bien chanter ne sçauront,
ne pour crier ne pour brester[85].

GUILLEMETTE

Comment l'a il voulu prester,
405 luy qui est ung homs si rebelle ?

PATHELIN

Par saincte Marie la belle,
je l'ay armé et blasonné[86]
si qu'il le m'a presque donné.
Je luy disois que son feu pere
410 fut si vaillant. « Ha ! » fais je, « frere,
qu'estes vous de bon parentaige !
Vous estes », fais je, « du lignaige
d'icy entour plus a louer. »

Traduction.

si j'avais dit : « La main sur le pot ! », par cette seule parole
j'aurais gardé mon denier : enfin — est-ce du beau travail ? —
Dieu et lui partageront ce denier-là, si bon leur semble, car
c'est tout ce qu'ils en auront. Ils auront beau chanter, cris ni
protestations n'y feront rien.

GUILLEMETTE. — Comment a-t-il consenti un crédit, lui si dur
en affaires ?

PATHELIN. — Par sainte Marie la Belle ! Je l'ai accommodé
en un blason tel qu'il me l'a presque donné. Je lui disais que
feu son père était si vaillant. « Ah ! » dis-je, « comme vous avez
de qui tenir ! Votre lignée est de celles d'alentour qui méritent

---

83. On est à table. On met la main sur le pot de vin, signifiant qu'on ne
se dédira plus. Cf. Rabelais, II, 2 : marchés que « toute la nuit, les mains
sur le pont, l'on ne fait que dépêcher » ; **84.** Pathelin veut dire qu'il aurait
laissé le drapier payer le pot de vin ; **85.** *Brester* (ou bretter) : jouer de l'épée
bretonne, qu'on appelait *brette* (cf. explication du vers 403) ; **86.** *Blasonner* :
flatter. Ex. : « blasonner la suffisance de ce seigneur » (Villon).

Commentaire philologique et grammatical.

Vers 386. *Traire* signifie « arracher ». Ce verbe, qui vient du latin *trahere*, en a d'abord pris tous les sens. Au XVIᵉ siècle, il n'a plus qu'au participe le sens de « arracher » et il ne s'emploie plus qu'avec un sens restreint : « traire les vaches ». Il a été remplacé par *tirer* (d'origine germanique). Comme le verbe latin *mulgere*, qui signifiait « traire », avait donné en français *moudre*, le verbe *traire* est resté dans l'usage avec son sens restreint. Dans le Midi, on dit encore *mulger* au sens de « traire les vaches ». L'*-i-* de *traire* vient de l'existence d'une forme vulgaire d'infinitif, *tragere* (*tragere, tractum*, comme *agere, actum*).

Vers 389. *Ung Guillaume* signifie « un certain Guillaume ». Cet emploi subsiste, quoique assez rare.

Vers 390. Dans *Jocëaulme*, *-ëau-* compte pour deux syllabes, ce qui est fréquent à l'époque.
Seurnom (surnom) signifie « nom de famille ». Ce que nous appelons le *prénom* était le « nom ». Cet usage n'était pas mort à la fin du XVIIIᵉ siècle. *Prénom* avec son sens actuel a fait son apparition au XVIᵉ siècle. Dans le Dictionnaire de l'Académie (1764), il est ainsi défini : « Un nom qui chez les Romains précédait le nom de famille. »

Vers 394. *Pour le denier a Dieu* : grâce au denier à Dieu.

Vers 396. *Par ce dit* : par cette parole. On trouve encore l'expression chez Mᵐᵉ de Sévigné.

Vers 398. *Au fort* : quoi qu'il en soit. Locution conjonctive ou adverbe (voir vers 433). L'usage en fut très fréquent durant le XVIᵉ siècle.

Vers 399. *Partiront* signifie « partageront ». C'est le sens étymologique qui vivra jusqu'au début du XVIIᵉ siècle. Il y en a des traces chez La Fontaine. Il nous en est resté « maille à partir ». Le sens de « s'en aller » s'est développé avec le pronominal *se partir*.

Vers 403. *Brester* signifie « insister », « protester », « crier », « bafouiller » (voir vers 433). Le verbe est assez rare. Il a été relevé deux fois au XVIᵉ siècle. Peut-être l'a-t-on tiré de *bret*, qui signifie *breton* (au XVIIᵉ siècle, le verbe *bretonner* signifie « bafouiller »). Le *-s-* est une graphie.

Vers 405. *Rebelle* : obstiné. Ce sens a été rarement relevé (voir vers 416). Il nous en est resté l'expression « mal rebelle ».
Homs. L'*-s* est l'*-s* traditionnel de la langue écrite. Il est analogique de l'*-s* de *fils*, qui, lui, est étymologique (le mot vient du latin *filius*). Les deux Marot emploient encore cette forme.

Vers 407. *Armé et blasonné* : flatté et honoré (voir vers 456 : *blasonner*). *Armer* a le sens du latin *armare*, qui signifie « prendre les armes », « équiper ». Au Moyen Age, le sens devient encore plus précis : « prendre un équipement armorié ».
Blasonner signifie « célébrer » (voir vers 456). Ce sens a vécu jusqu'à la fin du XVIᵉ siècle. Le sens défavorable, « critiquer », a éliminé l'autre au XVIIᵉ siècle.

Vers 408. *Si que* ... Cette tournure existait encore au XVIIᵉ siècle. Malherbe la réprouvait.

Vers 411. *Parentaige* existe en concurrence avec *parenté*. Les deux mots coexistent jusqu'au XVIIᵉ siècle. *Parentaige* a disparu parce que son sens était à peu près le même que celui de *parenté*. Cf. *lignée/lignage*.

Vers 413. *Plus* pour *le plus* : le comparatif au lieu du superlatif relatif. Cet emploi vivait encore au XVIIᵉ siècle. Ex. : « les reliques plus chères » (Racine). Dès le XVIᵉ siècle, on emploie et on réclame *le plus* (Palsgrave).
D'icy entour. Jusqu'au XVIᵉ siècle, *entour* peut être aussi bien adverbe que préposition. Aujourd'hui, c'est l'expression « à l'entour » qui a pris le relais.

Texte.

Mais je puisse Dieu avouer
415 s'il n'est attrait d'une peaultraille[87] !
la plus rebelle villenaille
qui soit, ce croy je, en ce royaulme.
« Ha », fais je, « mon amy Guillaume,
que resemblez vous bien de chiere
420 et du tout a vostre bon pere ! »
Dieu sçait comme j'eschaffauldoye,
et a la fois j'entrelardoye
en parlant de sa drapperie.
« Et puis », fais je, « saincte Marie !
425 comment prestoit il doulcement
ses denrees ! — si humblement !
C'estes vous », fais je, « tout crachié ! »
Toutes fois, on eust arrachié
les dens du villain marsouyn
430 son feu pere, et du babouyn
le filz, avant qu'il en prestassent
cecy, ne qu'ung beau mot parlassent[88].
Mais, au fort, ay je tant bretté
et parlé qu'il m'en a presté
435 six aulnes.

Traduction.

le plus d'éloges. » Mais, j'en prends Dieu à témoin, il est issu
d'une engeance, la plus fieffée canaille qui soit dans le royaume,
je crois. « Ah ! » dis-je, « mon ami Guillaume, que vous ressemblez bien de visage et de votre personne à votre brave
père ! » Dieu sait comme je le disposais en glissant dans mes
propos des considérations sur la draperie. « Et puis », dis-je
« sainte Marie, avec quelle gentillesse, quelle obligeance, il
cédait à crédit ses marchandises ! C'était vous », dis-je, « tout
craché ! » Et pourtant on eût arraché les dents au vilain mar-
souin, feu son père, ou à son babouin de fils, avant de leur faire
prêter ça ou de leur arracher une bonne parole. Mais enfin j'ai
tant bavardé, j'ai tant parlé qu'il m'en a donné six aunes à crédit.

---

87. *Peaultraille :* canaille; littéralement : qui n'a de lit qu'un grabat ou
« peaultre ». Ex. : « Ils se vont coucher et piautrer » (Méon, *Fabiau*, tome III,
page 365) ; « Tantôt il vantait et trompétait sa noblesse, ainsi que dit Pathelin, qui fut issu de la plus vilaine peautraille qui fust... » (*Contes* d'Eutrapel,
tome I) ; 88. De quels traits pittoresques est stigmatisée l'avarice ! C'est un
lieu commun de la satire sociale en ce xvᵉ siècle finissant (voir vers 344,
498, etc.).

Commentaire philologique et grammatical.

Vers 414. *Avouer* a ici le sens de « désavouer ». Ce n'est qu'au XVIIe siècle qu'*avouer* n'a plus eu qu'un seul sens : « reconnaître une chose ou une personne pour sienne » (Dictionnaire de l'Académie, 1694). Ex. : « Mon père ne peut plus l'avouer pour sa fille » (Corneille, *Horace*, vers 1327).

Vers 415. *Peaultraille* : canaille. Il existe plusieurs péjoratifs en *-aille* : *chienaille*, qui vient de *canaille* (ital.), *piédaille*, etc. C'est une injure courante au XVe et au XVIe siècle. Le mot est tiré de *peaultre*, qui signifie « balle de cuir », « paillasse », « grabat ».
Attrait signifie « extrait », « issu ». C'est le participe passé du verbe *attraire*. Il nous est resté de ce verbe les mots *attrayant* et *attrait*, qui est un participe pris comme nom.

Vers 419. *Chiere* est une graphie et signifie « visage ». L'expression « bonne chère » signifie « bon visage » jusqu'au XVIIe siècle. « Faire bonne chère » signifie au Moyen Age « faire bon accueil ». L'expression a de plus en plus servi à désigner en particulier la bonne nourriture. Ex. : « De la chère [...] la dose est trop peu forte » (Molière, *les Fâcheux*).

Vers 420. *Du tout* s'emploie dans une affirmative jusqu'au XVIIe siècle.

Vers 423 : *Draperie* : voir vers 100.

Vers 425. *Comment* est employé au sens de « comme ». Il y a eu flottement jusqu'au XVIIe siècle. De nos jours, *comme* est plutôt exclamatif, et *comment* plutôt interrogatif. Dans l'interrogation indirecte, on emploie plutôt *comment*, mais il y a des exemples d'emploi de *comme*.

Vers 426. *Denrée* a un sens plus large qu'aujourd'hui, où le mot ne sert à désigner que les marchandises de consommation.

Vers 431. *Avant qu'il en prestassent*. *Ne* est encore omis, ce qui est régulier à la fin du XVe siècle. *Il* est un pluriel venant phonétiquement du latin *illi*. Cette orthographe est usuelle jusqu'au XIVe siècle. On relève *il* devant voyelle, *i* devant consonne. Jusqu'au XVIIe siècle, la prononciation hésite entre *il* et *ilz*. A la fin du XVIIe siècle, l'hésitation subsiste. La prononciation actuelle est due à l'influence de la langue écrite.

Vers 432. *Cecy* est dramatique : le mot suppose un geste.

Vers 433. *Bretté* : voir vers 403.

Texte.

GUILLEMETTE

Voire, a jamais rendre ?

PATHELIN

Ainsi le devez vous entendre.
Rendrë ? On luy rendra le dyable[89] !

GUILLEMETTE

Il m'est souvenu de la fable
du corbiau qui estoit assis
440   sur une croix de cinq a six
toises de hault, le quel tenoit
ung fromage au bec ; la venoit
ung renard qui vit ce froumaige ;
pença a luy : « Comment l'aurai ge ? »
445   Lors se mist dessoubz le corbeau.
« Ha ! » fist il, « tant as le corps beau,
et ton chant plain de melodie ! »
Le corbeau, par sa cornardie[90],
oyant son chant ainsi vanter,
450   si ouvrist le bec pour chanter
et son fromaige chet a terre
et maistre Renard le vous serre
a bonnes dens, et si l'emporte ;

Traduction.

GUILLEMETTE. — A ne jamais rendre, bien sûr !

PATHELIN. — C'est ainsi que vous devez l'entendre. Rendre ?
On lui rendra le diable !

GUILLEMETTE. — Vous venez de me rappeler la fable du
corbeau qui était perché sur une croix de cinq à six toises de
haut, tenant en son bec un fromage. Survint un renard qui vit
le fromage et pensa en lui-même : « Comment l'aurai-je ? »
Alors il se mit sous le corbeau : « Ah ! » fit-il, « comme tu es
beau ! comme ton chant est mélodieux ! » Le corbeau, en sa sottise, entendant ainsi louer son chant, ouvrit le bec pour chanter.
Alors son fromage tombe à terre, et maître Renard de le saisir

---

89. « Il met assurément l'ongle aux dents et l'en éloigne brusquement en le
faisant claquer. Le geste existe encore » (G. Cohen) ; 90. *Cornardie :* folie,
étourderie. Les compagnons de farces, qui jouaient des farces à Rouen, se
faisaient appeler les *cornards* et se disaient *maîtres en cornardie,* comme le
Fol de *la Farce de tout ménage,* qui était de leur répertoire.

Commentaire philologique et grammatical.

Vers 435. *A jamais rendre* pour *a ne jamais rendre* est une tournure assez rare.

Vers 437. *Rendrë :* voir vers 128.

Vers 438. *Il m'est souvenu* est le seul tour possible alors.

Vers 439. *Corbiau.* La forme *corbeau* est purement parisienne (on prononçait la diphtongue finale). Il y avait flottement à l'époque entre *corbeau, corbieau, corbiau.*
Assis signifie « posé » (cf. latin *sedere*). Cet emploi est encore usuel au XVIᵉ siècle (Rémy Belleau l'utilise à propos d'un papillon).

Vers 441. *Le quel.* Il y a chez notre auteur un effort pour varier le style. Après *qui*, il emploie *le quel*, qui a l'avantage d'être plus clair.

Vers 444. *A luy* signifie « en lui-même ».
La rime *l'aurai ge/froumaige* aide à situer la pièce. La prononciation « -aige » était un phénomène parisien, probablement aussi normand.

Vers 446. *Faire* au lieu de *dire* apparaît de très bonne heure.
La rime *corbeau/corps beau* est trop riche : il y a là un calembour. Ce genre de procédé littéraire va se développer sous l'impulsion des grands rhétoriqueurs. *Tant … beau.* Nous dirions « si beau ». L'expression a subsisté jusqu'au XVIIᵉ siècle. Après quoi, l'usage s'est institué d'employer *tant* devant un verbe et *si* devant un adjectif ou un adverbe. D'ailleurs, *si* commence alors à devenir envahissant.

Vers 448. *Cornardie :* sottise. Le mot est dérivé de *cornard,* qui connaît une vogue considérable du XIIIᵉ au XVᵉ siècle.

Vers 449. *Oyant* est le participe présent du verbe *ouïr.* Il existait un participe présent *oant* venant d'un participe présent latin *audentem* (non attesté). Par analogie, on a forgé un participe présent *oyant.* Cf. le participe présent *sachant,* refait sur *sache,* qui a fini par remplacer *savant,* refait sur un participe présent latin *sapentem* (non attesté). Plus précisément, *oyant* a été refait à partir de la première personne de l'indicatif et du subjonctif présent. *Oant* n'a pas vécu au-delà du XIIIᵉ siècle.

Vers 451. *Chet* est une forme réduite de *chiet,* tiré phonétiquement de la forme latine *cadit.* Il apparaît vers le XIIIᵉ siècle. Il n'a pas dépassé le XVIIᵉ siècle. D'autre part, au XVIᵉ siècle, est apparue une forme *chouet,* refaite d'après *vouet.*

Vers 452. *Vous* est explétif. Il sert à donner de la vivacité au style. On a relevé dans la littérature médiévale quelques exemples de ce procédé littéraire.

Texte.

      ainsi est il, je m'en fais forte,
455 de ce drap : vous l'avez happé
      par blasonner, et attrappé
      en luy usant de beau langaige,
      comme fist Renard du froumaige;
      vous l'en avez prins par la moe.

PATHELIN

460 Il doit venir manger de l'oe;
      mais vecy qu'il nous fauldra faire.
      Je suis certain qu'il viendra braire
      pour avoir argent promptement;
      j'ay pensé bon appointtement[91] :
465 il escouvient que je me couche
      comme malade, sur ma couche,
      et quant il viendra, vous direz :
      « Ha, parlez bas! » et gemirez
      en faisant une chere fade[92].
470 « Las! » ferez vous, « il est malade,
      passé deux moys, ou six sepmaines. »
      Et s'i' vous dit : « Ce sont trudaines[93] :
      il vient d'avec moy tout venant »,
      « Helas! ce n'est pas maintenant »,
475 ferez vous, « qu'il fault rigoler »,

Traduction.

à belles dents et de l'emporter. Ainsi en est-il, en vérité je le dis, de votre drap. Vous l'avez saisi à force de flatteries; votre art de beau parleur vous en a rendu maître. Comme fit Renard pour le fromage, vous avez acquis le drap par grimace.

PATHELIN. — Il doit venir manger de l'oie. Mais voici ce qu'il nous faudra faire : je suis certain qu'il viendra clamer pour avoir son argent sur l'heure. J'ai imaginé un bon tour. Il faut que je me couche, comme si j'étais malade, dans mon lit. Et quand il viendra, vous direz : « Ah! Parlez bas! » et vous gémirez, en faisant pâle mine. « Hélas! » ferez-vous, « voici deux mois ou six semaines qu'il est malade! » Et s'il vous dit : « Fadaises! Il arrive tout juste de chez moi! », « Hélas! » ferez-

---

91. Littéralement : arrangement, accommodement; 92. *Chere* (var. chiere) : visage. Il tient ce sens du grec κάρα. Ex. : « Sa fille a embracée, si la baise en la chiere » (Adenet, XIIIᵉ siècle); *fade* : pâle. Ex. : agonisant « de couleur fade » (Edouard le Confesseur, vers 2782); 93. Littéralement : chansons de truands (voir vers 568).

Commentaire philologique et grammatical.

Vers 454. *Forte.* La forme féminine (accord) est régulière au xvᵉ siècle. Aujourd'hui, dans cette locution, *fort* est invariable en genre et en nombre. Au xviiᵉ siècle, l'accord se faisait encore, d'autant que les grammairiens l'exigeaient. *Fort* identique au masculin et au féminin est une tournure très ancienne. Si bien que notre usage actuel paraît plutôt un recul de la langue.

Vers 456. *Par* sert à exprimer le moyen devant un infinitif simple. Cet usage subsiste au xviᵉ siècle (ex. : « par bien gouverner [...] par piller [...] » [Rabelais, *Gargantua*]), et se maintient au cours des xviiᵉ et xviiiᵉ siècles (ex. : « par trop écrire » [J.-J. Rousseau]). Littré trouve la tournure vieillie, mais voudrait la conserver. Elle n'exprime aucune nuance par rapport à l'emploi du gérondif. Voir aussi vers 407.

Vers 457. *En luy usant :* en usant avec lui. Amyot emploie la même tournure. Elle ne dépasse pas le xviᵉ siècle.

Vers 459. *L'en avez prins.* En remplaçant un nom de personne n'est pas, de nos jours, complètement sorti de l'usage. L'emploi était courant au xviiᵉ siècle. Ex. : « J'en attends des nouvelles avec impatience » (Molière, *l'Avare*). *Moe* rime avec *oe*. *Auca* a donné phonétiquement *oue* en anglo-normand, comme *pauca* a donné *poue*, comme *caua* a donné *choue* (voir vers 701, 1586). Donc on prononçait probablement « oue ». Mais dans notre texte il y a des passages où *oye* est vraiment une graphie (voir vers 501, 300, 698). Il y a donc dans *Pathelin* alternance entre la prononciation « oue » et la prononciation « oie ». La prononciation « oie » vient peut-être d'une forme latine vulgaire *avica* pour *auca*. Quant à notre forme moderne, elle a été forgée d'après *oison*, lui-même forgé d'après *oiseau*.

Vers 461. *Qu' :* voir vers 249.

Vers 462. *Braire :* crier (voir vers 1446). Jusqu'au xviiᵉ siècle, ce verbe a eu un sens très étendu. Il a, par exemple, voulu dire « pleurer ». Il vient d'un verbe latin *bragere*. Son sens s'est brusquement restreint au xviiᵉ siècle à « crier comme l'âne ».

Vers 464. *Penser un appointtement.* L'ellipse de *à* est très rare. D'autre part, le mot *appointtement* employé au sens de « arrangement », courant au xvᵉ siècle, disparaît au xviiᵉ siècle. Il nous en est resté « appointer une affaire » (c'est-à-dire « régler une affaire »).

Vers 469. *Fade :* faible, languissant (voir vers 1522). Le mot semble venir d'un croisement *fagidus - fatuus*. Il nous en est resté « cœur fade ». Cf. *affadir* au sens de « dégoûter » (*la Critique de l'Ecole des femmes*).

Vers 470. *Las ! :* interjection que l'on trouve encore chez Molière (*le Tartuffe*).

Vers 472. *Trudaines* est un mot argotique (cf. *fredaines*).

Vers 473. *D'avec* marque l'éloignement ; l'emploi est assez fréquent au xvᵉ siècle. *Tout venant* signifie « à l'instant ». Cette locution adverbiale est d'un emploi assez rare (voir vers 524).

Vers 475. *Rigoler* existe en concurrence avec *se rigoler* jusqu'au xviiiᵉ siècle. Le verbe est d'abord transitif : « rigoler quelqu'un » signifie « se moquer de quelqu'un ».

Texte.

> et le me laissez flageoler[94],
> car il n'en aura aultre chose.

GUILLEMETTE

> Par l'ame qui en moy repose,
> je feray tresbien la maniere ;
> 480 mais, se vous renchëez[95] arriere,
> que justice vous en repreigne,
> je me doubte qu'il ne vous preigne
> pis la moitié que l'aultre fois.

PATHELIN

> Or paix ! je sçay bien que je fais ;
> 485 il fault faire ainsi que je dy.

GUILLEMETTE

> Souviengne vous du samedi,
> pour Dieu, qu'on vous pilloria :
> vous sçavez que chacun cria
> sur vous pour vostre tromperie.

PATHELIN

> 490 Or laissez celle baverie ;

Traduction.

vous, « ce n'est pas le moment de plaisanter ! » Et laissez-moi lui jouer un air de ma façon, car il ne tirera rien d'autre de moi !

GUILLEMETTE. — Par l'âme qui en moi repose, je jouerai très bien le rôle, mais si vous retombez encore dans un mauvais cas et si la justice s'occupe de nouveau de vous, ce sera, je le crains, deux fois pire que la première fois !

PATHELIN. — Paix donc ! Je sais ce que je fais. Il faut faire ce que je dis.

GUILLEMETTE. — Souvenez-vous, pour l'amour de Dieu, du samedi où l'on vous mit au pilori ! Vous savez que chacun cria contre vous à cause de votre tromperie.

---

94. Littéralement : lui jouer de la flûte. Ex. :

> Car si bel m'avait flajolé
> Que tout sus m'avait affolé

(*Menagier*, tome II, page 27) ; 95. Renchëez : exactement « retombez ». Ex. :

> Se j'y renché, je suis contente
> Que vous me teniez (*la Farce de Jolyet*).

Commentaire philologique et grammatical.

Vers 476. *Flageoler* : duper ; au sens propre, le verbe veut dire « jouer du flageolet » ; d'où le sens de « bavarder », puis celui de « duper ». Il a aussi parfois le sens de « lanterner ».

Vers 480. *Renchëez* vient du verbe *rencheoir*. Il a été usité jusqu'au XVIᵉ siècle, où il est déjà rare ; voir vers 135 : *cheoir* a donné *cheer*, comme *seoir* a donné *seer*.

Arrière signifie « une seconde fois » (voir vers 272).

Vers 481. *Que justice vous en repreigne :* de telle sorte que la justice vous reprenne là-dessus. Le subjonctif est ici d'un emploi régulier au XVᵉ siècle. Mais l'indicatif serait aussi possible.

Repreigne. La forme *preigne* subsiste au XVIIᵉ siècle, où elle est blâmée par Vaugelas. Notre forme date du XVIᵉ siècle ; elle est parallèle à *vienne* et à *tienne*. *Preigne* vient étymologiquement de *prendiam*, subjonctif d'un verbe latin *prendio* non attesté : *prendio* a donné *preing*, comme *venio* a donné *veing* et *prendiam* a donné *preigne*.

Vers 482. *Je me doubte :* je crains. Ce sens vivra jusqu'au début du XVIIᵉ siècle. Le verbe *doubter* s'employait aussi avec régime direct au début du XVᵉ siècle. Ex. : « Va à Dieu va ! je te doute autant mort que vif ! » (Froissart). L'emploi de la forme pronominale *je me doute* pour *je doute* n'a pas dépassé le XVᵉ siècle. Il ajoutait au verbe une nuance affective, servait à marquer l'intérêt du sujet (cf. « se mourir », « se périr »).

Vers 486. *Souviengne vous ... qu'on ...* Il y a là une figure de style qu'affectionne notre auteur.

Texte.

il viendra, nous ne gardons l'eure :
il fault que ce drap nous demeure ;
je m'en vois coucher.

GUILLEMETTE

Alez doncques.

PATHELIN

Or ne riez point.

GUILLEMETTE

Rien quiconques,
495 mais pleureray a chaudes larmes.

PATHELIN

Il nous fault estre tous deux fermes,
affin qu'il ne s'en apparçoive.

IV

Chez le drapier

LE DRAPPIER

Je croy qu'il est temps que je boive

Traduction.

PATHELIN. — Laissez maintenant ce bavardage ! Il va venir.
Nous ne prenons pas garde à l'heure. Il faut que ce drap nous
reste. Je vais me coucher.

GUILLEMETTE. — Allez donc !

PATHELIN. — Maintenant, ne riez point !

GUILLEMETTE. — Nullement ! Au contraire, je vais pleurer
à chaudes larmes.

PATHELIN. — Il faut que nous tenions ferme, afin qu'il ne
s'aperçoive de rien.

SCÈNE IV. — LE DRAPIER, *seul.*

*La scène est devant la boutique du drapier. Celui-ci ferme
boutique.*

LE DRAPIER. — Je crois qu'il est temps de boire avant de

Commentaire philologique et grammatical.

Vers 491. *Nous ne gardons l'eure* signifie littéralement « nous ne faisons pas attention au moment ». L'expression apparaît dès le XIIᵉ siècle et vivra jusqu'au XVIᵉ. La locution *ne garde l'eure* signifie « aussitôt ». Ex. : « ne gardèrent l'eure qu'ils se trouvèrent » (= « ils se trouvèrent tout à coup ») [*Histoire de Guillaume de Foix*]. La locution n'existe que sous la forme négative.

Vers 493. *Je m'en vois* est la forme usuelle de la première personne de l'indicatif présent du verbe *aller*. Elle disparaîtra au cours du XVIᵉ siècle. Malherbe, Vaugelas ne l'emploient plus (voir vers 1489). Peut-être *vado* a-t-il donné un verbe *vao* ; on aurait construit *voi* sur le modèle *ai*, venu de *habeo*. Et *vois* aurait été à son tour reconstruit d'après *je connais, je connois.* (Au XVIᵉ siècle, il y a toujours flottement de la diphtongue *we*.)
Coucher pour *me coucher.* Ex. : « je sens refroidir » (Corneille, *Cinna*).

Vers 497. *Apparçoive.* La transformation de *-a-* en *-e-* se produisait au cours du XVᵉ siècle. Prononçait-on *fermes* ou *farmes* ? Nous sommes encore en période d'instabilité. Cf. l'évolution phonétique de *lacrima*, devenu *lerme*, puis *larme*.

--------- **QUESTIONS** ---------

Sur la scène III. — Les sentiments contradictoires de Guillemette : pourquoi les exprime-t-elle avec tant de vivacité ?

— Pathelin jouissant de la surprise de Guillemette : montrez comment il y a là un heureux contraste avec le début de la première scène.

— Le récit d'une scène que le spectateur a vue : pourquoi fait-il rire ? Citez, notamment dans le théâtre de Molière, des exemples de ce procédé dramatique.

— La fable du corbeau et du renard dite par Guillemette : pourquoi fait-elle rire ici ? Que nous révèle-t-elle sur la littérature populaire au XVᵉ siècle ?

— Que nous apprend cette scène sur Pathelin ?

— Comment l'intérêt de curiosité est-il stimulé ?

Texte.

> pour m'en aller. Hé! non feray!
> 500 je doy boire et si mangeray
> de l'oye, par saint Mathelin[96]
> chiez maistre Pierre Pathelin,
> et la recevray je pecune;
> je happeray la une prune
> 505 a tout le moins, sans rien despendre[97].
> J'y vois, je ne puis plus rien vendre.
> *il arrive devant la maison de Pathelin*

V

Devant, puis dans la maison de Pathelin

LE DRAPPIER

Hau! maistre Pierre!

GUILLEMETTE, *entr'ouvrant la porte*

> Helas! sire,
> pour Dieu, se vous voulez rien dire,
> parlez plus bas.

Traduction.

m'en aller. Ou plutôt non! Par saint Mathelin, je dois boire chez maître Pierre Pathelin. J'y mangerai aussi de l'oie. J'y recevrai de l'argent. Ce sera toujours autant de happé sans bourse délier. Je ne vendrai plus rien maintenant. C'est le moment de partir...

Scène V. — LE DRAPIER, GUILLEMETTE, *puis* PATHELIN.

La scène est d'abord devant la porte de la maison de Pathelin, puis chez Pathelin.

LE DRAPIER. — Ho! Maître Pierre!

GUILLEMETTE. — Hélas! monsieur, au nom de Dieu, si vous avez quelque chose à dire, parlez plus bas!

---

96. Altération du nom de saint Mathurin. L'invocation de ce saint n'est pas mise là au hasard : le mal saint Mathelin est la folie; voici d'où vient cette périphrase : le couvent des Trinitaires à Paris fut dédié à saint Mathurin, ou saint Mathelin. Or, les Trinitaires avaient l'obligation de racheter les prisonniers d'entre les mains des Sarrazins et de s'occuper des simples d'esprit (voir vers 546); **97.** Calcul mesquin et ridicule. Autre trait d'avarice (voir vers 344, 428, etc.).

Commentaire philologique et grammatical.

Vers 501. *Oye :* voir vers 459.

Vers 502. *Chiez :* graphie pour *chez* (elle date du XIIIᵉ siècle).

Vers 503. *Pecune* est un mot de l'argot des étudiants qu'on n'emploie jamais dans le style sérieux. Au lieu de la forme *pecune,* qui paraît savante (la basoche !), on a le plus souvent *pecunie* (avec *-n-* mouillé) ; voir *estudie* pour *estudye.*

Vers 505. *Despendre.* Ce verbe a vécu jusqu'au XVIIᵉ siècle. Il a été remplacé par *dépenser.* Il avait trois sens : « mettre fin à l'action de pendre », « dépendre » et « dépenser ». L'origine est le latin *dispendere,* d'où on a tiré deux déverbaux : *dépens* et *dépense.*
Rien signifie « quelque chose », emploi encore possible aujourd'hui.

Vers 510. *Bon gré m'ame :* sur mon âme. A rapprocher de « par m'ame » (vers 574), de « bon gré en ait Dieu » (vers 782), de « mal gré en ait ... », « m'espée », « s'amie ». M' est l'ancienne forme élidée de l'adjectif possessif, déjà sortie de l'usage. Nous sommes en présence d'une formule figée. A rapprocher de *mon oye* (vers 300). La forme élidée et notre forme moderne coexistent dans notre texte. Au XVIᵉ siècle, on trouve encore « m'amie », « m'amour ». Après quoi on reconstruit « ma mie » et de « m'amour » on ne fait plus qu'un seul mot, et cela peut-être pour une raison rythmique. Cf. l'espagnol « la espada », « el alma ».

Vers 514. *Sachë :* voir vers 313.

Vers 516. *Sans partir* signifie littéralement « sans bouger ».

QUESTIONS

SUR LA SCÈNE IV. — Quels avantages présentait, d'après cette scène, l'utilisation d'un décor à trois compartiments laissant libre un passage sur le devant de la scène ?

— Les jeux de scène : leur intérêt tout particulier ici.

— Quels traits du caractère du drapier ce court monologue révèle-t-il ?

Texte.

LE DRAPPIER

Dieu vous gart, dame.

GUILLEMETTE

510 Ho! plus bas!

LE DRAPPIER

Et quoy?...

GUILLEMETTE

Bon gré m'ame...

LE DRAPPIER

Ou est il?

GUILLEMETTE

Las! ou doit il estre?

LE DRAPPIER

De qui?...

GUILLEMETTE

Ha! c'est mal dit, mon maistre.
Ou il est? Et Dieu par sa grace
le sachë! Il garde la place
515 ou il est, le povre martir,
unze sepmaines, sans partir!

Traduction.

LE DRAPIER. — Dieu vous garde, madame!

GUILLEMETTE. — Oh! Plus bas!

LE DRAPIER. — Eh quoi?

GUILLEMETTE. — Sur mon âme...

LE DRAPIER. — Où est-il?

GUILLEMETTE. — Hélas! Où peut-il être?

LE DRAPIER. — Qui?

GUILLEMETTE. — Ah! la mauvaise parole, maître! Où est-il?
Dieu, par sa grâce, le sache! Là où, le pauvre martyr, il
demeure, sans bouger, depuis onze semaines!

Texte.

LE DRAPPIER

De qui ?...

GUILLEMETTE

Pardonnez moy, je n'ose
parler hault : je croy qu'il repose :
il est ung petit aplommé[98] ;
520 helas ! il est si assommé,
le povre homme !

LE DRAPPIER

Qui ?

GUILLEMETTE

Maistre Pierre.

LE DRAPPIER

Ouay ! n'est il pas venu querre
six aulnes de drap maintenant ?

GUILLEMETTE

Qui ? luy ?

LE DRAPPIER

Il en vient tout venant,
525 n'a pas la moitié d'ung quart d'heure.

Traduction.

LE DRAPIER. — Qui ?

GUILLEMETTE. — Pardonnez-moi ! Je n'ose parler haut, je
crois qu'il repose, hélas ! il est tellement assommé, le pauvre
homme.

LE DRAPIER. — Qui ?

GUILLEMETTE. — Maître Pierre !

LE DRAPIER. — Ouais ! N'est-il pas venu à l'instant chercher
six aunes de drap ?

GUILLEMETTE. — Qui ? Lui ?

LE DRAPIER. — Il en vient tout juste, il n'y a pas la moitié

---

98. *Aplommé*, pour *aplombé*, se trouve dans Cotgrave avec le sens de
« reposé ».

Texte.

> Delivrez moy. Dea! je demeure
> beaucop. Sa! sans plus flageoler,
> mon argent!

GUILLEMETTE

> Hee! sans rigoler!
> il n'est pas temps que l'en rigole.

LE DRAPPIER

530 Sa! mon argent! Estes vous folle?
> Il me fault neuf frans.

GUILLEMETTE

> Ha, Guillaume,
> Il ne fault point couvrir de chaume[99]
> ycy. Me bailliez ces brocars?
> Alez sorner a voz coquars,
535 a qui vous vouldrïez jouer.

LE DRAPPIER

> Je puisse Dieu desavouer
> se je n'ay neuf frans!

Traduction.

d'un quart d'heure. Payez-moi! Diable! Je perds beaucoup de temps. Çà, sans lanterner davantage, mon argent!

GUILLEMETTE. — Eh! Sans plaisanter! Ce n'est pas le moment de plaisanter!

LE DRAPIER. — Çà, mon argent! Etes-vous folle? Il me faut neuf francs!

GUILLEMETTE. — Ah! Guillaume! Il ne faut pas faire le fou ici ni plaisanter. Allez lancer des pointes avec des sots et vous réjouir en leur joyeuse compagnie!

LE DRAPIER. — Puis-je renier Dieu si je n'ai neuf francs!

---

99. Littéralement : dire des propos légers qui s'envolent comme des brins de chaume d'un toit. A. Pauphilet propose : « se couvrir la tête de chaume : accoutrement des « fous » ou de ceux qui faisaient les fous ».

Commentaire philologique et grammatical.

Vers 519. *Aplommé* signifie « assoupi ». Le mot ne paraît pas dans les textes du XVIᵉ siècle. Le sens étymologique est « assommé avec une masse de plomb ». Le *-b-* manque. C'est normal, car le *-b-* final ne se prononçait déjà plus lors de la formation du mot.

Vers 520. *Assommé* signifie « fatigué ». Ce sens est encore vivant. Le verbe avait d'ailleurs des sens très variés : 1° « additionner », « calculer » ; 2° « achever » (XVIᵉ siècle) ; 3° « abattre », « tuer » (ce sens existait déjà au Moyen Age).

Vers 522. *Querre* est l'infinitif étymologique (résultante phonétique du latin *quaerere*). On trouve encore cette forme sous la plume de La Fontaine, qui, d'ailleurs, archaïse. La forme *quérir* a été refaite d'après *courir.* « N'est usité qu'à l'infinitif et ne se dit pas seul, mais avec les verbes *aller, envoyer.* » (Dictionnaire de Richelet, 1680.)

Vers 523. *Maintenant :* tout à l'heure. Le sens moderne est apparu quand *maintenant* a dû remplacer *or.*

Vers 524. *Tout venant :* voir vers 473.

Vers 526. *Delivrez moy :* payez-moi. Il existe quelques exemples de cette forme au XIVᵉ et au XVᵉ siècle (voir vers 581).
Je demeure signifie « je tarde ». Ce sens disparaîtra dans le courant du XVIᵉ siècle.

Vers 532. *Couvrir de chaume* signifie littéralement « se coiffer de paille » (A. Jeanroy). Pour l'ellipse de *se,* voir *coucher/se coucher,* etc.

Vers 533. *Brocars* signifie « plaisanteries ». C'est le premier exemple du mot.

Vers 534. *Sorner :* plaisanter. Le verbe *sorner* est un mot d'argot dont nous avons tiré *sornette.* Il apparaît au XVᵉ et au XVIᵉ siècle. On en relève quantité d'exemples chez Eustache Deschamps, Villon, etc.
Coquars signifie « fous », « sots », « niais ». Le mot est dérivé de *coq.* « Faire le coq », c'est être prétentieux et sot. D'où le nom de *coquardie,* qui signifie « mauvaise plaisanterie ».

Vers 535. *A* signifie « avec ».
Vouldrïez : voir vers 185.

Vers 538, 539. *Si ... comme.* C'est la tournure usuelle jusqu'au XVIIᵉ siècle. Peu à peu, *que* a refoulé *comme,* qui se rencontre encore dans les parlers populaires. Mais, dès le Moyen Age, on rencontrait *que* dans ce sens. Ex. : « [...] belle que rose ».
Flagorner signifie « bavarder ». Le mot a changé de sens, ce qui est normal pour un mot gothique d'origine obscure. Cf. *mièvre,* qui, au XVIIᵉ siècle, signifiait « espiègle ».

Vers 541. *Par amour* signifie « s'il vous plaît ». L'expression a duré jusqu'au XVIᵉ siècle. Et on la trouvait déjà au XIIIᵉ siècle, par exemple dans *Robin et Marion,* pastourelle de Jean de la Halle.

Vers 542. *Mésavenir* a disparu dans le courant du XVIᵉ siècle. *Avenir* vient phonétiquement du latin *advenire.* Il se rencontre très fréquemment. Il a été refait en *advenir* et il s'emploie surtout impersonnellement. Ex. : « nul et non avenu », « personne avenante ».

Vers 543. *Puist il.* C'est la forme régulière du subjonctif présent du verbe *pouvoir.* Elle est usuelle jusqu'au XVᵉ siècle. Elle est à rapprocher de *court, ait, soit.* Une forme verbale latine non attestée *possiat* a donné *puisset.* L'*-e-* s'est amuï devant *-st-.* Cf. *coltz, chevalzt,* etc.

Texte.

GUILLEMETTE

Helas, sire,
chascun n'a pas si fain de rire
comme vous, ne de flagorner.

LE DRAPPIER

540 Dittes, je vous pri, sans sorner ;
par amour, faictes moy venir
maistre Pierre.

GUILLEMETTE

Mesavenir
vous puist il ? et esse a meshuy ?

LE DRAPPIER

N'esse pas ceans que je suis
545 chez maistre Pierre Pathelin ?

GUILLEMETTE

Ouy. Le mal saint Mathelin[100]
(sans le mien !) au cerveau vous tienne !
Parlez bas !

LE DRAPPIER

Le dyable y avienne !

ne l'oseray je demander ?

Traduction.

GUILLEMETTE. — Hélas ! monsieur, tout le monde n'a pas aussi envie que vous de rire ni de bavarder.

LE DRAPIER. — Trêve, je vous prie, de sornettes ! De grâce ! Faites venir maître Pierre !

GUILLEMETTE. — Malheur sur vous ! Allez-vous persister toute la journée ?

LE DRAPIER. — Ne suis-je pas ici chez maître Pierre Pathelin ?

GUILLEMETTE. — Oui ! Le mal saint Mathelin — que Dieu m'en garde ! — puisse-t-il vous prendre au cerveau ! Parlez bas !

LE DRAPIER. — Quand le diable y serait, ne pourrais-je me permettre de le faire demander ?

---

100. *Le mal saint Mathelin* : voir le vers 501 et la note 96.

Michèle Raoul (Guillemette)
au festival de Gennevilliers (1966).

Texte.

GUILLEMETTE

550 A Dieu me puisse commander !
bas ! se voulez qu'i' ne s'esveille.

LE DRAPPIER

Quel « bas » ? Voulez vous en l'oreille ?
au fons du puis ? ou de la cave ?

GUILLEMETTE

Hé Dieu ! que vous avez de bave !
555 au fort, c'est tousjours vostre guise.

LE DRAPPIER

Le dyable y soit ! quant je m'avise :
se voulez que je parle bas...
Dittes sa ! Quant est de debas
ytelz, je ne l'ay point aprins.
560 Vray est que maistre Pierre a prins
six aulnes de drap au jour d'huy.

GUILLEMETTE, élevant la voix

Et qu'esse cy ? Esse a meshuy ?
Dyable y ait part ! Aga ! qué' « prendre » ?
Ha, sire, que l'en le puist pendre
565 qui ment ! Il est en tel parti,
le povre homme, qu'il ne partit

Traduction.

GUILLEMETTE. — Que Dieu me protège ! Bas ! Si vous ne voulez qu'il ne s'éveille !

LE DRAPIER. — Comment « bas » ? A l'oreille ? Au fond du puits ? ou de la cave ?

GUILLEMETTE. — Dieu ! Quel bavard ! D'ailleurs, c'est toujours votre manière.

LE DRAPIER. — Quand le diable y serait, maintenant que j'y pense ! Si vous voulez que je parle bas... Dites donc ! De telles discussions jamais je ne fis l'expérience. Ce qui est vrai, c'est que maître Pierre a pris six aunes de drap aujourd'hui.

GUILLEMETTE. — Eh quoi ? Allez-vous persister toute la journée ? Le diable s'en mêle ! Voyons ! Comment, « prendre » ? Ah ! monsieur ! puisse-t-on pendre qui ment ! Il est en tel état, le pauvre homme, qu'il n'a pas quitté le lit de onze semaines !

Commentaire philologique et grammatical.

Vers 550. *Commander* signifie « recommander ». Cet emploi est courant jusqu'au XVI° siècle. Cf. le flottement *connaître/reconnaître*.

Vers 552. *Quel « bas »*? : de quel « bas » parlez-vous?

Vers 553. *Fons* est la forme phonétiquement attendue, qui vient directement du latin *fondus*. On rencontre indifféremment *fons, fond* et *fonds*. Le mot a été traité comme un mot neutre. Cf. *cors*, venant de *corpus*. D'où *corset, corsage*, etc. Notre mot *foncier* a été refait sur *fonds*.

Vers 563. *Aga!* signifie « allons! ». Exclamation usuelle au XV° et au XVI° siècle. Il semble qu'il y ait eu une altération du verbe latin *agere* en *agare*, lequel aurait pris le sens de « prendre garde ».
Qué' « prendre »? On attend « quel prendre ». Nous sommes en face d'une altération de consonne devant consonne. *Quel* a exactement le sens de « je ne sais quel » ; la construction interfère avec une autre, très voisine : « je ne sais ce que veut dire ce « prendre ».

Vers 570. *Vuider* sans objet au sens de « quitter un lieu » est d'usage courant au XV° siècle. Quant à la forme *vuider*, elle est habituelle jusqu'au XVIII° siècle. La forme latine *vócitat* (avec *-o-* accentué) a donné *vuide* ; *vocitáre*, où *-o-* n'est plus sous l'accent, a donné *voidier*. *Vide* est une réduction de *vuit*, forme phonétiquement tirée de *vocito* ; au féminin *vuit* a donné *vuide*, réduit à *vide* vers la fin du XVIII° siècle.

Vers 573. *Benoiste*. L'adjectif latin *benedictum* est devenu successivement *beneit, benoit* (en trois syllabes) et *benoit*. Le *-d-* est tombé avant l'*-e-* (influence de *bene*). L'*-s-* est sans valeur étymologique. Cf. *benoist*, qui a donné *benêt* (flottement *oi/ai*). *Benoiste* est le féminin de *benoist*.

Vers 575. *Fors que,* ou simplement *fors*, vient du latin *foris*. Cf. *de foris*, qui a donné *dehors*, où *-f-* est devenu *-h-*, comme en espagnol. *Fors* a été éliminé par *hors*.
Noise : bruit, querelle. Phonétiquement, le mot vient du nom latin *nausea*, parfois écrit *nausia*, qui, lui-même, est une transcription du grec *nautia* et qui signifie « mal de mer ». Quant au sens, il semble venir du latin *noxa* ou *noxia*, qui signifient tous deux « dommage ».
Littéralement, la phrase signifie « qui ne parlez que par querelle, qui ne faites que quereller ».

Vers 578. *Vous mesmes*. L'*-s* est analogique de tous les cas où l'adverbe latin amenait *-s* dans le mot français.

Vers 581. *Delivre* : voir vers 526.

Texte.

du lit y a unze sepmaines.
Nous baillez vous de voz trudaines?
Maintenant en esse rayson?
570 Vous vuiderez de ma maison.
Par les angoisses Dieu, moy lasse!

LE DRAPPIER

Vous disïez que je parlasse
si bas... Saincte benoiste Dame,
vous criez!

GUILLEMETTE, bas

C'estes vous, par m'ame,
575 qui ne parlez fors que de noise!

LE DRAPPIER

Dittes, affin que je m'en voise,
baillez moy...

GUILLEMETTE, s'oubliant encore et criant

Parlez bas! ferez?

LE DRAPPIER

Mais vous mesmes l'esveillerez :
vous parlez plus hault quatre fois,
580 par le sang bieu, que je ne fais.
Je vous requier qu'on me delivre.

Traduction.

De quelles sornettes nous rebattez-vous les oreilles? Maintenant
réalisez-vous? Par les angoisses de Dieu, suis-je malheureuse!
vous déciderez-vous à vous éloigner de ma maison?

LE DRAPIER. — Vous me disiez de parler si bas! Sainte Vierge
bénie! Et vous criez!

GUILLEMETTE. — C'est vous, par mon âme, qui ne faites que
quereller!

LE DRAPIER. — Dites, afin que je m'en aille, donnez-moi...

GUILLEMETTE. — Parlez bas! Enfin!

LE DRAPIER. — Mais vous-même allez l'éveiller! Palsambleu!
Vous parlez quatre fois plus fort que moi! Je vous somme de
me payer!

Texte.

GUILLEMETTE

Et qu'esse cy? Estes vous yvre?
ou hors du sens? Dieu nostre pere!

LE DRAPPIER

Yvre? Maugré en ait saint Pere!
585 Vecy une belle demande!

GUILLEMETTE

Helas! plus bas!

LE DRAPPIER

Je vous demande
pour six aulnes, bon gré saint George[101],
de drap, damë...

GUILLEMETTE, *à part, puis haut*

On le vous forge!
Et a qui l'avez vous baillé?

LE DRAPPIER

590 A luy mesme.

Traduction.

GUILLEMETTE. — Qu'est-ce? Etes-vous ivre? ou fou? Au nom de Dieu notre Père?

LE DRAPIER. — Ivre? Mauvais gré vous en ait saint Pierre! Belle demande!

GUILLEMETTE. — Hélas! Plus bas!

LE DRAPIER. — Je vous demande, madame, par saint Georges, le prix de six aunes de drap.

GUILLEMETTE. — Comptez là-dessus! Et à qui avez-vous remis le drap?

LE DRAPIER. — A lui-même.

---

101. *Saint George.* Le drapier l'invoque souvent (voir vers 742, 953, 1068). Il fut le saint guerrier qui libéra une pucelle d'entre les griffes du dragon. La pucelle lia le cou de la bête avec sa ceinture. Plus tard, le saint devint le patron de l'ordre de la Jarretière en Grande-Bretagne. Au XVᵉ siècle, un blason de saint George était marqué sur le front et sur le dos des soldats anglais.

Texte.

GUILLEMETTE

Il est bien taillé
d'avoir drap! Helas! il ne hobe;
il n'a nul mestier d'avoir robe;
jamais robe ne vestira
que de blanc, ne ne partira
595 dont il est que les piés devant.

LE DRAPPIER

C'est donc depuis soleil levant,
car j'ay a luy parlé, sans faulte.

GUILLEMETTE, *d'une voix perçante*

Vous avez la voix si treshaulte :
parlez plus bas, en charité!

LE DRAPPIER

600 C'estes vous, par ma vérité!
vous mesmes, en sanglante[102] estraine!
Par le sanc bieu, vecy grant paine!
Qui me paiast, je m'en alasse[103].
à part

Traduction.

GUILLEMETTE. — Il est bien en état d'acheter du drap! Hélas!
Il ne bouge. Il n'a nul besoin de se faire tailler une robe. Jamais
il ne revêtira une robe, sinon une blanche, et il ne quittera
le lieu où il est que les pieds devant.

LE DRAPIER. — Le mal a donc commencé au lever du soleil?
Car, sans faute, c'est bien à lui que j'ai parlé.

GUILLEMETTE. — Vous avez la voix tellement forte! Parlez
plus bas, par charité!

LE DRAPIER. — C'est vous, en vérité, vous-même, sacré Dieu!
Palsambleu! c'est vraiment beaucoup d'embarras! si on me

---

102. Le mot *sanglant* s'employait souvent dans un sens insultant. Ainsi,
dans une lette de rémission, on peut lire : « Elle l'appela *sanglant sot* et lui
l'appela *sanglante ordure*. » La *sanglante estraine* était ce qu'on peut souhaiter
de pire. Ex. : « Dieu lui doint la sanglante estraine » (Eustache Deschamps);
103. Ce vers est resté proverbial. Cf. : « Il n'est pas que de fois à autres,
quand on tire un payement en longueur, nous ne disions : « Qui me payast,
je m'en allasse » (Etienne Pasquier).

Texte.

> Par Dieu, oncques que je prestasse,
> 605 je n'en trouvé point aultre chose!

PATHELIN, *couché*

> Guillemettë! ung peu d'eau rose[104]!
> haussez moy, serrez moy derriere.
> Trut[105]! a qui parlé je? l'esguiere!
> a boire! frotez moy la plante!

LE DRAPPIER

> 610 Je l'os la.

GUILLEMETTE

> Voire.

PATHELIN

> Ha, meschante,
> viens sa : t'avois je fait ouvrir
> ces fenestres? Vien moy couvrir :
> oste ces gens noirs! Marmara,
> carimari, carimara[106].
> 615 Amenez les moy, amenez!

Traduction.

payait je m'en irais! Par Dieu, chaque fois que j'ai fait crédit,
je n'ai jamais récolté autre chose.

PATHELIN. — Guillemette! Un peu d'eau rose! Redressez-
moi. Relevez les coussins derrière moi! Fichtre! A qui est-ce
que je parle? Le pot à eau! A boire! Frottez-moi la plante
des pieds!

LE DRAPIER. — Je l'entends là.

GUILLEMETTE. — Bien sûr!

PATHELIN. — Ah! méchante! viens ici! T'avais-je dit d'ouvrir
ces fenêtres? Viens me couvrir! Chasse ces gens noirs! Mar-
mara! Carimari! Carimara! Emmenez-les moi! Emmenez!

---

104. Cordial depuis longtemps en usage. Dans les romans courtois, l'eau
rose sert à faire revenir à la vie les amoureux pâmés. Parfois on la relevait
de musc. C'était alors l' « eau rose musquée » (Olivier de Serres); 105. *Trut!*
est une particule d'imprécation, qui signifie « ça, ici, truand! » (Cotgrave);
106. C'est le cri de malédiction que pousse la populace de Paris, compissée
par Gargantua (I, 17). Formule magique destinée à chasser les démons et qui
se trouve dans les grimoires, ou livres de sorcellerie (voir vers 18 et note 15).

Texte.

GUILLEMETTE, *à l'intérieur*

Qu'esse ? Comment vous demenez !
Estes vous hors de vostre sens ?

PATHELIN

Tu ne vois pas ce que je sens.
  il s'agite

Vela ung moisne noir qui vole[107] !
620 prens le, bailles luy une estolle[108] ;
au chat, au chat[109] ! comment il monte !

GUILLEMETTE

Et qu'esse cy ? N'av' ous pas honte ?
Et ! par Dieu, c'est trop remué.

PATHELIN, *retombant épuisé*

Ces phisicïens[110] m'ont tué
625 de ces brouilliz qu'ilz m'ont fait boire ;
et toutes fois les fault il croire,
ilz en œuvrent comme de cire[111].

Traduction.

GUILLEMETTE. — Qu'est-ce ? Comme vous vous démenez !
Avez-vous perdu le sens ?

PATHELIN. — Tu ne vois pas ce que je sens. Voilà un moine
noir qui vole. Attrape-le ! Passe-lui une étole ! Au chat, au chat !
Comme il monte !

GUILLEMETTE. — Eh ! Qu'est ceci ? N'avez-vous pas honte ?
Eh ! Par Dieu ! C'est trop remuer !

PATHELIN. — Ces médecins m'ont tué avec ces drogues qu'ils
m'ont fait boire. Et toutefois il faut les croire ! Ils nous manient
comme de la cire !

---

107. Il s'agit du moine bourru, croquemitaine des gens de Paris. Vers Noël,
il courait, disait-on, les rues la nuit en traînant des chaînes. Il tordait le cou
à ceux qui mettaient le nez à la fenêtre. Cf. Cyrano, *Œuvres*, 1699, tome I,
page 66 ; 108. Pour le calmer, le dompter, l'arrêter. Cf. : « Et puis luy mist-on
l'estole au tour le col, qui signifie obédience » (*Chronique de Rains*, page 104).
On passait une étole autour des possédés du démon pour les exorciser ; 109. Le
chat est l'animal diabolique par excellence ; il sert ici à désigner le démon.
   Notes 110 et 111, v. p. 101.

Commentaire philologique et grammatical.

Vers 604. *Oncques que* signifie « quelque rarement que... ».

Vers 606. *Eau rose.* L'expression s'employait encore au XVIIIᵉ siècle. Ce n'est qu'au début du XIXᵉ siècle qu'apparaît l'expression toujours vivante « eau de rose ». C'est un phénomène rare : actuellement *de,* en ce cas, ne s'emploie qu'avec les noms propres. Peut-être faut-il voir là une influence du tour italien correspondant et de l'expression technique *aqua rosae* employée par les alchimistes.

Vers 608. *Trut* est très employé au XVᵉ siècle pour encourager, exciter et pour repousser.

Vers 610. *Os. Audio* a donné *oi ; audis* a donné *oiz.* La première personne a été refaite sur les autres.

Vers 611. *Viens sa.* L'*-s* ne figure pas dans tous les manuscrits. Il y avait en effet flottement entre *vien* et *viens. Vien* représente phonétiquement *veni.* La forme avec *-s* est analogique (les verbes inchoatifs amenaient phonétiquement des formes avec *-s* [ex. : *finisco, finis*]).

Vers 612. *Moy couvrir :* voir vers 1371 et, avec préposition, vers 1561, 1582. Cet emploi de la forme forte du pronom se rencontrera encore chez Rabelais et persistera longtemps dans les dialectes du Nord et du Nord-Est.

Vers 613. *Oste.* On trouve aussi *otz, ostes.* La forme *otz* se trouve déjà dans *Aucassin* et dans *Alexis* (XIIIᵉ siècle). Notre usage actuel s'établit lentement au cours du XVIᵉ siècle. On relève encore au XVIIᵉ siècle des vestiges de l'ancienne forme. On peut rapprocher du vers 620 : « bailles luy ».

Vers 615. *Amenez* pour *emmenez.* Il est probable que la prononciation des deux mots était identique (ce qui dura jusqu'à la fin du XVᵉ siècle). D'où la confusion dans la langue écrite.

Vers 618. *Ce que.* L'ancienne langue emploie couramment *que* pour *ce que.* C'est ici l'un des premiers exemples de la forme moderne.

Vers 622. *N'av'ous.* La réduction de *vous* à *ous* est dialectale, de même que la réduction de *avez* à *av* (anglo-normand). Cette dernière réduction a été notée par Vaugelas.

Vers 627. *Comme de cire.* L'expression se trouvait encore dans l'édition de 1935 du *Nouveau Petit Larousse illustré.* Il y en a de très nombreux exemples au XVIᵉ siècle, au XVIIᵉ siècle (ex. : « égaux comme de cire » [La Fontaine]) et au XVIIIᵉ siècle.

---

110. Les médecins : cf. l'anglais *physician.* Ex. :

> Fisiciens sont appelez ;
> Sans fy, ne sont pas honorez (*Bible Guyot*).

Henri Estienne (*Dialogues du langage français italianisé*) cite les vers 624 et 625 « de cette tant célèbre farce intitulée *Maistre Pierre Pathelin* ». Dès les origines de la littérature, la satire s'est déchaînée contre les médecins. Ainsi, dans le *Jeu de la feuillée,* revue dramatique du trouvère Adam de la Halle, un « fisicien » est vigoureusement brocardé. On peut rapprocher les propos malveillants de Pathelin de ce passage de la *Bible Guyot* sqq. : « Ah ! Préservez-nous des médecins ! Je sors de leurs mains, mon expérience est faite. Ils trouvent tout le monde malade. Ils examinent vos urines, et de disserter là-dessus, et d'y découvrir le signe de cent maladies ! Vous avez la fièvre, un peu de toux sèche : ils vous déclarent phtisique, ou hydropique, ou mélancolique ; ils vous attribuent une tumeur, ou des palpitations de cœur, ou de la paralysie. On n'imagine pas ce qu'un bon truand beau parleur et un peu lettré réussit à faire croire aux gens : il les mettrait à paître dans un pré. Ainsi font les médecins, lesquels se soutiennent tous les uns les autres. Que d'histoire ne vous racontent-ils pas ! [...] Ils vous imposent leur vilaines pilules, qui coûtent les yeux de la tête, et leurs électuaires et leur « diadragon » et leur rosat et leur violat [...] et leur poudre de perle et leur ellébore [...] » ;
111. Littéralement : à propos, pour le mieux. Ex. : « La botte de la jambe droite lui estoit faite comme de cire » (Des Périers, *Conte* 25). Cf. *Veterator : Cum perite artem sciunt callentque,* vers commenté par Emm. Philipot dans *Romania* (1930).

Texte.

GUILLEMETTE, *au drapier*

Helas! venez le veoir, beau sire :
il est si tresmal pacïent[112]!

LE DRAPPIER *entre*

630 Est il malade a bon essient,
puis orains[113] qu'il vint de la foire?

GUILLEMETTE

De la foire?

LE DRAPPIER

Par saint Jehan, voire :
je cuide qu'il y a esté.
à Pathelin
Du drap que je vous ay presté,
635 il m'en fault l'argent, maistre Pierre.

PATHELIN, *feignant de prendre le drapier pour un médecin*

Ha, maistre Jehan, plus dur que pierre
j'ay chié deux petites crotes,
noires, rondes comme pelotes;
prenderay je ung aultre cristere?

Traduction.

GUILLEMETTE. — Hélas! Venez le voir, cher monsieur, il est au plus mal.

LE DRAPIER. — Vraiment, il est malade, depuis l'instant où il est revenu de la foire?

GUILLEMETTE. — De la foire?

LE DRAPIER. — Par saint Jean, oui! Je crois qu'il y est allé. Du drap que je vous ai donné à crédit il me faut l'argent, maître Pierre!

PATHELIN. — Ah! maître Jean, plus dures que pierre j'ai chié deux petites crottes noires, rondes comme pelotes. Prendrai-je encore un clystère?

---

112. Littéralement : souffrant, dans la peine ; **113.** *Orains*, pour *Aurorain*, signifie « ce matin ».

Commentaire philologique et grammatical.

Vers 628. *Beau sire* signifie « cher monsieur ».

Vers 629. *Si tresmal pacïent* veut dire « si gravement malade » (voir aussi vers 598).

Vers 630. *A bon essïent* au sens de « véritablement » se rencontrera encore sous la plume de Saint-Simon.

Vers 635. *Il m'en fault.* Ce pléonasme sera fréquent jusqu'au XVIIᵉ siècle. Ex. : « Le Pont-Euxin y vient finir son cours » (Racine, *Mithridate*).

Vers 639. *Cristère* pour *clystère*. L'altération des mots savants n'était pas rare au XVᵉ siècle.
Prenderay je. Le second *-e-* est-il une graphie ou compte-t-il dans le vers ? C'est discutable à cause de *je.* A cet égard il y a flottement dans notre texte. A rapprocher du vers 1443, où l'*-e-* compte. Cf. *rompera* et *courrerai.* Toutes ces formes ont vécu jusqu'au XVIᵉ siècle. Sont-elles purement analogiques ou y a-t-il eu développement d'un *-e-* comme dans le latin *ager* (suggestion de A. Ernout) ?

Vers 642. *Becuz* au sens de « en forme de bec » a vécu jusqu'au XVIᵉ siècle. Cf. *pointu, ventru, cornu.*

Vers 643. *Pillouëres :* altération avec changement de suffixe.

Vers 650. *Par mi :* voir vers 366.

Vers 651. *Empeschables* signifie « contrariants ». C'est le seul exemple qui ait été relevé de l'emploi du mot en ce sens. Partout ailleurs, il signifie « qui peut être arrêté ».

Texte.

LE DRAPPIER

640 Et que sçay je? qu'en ay je a faire?
Neuf frans m'y fault, ou six escus.

PATHELIN

Ces trois morceaux noirs et becuz[114],
les m'appellés vous pillouëres[115]?
Ilz m'ont gasté les machouëres?
645 pour Dieu! ne m'en faictes plus prendre,
maistre Jehan! ilz m'ont fait tout rendre.
Ha! il n'est chose plus amere.

LE DRAPPIER

Non ont, par l'ame de mon pere :
mes neuf frans ne sont point rendus.

GUILLEMETTE

650 Par mi le col soyënt pendus
telz gens qui sont si empeschables!
Alez vous en, de par les dyables,
puis que de par Dieu ne peult estre[116]!

LE DRAPPIER

Par celluy Dieu qui me fist naistre,

Traduction.

LE DRAPIER. — Qu'en sais-je? Qu'ai-je à voir à cela? Il me faut neuf francs ou six écus.

PATHELIN. — Ces trois morceaux noirs et pointus les nommez-vous pilules? Ils m'ont abîmé les mâchoires! Pour Dieu, ne m'en faites plus prendre! Maître Jean, ils m'ont fait tout rendre. Ah! Il n'est rien de plus amer.

LE DRAPIER. — Mais non! Par l'âme de mon père, mes neuf francs ne m'ont point été rendus!

GUILLEMETTE. — Par le col puisse-t-on pendre de tels gens si ennuyeux! Allez-vous-en, par tous les diables, puisque au nom de Dieu vous ne voulez rien savoir!

---

114. *Becuz :* pointus comme un bec (Cotgrave); **115.** Jeu de mots sur *pilule*, dont *pillouëre* fut la première forme, et sur *piler*, qui signifie « abîmer », « gâter »; **116.** Le vers 653 est à rapprocher d'une réplique du moine à Gymnaste : « Aydez moi, de par Dieu, puisque de par l'aultre ne voulez! » (I, 42). Ne pas oublier que Rabelais admirait *la Farce de maître Pathelin!*

Texte.

655 j'auray mon drap ains que je fine[117],
ou mes neuf frans !

PATHELIN

Et mon orine,
vous dit elle point que je meure[118] ?
Helas ! pour Dieu, quoy qu'il demeure,
que je ne passe point le pas !

GUILLEMETTE, *au drapier*

660 Alez vous en ! et n'esse pas
mal fait de ly tuer la teste ?

LE DRAPIER

Damedieu en ait male feste[119] !
Six aulnes de drap... maintenant,
dittes, esse chose advenant,
665 par vostre foy, que je les perde ?

PATHELIN

Se peussiez esclarcir ma merde,
maistre Jehan ? Elle est si tresdure

Traduction.

LE DRAPIER. — Par le Dieu qui me fit naître, j'aurai mon
drap avant de partir, ou mes neuf francs !

PATHELIN. — Et mon urine, ne vous dit-elle point que je
meurs ? Au nom de Dieu, quelque longue que soit l'épreuve,
que je ne passe point le pas !

GUILLEMETTE. — Allez-vous-en ! Et n'est-ce pas mal de lui
casser la tête ?

LE DRAPIER. — Notre Seigneur Dieu en soit fâché ! Six aunes
de drap, sur l'heure ! Pensez-vous normal, en conscience, que
j'en sois frustré ?

PATHELIN. — Si vous pouviez amollir ma merde, maître

---

117. Littéralement : avant que j'en finisse ; 118. Le vers 656 est à rapprocher
d'un passage du fabliau du *Vilain Mire* (une des sources du *Médecin malgré
lui*), où des « fisiciens » font des « jugements d'urine », et aussi de Rabelais,
Épître dédicatoire du Quart Livre au cardinal de Chatillon : « A un autre
voulant entendre l'état de sa maladie, et l'interrogeant à la mode du noble
Patelin : « Et mon urine vous dit-elle pas que je meure ? » 119. Littéralement :
mauvaise chance.

Texte.

que je ne sçay comment je dure
quant elle yst hors du fondement.

LE DRAPPIER

670 Il me fault neuf frans rondement,
que, bon gré saint Pierre de Romme...

GUILLEMETTE

Helas! tant tormentez cest homme!
et comment estes vous si rude?
vous vëez clerement qu'il cuide
675 que vous soyez phisicïen.
Helas! le povre chrestïen
a assés de male meschance :
unze sepmaines, sans laschance[120],
a esté illec, le povre homme!

LE DRAPPIER

680 Par le sanc bieu, je ne sçay comme
cest accident luy est venu,
car il est au jour d'huy venu
et avons marchandé ensemble,
a tout le moins comme il me semble,
685 ou je ne sçay que ce peult estre.

Traduction.

Jean? Elle est si dure que c'est intolérable quand elle sort du
fondement.

LE DRAPIER. — Il me faut neuf francs, tout rond, car, par
saint Pierre de Rome...

GUILLEMETTE. — Hélas! Comme vous le torturez! Comment
pouvez-vous être si dur? Vous voyez bien qu'il croit que vous
êtes médecin. Hélas! Le pauvre chrétien est en grande malchance : onze semaines, sans relâche, qu'il est là, le pauvre
homme!

LE DRAPIER. — Palsambleu, je ne sais comment cet accident
lui est advenu, car j'ai eu sa visite aujourd'hui et nous avons
marchandé ensemble. C'est du moins ce qu'il me semble. Ou je
ne sais ce que ce peut être.

---

120. Littéralement : sans en être lâche.

Commentaire philologique et grammatical.

Vers 655. *Finer :* voir vers 186.

Vers 657. *Meure.* Cet emploi du subjonctif est curieux. D'ordinaire il introduit une idée de doute et s'emploie plutôt avec des verbes exprimant une croyance et non avec des verbes de déclaration.

Vers 658. *Quoy qu'il demeure :* quoique cela tarde (*cela* = la guérison). Cet emploi de *il* est courant au XVᵉ siècle.

Vers 661. *Ly* est une conservation ancienne de *li*, venu de *illi*, datif de *ille*. *Tuer* signifie proprement « éteindre » (ex. : « tuer le feu », « tuer une chandelle »). Ce verbe se trouve en ce sens chez Malherbe. Il s'emploie encore en ce sens dans le Centre et le Sud-Est.

Vers 664. *Advenant* signifie « convenable », « agréable ». Il nous en est resté *avenant*. L'absence d'accord est dû à l'étymologie. Il y a peu d'exemples de ce mot au XVIᵉ siècle.

Vers 670. *Rondement :* tout simplement. Il a encore ce sens chez Montaigne. Parfois il a aussi le sens de « promptement », mais ce n'est pas le cas ici.

Vers 674. *Cuide* est construit avec le subjonctif, ce qui est fréquent. Le subjonctif sera de règle avec les verbes de croyance jusqu'au XVIIᵉ siècle. Aujourd'hui, il ne s'emploie plus avec ces verbes que dans le cas d'une négation ou d'une interrogation.

Vers 677. *Meschance* est composé de *mes + chance*. C'est un déverbal de *meschebir. Male meschance*, qui s'emploie encore au XVIIᵉ siècle, signifie « maudite malchance ».

Vers 678. *Laschance*, dérivé de *lascher*, n'a pas atteint le XVIᵉ siècle. Le mot a disparu parce qu'il était devenu inutile.

Vers 679. *Illec.* Ce mot est très usité au Moyen Age. La forme la plus ancienne est *iluec. Illec* est rare à partir du XVIᵉ siècle. Il s'est maintenu dans la langue marotique et jusque chez J.-B. Rousseau. Il existe dans le théâtre de Plaute et de Térence une forme *illōc* altérée en *illŏc* d'après *lŏcus*. De là est venu *illec*. Le *-c* maintenu s'explique par la locution *illōque*, devenue *illŏque*.

Vers 680. *Comme.* On aurait aujourd'hui *comment* (voir vers 32 et 616). Le flottement se poursuit jusqu'au XVIIᵉ siècle. Ex. : « Albin, comme est-il mort ? » (Corneille). *Comme* ne subsiste plus que dans les exclamations et dans l'interrogation indirecte, mais c'est un archaïsme.

Texte.

GUILLEMETTE

Par Nostre Dame, mon doulx maistre,
vous n'estes pas en bon memoire;
sans faulte, se me voulez croire,
vous irez ung peu reposer;
690 moult de gens pourroient gloser
que vous venez pour moy ceans.
Alez hors : les phisiciens
viendront ycy tout en presence.

LE DRAPPIER

Je n'é cure que l'en y pense
695 a mal, car je n'y pense point.
à part
Et, maugré bieu ! suis je en ce point ?
à Guillemette
Par la teste Dieu ! je cuidoye...

GUILLEMETTE

Encor ?

LE DRAPPIER

Et n'avez vous point d'oye
au feu ?

GUILLEMETTE

C'est tres belle demande !
700 Ha, sire, ce n'est pas viande

Traduction.

GUILLEMETTE. — Par Notre Dame, mon doux maître, vous
n'avez pas bonne mémoire : sans faute, si m'en croyez, vous
irez prendre du repos. Beaucoup de gens pourraient médire de
votre visite ici. Sortez ! Les médecins vont venir à l'instant.

LE DRAPIER. — Je n'ai cure de la médisance, car, pour moi,
je ne pense pas à mal. Maugrebleu, en suis-je là ? Par la tête
de Dieu, je croyais...

GUILLEMETTE. — Encore ?

LE DRAPIER. — Et n'avez-vous point d'oie au feu ?

GUILLEMETTE. — Très belle question ! Ah ! Monsieur, ce n'est

Commentaire philologique et grammatical.

Vers 687. *Bon memoire.* Le mot *mémoire* est encore masculin au sens de « mémoire d'architecte » (attesté dès le XVe siècle) ; au sens de « faculté de se souvenir », il est souvent masculin au Moyen Age ; il devient féminin à cause du latin. Il semble que le masculin soit dû à l'influence du mot *souvenir*.

Vers 689. *Reposer* intransitif est aujourd'hui légèrement archaïque.

Vers 693. *Tout en presence :* à l'instant. La locution, assez rare, existe concurremment avec *en présence*.

Vers 694. *Y* mis pour *a mal* est pléonastique. Son emploi serait peu correct aujourd'hui avec un mot non déterminé. *Y* était sans doute moins locutionnel que maintenant. Dans ce texte, il est conforme à une syntaxe plus souple que notre syntaxe actuelle.

Vers 698. *Oye :* voir vers 459.

Vers 702. *Moes :* voir vers 459.

Vers 710. *Depiece* signifie « trouble ». Jusqu'à la fin du XVIe siècle, la langue hésite entre *dépecer* et *dépiécer*. *Dépiécer* subsiste dans la langue de la tonnellerie.

Vers 713. *Il ne se peult joindre* signifie littéralement « cela ne peut pas s'accorder », « cela ne concorde pas ».

Vers 714. *Poindre :* piquer. Ce verbe est archaïque depuis le XVIIe siècle. Ex. : « Un sentiment profond a poigné mon cœur. » (Chateaubriand, *Mémoires d'outre-tombe*). Ici, il est très expressif (toutes les gravures représentent la mort armée d'un dard). Nous n'en avons gardé que « le jour point », « un bourgeon point », mais pas au sens de « piquer ».
Vient. L'indicatif présent s'explique parce que le drapier est toujours sous l'impression de Pathelin agonisant.

Vers 715. *Au mains ou.* On attend *ou au mains.* La place de *ou* est curieuse. Au désarroi du drapier correspond le désordre de la syntaxe.

Texte.

    pour malades ; mangez voz oes
    sans nous venir jouer des moes[121].
    Par ma foy, vous estes trop aise !

LE DRAPPIER

    Je vous pri qu'il ne vous desplaise,
705 car je cuidoye fermement...

GUILLEMETTE

Encore ?

LE DRAPPIER

      Par le sacrement !...
  A Dieu !
    devant la maison, à part

      Dea ! or je vois savoir :
    Je sçay bien que j'en doy avoir
    six aulnes, tout en une piece,
710 mais ceste femme me depiece[122]
    de tous poins mon entendement...
    Il les a eues vrayëment...
    Non a. Dea ! il ne se peult joindre :
    j'ay veu la Mort qui le vient poindre ;
715 au mains ou il le contrefait.
    Et ! si a ! il les print de fait

Traduction.

pas là un mets pour malades. Mangez vos oies sans venir jouer vos sotties ! Par ma foi, vous êtes trop sans-gêne !

LE DRAPIER. — Je vous prie de ne m'en point tenir rigueur. Je croyais vraiment...

GUILLEMETTE. — Encore ?

LE DRAPIER. — Par le saint sacrement, adieu ! Oui-da, maintenant, je vais savoir. Je sais bien que je dois avoir six aunes de drap tout d'une pièce. Mais cette femme me brouille complètement l'esprit. Il les a eues vraiment... Mais non ! Par Dieu, les faits ne concordent pas. J'ai vu la Mort qui le vient poindre. Ou, du moins, il joue la comédie. Et pourtant si ! Il les a pris,

---

121. Littéralement : grimaces. Ex. : « Les magistrats doivent être de bon corage, non pas de moe, ne de vaine gloire » (Brunetto Latini, *Trésor*, page 579) ; 122. Littéralement : me dépèce.

Texte.

      et les mist dessoubz son esselle...
      Par saincte Marie la belle!...
      Non a!... je ne sçay se je songe :
720 je n'ay point aprins[123] que je donge
      mes draps en dormant ne veillant
      a nul, tant soit mon bienveillant[124];
      je ne les eusse point acreues[125]...
      Par le sanc bieu, il les a eues!
725 Par la mort bieu, non a! Ce tiens je!
      Non a. Mais a quoy donc en vien ge?...
      Si a! Par le sanc Nostre Dame,
      meschoir puist il de corps et d'ame
      se je soy qui sauroit a dire
730 qui a le meilleur ou le pire
      d'eulx ou de moy : je n'y voy goute.
      il part

               PATHELIN, *bas*

S'en est il alé?

               GUILLEMETTE, *bas*

          Paix! j'escoute.
      Ne sçay quoy qu'i' va flageolant :
      il s'en va si fort grumelant
735 qu'i' semble qu'i' doye resver.

Traduction.

oui, mis sous son bras, par sainte Marie la Belle!... Mais non!
Je ne sais si je rêve; je ne suis pas habitué à donner mes draps
ni dans mon sommeil ni éveillé. A nul, même à mon meilleur
ami, je n'aurais donné du drap à crédit... Palsambleu, il les a
emportés! Par la morbleu, non! J'en suis sûr! Non! Mais où en
suis-je? Si! Par le sang de Notre Dame, puisse malheur m'arri-
ver de corps et d'âme si je sais qui pourrait dire qui a le meilleur ou le pire d'eux ou de moi : je n'y vois goutte!

PATHELIN. — S'en est-il allé?

GUILLEMETTE. — Paix! J'écoute. Il va, marmottant je ne sais
quoi. Il part grommelant si fort qu'il semble qu'il doive délirer!

---

    123. La même expression reparaît au vers 797, précisément dans la
réplique du drapier; **124.** Littéralement : tant me fût-il ami!; **125.** Littéralement : données à crédit. Ex. : « A-donc, fist le comte, asavoir parmi la cité
qui ses gens avaient rien accru [c'est-à-dire pris à crédit] (...) on serait payé »
(Froissart, II, 82).

Texte.

PATHELIN

Il n'est pas temps de me lever ?
Comme est il arrivé a point !

GUILLEMETTE

Je ne sçay s'il reviendra point.
Pathelin veut se lever

Nenny ! dea ! ne bougez encore :
740 nostre fait seroit tout frelore[126]
s'il vous trouvoit levé.

PATHELIN

Saint George !
qu'est il venu a bonne forge,
luy qui est si tresmescreant[127] !
Il est en luy trop mieulx seant
745 qu'ung crucifix en ung monstier.

GUILLEMETTE

En ung tel or villain bronstier[128]
oncq lart es pois ne cheut si bien.

Traduction.

PATHELIN. — Il n'est pas temps de me lever ? Comme il est arrivé à point !

GUILLEMETTE. — Je ne sais s'il ne reviendra point. Non, que diable ! Ne bougez pas encore ! Nous serions perdus s'il vous trouvait levé !

PATHELIN. — Saint Georges ! Comme il est bien tombé dans le panneau, lui si méfiant ! Ce stratagème est aussi bien placé qu'un crucifix en un monastère.

GUILLEMETTE. — Sur un tel sale et vilain brouet jamais lard

---

126. *Frelore* : perdu. C'est un terme d'argot qui vient de l'allemand *verloren* ; **127.** Littéralement : dur aux créances. Il y a là un jeu de mots sur les deux sens du verbe *croire* : 1° avoir la foi ; 2° faire crédit. D'où mécroire : 1° n'avoir pas la foi ; 2° refuser le crédit. D'où un mécréant : 1° un incroyant ; 2° un créancier impitoyable ; **128.** *Or villain bronstier* : sale vilain brouet. Sur *breu* (« bouillon », attesté déjà chez J. de Meung et issu de l'ancien haut allemand Brod ; cf. l'anglais broth), on a construit le mot *bronstier*, qui signifie « potage où sont mélangées toutes sortes de nourritures ».

Commentaire philologique et grammatical.

Vers 720. *Donge.* Le présent du subjonctif s'explique par le passé composé à sens actuel. Cette forme a disparu à la fin du XVIᵉ siècle. Dans notre texte, elle alterne avec *doinst, doint* (voir vers 101). Il s'agit d'une forme dialectale (Ouest et Nord-Est), comme il en pénétra beaucoup dans notre littérature avec le *Roman de la Rose* et l'œuvre de Charles d'Orléans (ex. : *parolge, prenge, perdge, tienge*). Aujourd'hui encore, en poitevin, on entend des phrases comme « que je prenge ». L'origine phonétique doit être cherchée dans les types : *surgam, surge ; spargam, éparge ; plangam, plange.*

Vers 722. *Bienveillant* a le sens de « ami » jusqu'au XVIᵉ siècle. Ex. : « leur bienveillant et ami » (Amyot).

Vers 729. *Sauroit a dire.* Le *à* se trouve sporadiquement au XIVᵉ et au XVᵉ siècle. Une tournure du type « ne savait à dire » a bien fait son apparition, mais ne s'est jamais imposée.

Vers 734. *Grumelant :* variante de *grommelant ;* forme expressive née spontanément.

Vers 735. *Doye* est la forme la plus ancienne du subjonctif présent et, phonétiquement, vient de *debeam :* on a eu successivement *deje* et *doye.* On rencontre parfois la forme *doige* (analogique de *donge*). *Doive* apparaît dès le XIIIᵉ siècle, mais n'a triomphé qu'au XVIIᵉ. Au XVIᵉ siècle, on rencontre encore la forme *doye.*

Resver signifie « délirer ». Le sens moderne n'a fait son apparition que très tardivement. On le trouve pour la première fois chez Pascal. Mais le sens de « délirer » est encore très vivace : « Etre en délire à cause de quelque fièvre chaude ou autre mal semblable » (Dictionnaire de l'Académie, 1694). Le nom dérivé *rêverie* a un sens analogue : « Il n'a jamais de fièvre qu'il ne tombe en rêverie, qu'il n'ait des rêveries » (Dictionnaire de l'Académie, 1694). Et Furetière : « Faire des songes extravagants » (« les amants se plaisent à rêver »). Le premier exemple du nom *rêve* au sens moderne date de 1680. Et l'on traduit *somnium Scipionis* par « les rêveries de Scipion ». Il faut noter toutefois que *noctambule* se dit au XVIᵉ siècle *rêveur de nuit*. La substitution n'est définitivement opérée qu'au XVIIIᵉ siècle, et alors *rêve* remplace définitivement *songe.*

Vers 740. *Frelore* est un mot (germanique, flamand, néerlandais) de l'argot des marchands.

Vers 742. *Forge* au sens de « ruse » s'emploie dès le XIIIᵉ siècle.

Vers 743. *Mescréant* signifie « méfiant ». On relève encore ce sens chez La Fontaine.

Vers 745. *Monstier* est à rapprocher de *omblier* (voir vers 94). La forme phonétique est *moustier, moutier :* elle vient du bas latin *monsterium* (lat. class. *monasterium*). Mais, sous l'influence du latin classique *monasterium*, on a refait un nom : *montier*, lequel est à l'origine de nombreux noms de lieu, tels que : Montier-en-Der, Montier-Chaume, Montereau, Montreuil, etc. D'où un flottement, dont témoigne notre texte, entre *moutier, moustier* et *montier, monstier.*

Vers 746. *Bronstier* est un hapax. Certains éditeurs ont corrigé en *putie* (« débauché »).

Or vient du latin *horridus.* On rencontre les graphies *ort, ord, or.* En fait, le *-t* et le *-d* ne se prononcent plus. Le mot, d'où a été tiré le nom *ordure*, ne dépasse pas le XVIᵉ siècle.

Texte.

> Avoy! dea, il ne faisoit rien
> aux dimenches[129]!
>
> *elle rit*

PATHELIN

> Pour Dieu, sans rire!
> 750 S'il venoit, il pourroit trop nuyre;
> je m'en tiens fort qu'il reviendra.

GUILLEMETTE

> Par mon serment, il s'en tiendra
> qui vouldra, mais je ne pourroye.

LE DRAPPIER, *devant son étal*

> Et! par le saint soleil qui raye,
> 755 je retourneray, qui qu'en grousse[130],
> chiez cest advocat d'eaue doulce.
> Hé Dieu! quel retraieur de rentes
> que ses parens ou ses parentes
> auroient vendus! Or, par saint Pierre,
> 760 il a mon drap, le faulx tromperre!
> je luy baillé en ceste place.

Traduction.

aux pois ne chut si à propos! Fichtre! Diable! Il ne faisait jamais l'aumône le dimanche!

PATHELIN. — Pour Dieu, cesse de rire! S'il venait, il pourrait faire beaucoup de mal. Je suis convaincu qu'il va revenir.

GUILLEMETTE. — Par mon serment, il se retiendra qui voudra; moi, je ne pourrais.

LE DRAPIER. — Par le saint soleil rayonnant, je retournerai, quoi qu'on en dise, chez cet avocat d'eau douce. Eh! Dieu! Comme il sait racheter les rentes que ses parentes ou ses parents auraient vendues! Par saint Pierre, il a mon drap, le filou! Je le lui ai remis ici même.

---

129. On poussait les laïcs à verser à l'Église. Ex. :

> [...] la riche gent
> Qui plus aiment or et argent
> Qu'il ne faut Dieu ne Sainte Eglise

(*la Patenostre a l'userier*). Le drapier, en refusant l'aumône, montre la noirceur de son âme. L'Ecriture stigmatise l'avarice. Les clercs, en faisant de même, servent l'Eglise; 130. *Grousse* : grogne. Ex. : « Et qu'esse-ci? En grousses-tu? » (*la Farce des cinq sens*).

Commentaire philologique et grammatical.

Vers 748. *Avoy* signifie « mais certes ».

Vers 750. *Trop* signifie « très ». Ce sens a duré jusqu'au XVIIᵉ siècle. Ex. : « Il vint trop promptement » (Bossuet).

Vers 751. *Se tenir* au sens de « se retenir » est encore possible aujourd'hui. L'emploi est courant au XVIIᵉ siècle. Ex. : « Je ne saurais me tenir de rire » (Molière, *le Bourgeois gentilhomme*, III, 2). L'expression fait un peu figure d'archaïsme de nos jours.

Vers 754. *Raye*. Le verbe *rayer* est dérivé du nom *rai*, qui vient du latin *radium*. Il a vécu jusqu'au XVIᵉ siècle. Puis il s'est confondu avec *rayer* au sens de « faire des raies », et il est resté avec ce dernier sens. *Rai* est devenu *rayon*, parce que trop semblable à *raie*.

Vers 755. *Qui qu'en grousse* au sens de « quoi qu'on en dise » est encore attesté dans quelques parlers populaires. *Qui que* a subsisté dans l'expression « qui que ce soit ».

Vers 757. *Retraieur* est un dérivé de *retraire* (voir vers 199), qui signifie « retirer une rente », « opérer un retrait ».

Vers 760. *Tromperre* signifie « trompeur ». C'est un cas sujet. Cf. *emperere*, qui vient du nominatif singulier *imperator*, et *lerre*, qui vient du nominatif singulier *latro*. Voir *retraierres* et *pecherre* (vers 1425).

Vers 761. *Luy* pour *le luy* a duré jusqu'au XVIᵉ siècle. *Le* a été introduit par les grammairiens. L'ancienne construction persiste au XVIIᵉ siècle. Ex. : « je lui dis », « le formulaire tel qu'on lui demandait » (Racine, *Histoire de Port-Royal*).

Texte.

GUILLEMETTE

Quant me souvient de la grimace
qu'il faisoit en vous regardant,
je ry !... Il estoit si ardant
765 de demander...
    elle rit

PATHELIN

Or paix, rïace[181] !
Je regni bieu ! (que ja ne face !).
S'il avenoit qu'on vous ouÿst,
autant vauldroit qu'on s'en fouÿst :
il est si tresrebarbatif !

LE DRAPPIER, *dans la rue*

770 Et cest advocat potatif[182],
a trois leçons et trois psëaulmes[183]
Et tient il les gens pour Guillaumes[184] ?
Il est, par Dieu, aussi pendable
comme seroit ung blanc prenable[185].
775 Il a mon drap, ou jerni bieu !

Traduction.

GUILLEMETTE. — Quand je me souviens de la grimace qu'il faisait en vous regardant, je ris ! Il était si ardent à réclamer...

PATHELIN. — Paix, maintenant, absurde rieuse ! Je renie Dieu (que jamais je ne le fasse !) S'il arrivait qu'on vous ouït, mieux vaudrait fuir ! Il est si rébarbatif !

LE DRAPIER. — Cet avocat potatif à trois leçons et trois psaumes prend-il les gens pour des guillaumes ? Il est aussi digne, par Dieu, d'être pendu qu'un blanc d'être ramassé. Il a

---

131. *Rïace*. On trouve en usage les trois mots *riace, rieuse, riarde* ;
132. *Potatif*. Il y a là peut-être un jeu de mots : le drapier voudrait dire *putatif* (« qui passe pour être ce qu'il n'est pas »). C'est un mot juridique, attesté notamment chez Eustache Deschamps. Et le drapier, peu instruit, l'écorche : il dit *potatif !* ; 133. Ce passage s'éclaire si on le confronte avec ces lignes de Rabelais : « A quel usage dites-vous ces belles heures ? dit Gargantua. — A l'usage, dit le moine, de Fécamp : à trois psaumes et trois leçons, ou rien du tout qui ne veult » (I, 41). L'expression signifie « de rien du tout, à la mode de Fécamp et de son bréviaire », c'est-à-dire « avocat au rabais ». Il existait 151 psaumes ; quant aux leçons, il y en avait neuf rien qu'à matines ! Fallait-il être ignorant pour ne connaître que trois leçons et trois psaumes ! Cf. Rabelais, *Tiers Livre,* chap. IV : « Vous y voiriez les saints plus drus, plus miraclifiques, à plus de leçons [...]. »
Notes 134 et 135, v. p. 117.

Commentaire philologique et grammatical.

Vers 765. *Rïace.* Il faut traduire par « absurde rieuse », à cause de la nuance péjorative qu'exprime le suffixe *-ace.* Le mot est usuel au Moyen Age.

Vers 766. *Je regni bieu!* signifie « je renie Dieu ». Le texte est rempli de formules et d'invocations vulgaires à Dieu. Cf. *jarnidieu.* Voir vers 832, 1307, 1427.

Vers 768. *Qu'on s'en fouÿst :* voir vers 777; *fouir* est un verbe usuel depuis le *Roman de la Rose ;* on le rencontre chez Rabelais. Il vient du verbe latin *fūgire,* où l'*-u-* s'est abrégé sous l'influence du yod. Mais comment expliquer *fuir ?* On a parlé d'une réfection sur le verbe latin *fugere.* Jusqu'au XVIIᵉ siècle, *fuir* et *fouir* ont coexisté.

Vers 769. *Rébarbatif.* Le mot porte la marque du clerc. Il fait partie de l'argot des étudiants. Il est savant : il a en effet été forgé sur le verbe *se rebarber,* qui signifie littéralement « faire face à l'ennemi, barbe contre barbe ».

Vers 770. *Potatif* signifie « ivrogne » (voir vers 1522).

Vers 771. Dans *psëaulmes, -ëau-* compte pour deux syllabes. Cette prosodie est encore attestée au XVIIᵉ siècle (Vaugelas, Ménage, Th. Corneille).

Vers 772. *Guillaumes :* imbéciles, sots. Or le drapier s'appelle Guillaume. Cf. « un Jacques », qui signifie « un sot ». D'où « Jacques Bonhomme ». Cf. « un Jean », « un Jeanin », « un Jeannot », qui signifient « un mari trompé ».

Vers 773-774. *Aussi ... comme ...* Le tour est fréquent jusqu'au XVIIᵉ siècle. *Comme serait un blanc prenable.* La phrase signifie « il mérite d'être pendu comme on prendrait un blanc ».

Vers 777. *Fouÿe :* voir vers 768.

Vers 781. *Bon gré :* voir vers 510.

---

134. *Guillaumes* est un nom de baptême (celui du drapier, ce qu'il paraît oublier) et aussi un synonyme de sot ; 135. Un prêtre hérétique, brûlé vers 1400 sur ordre de Boniface IX, se faisait suivre d'adeptes tous et toutes vêtus de blanc. Dans plusieurs manuscrits on lit *branc* et non *blanc.* Il faudrait comprendre alors : « Il est à pendre comme une vieille rapière qu'on pend à son croc. » *Branc* sert à désigner une sorte d'épée (cf. l'italien *brando*). D'où *brand* et *brandin.* N'est-il pas plus simple de comprendre *blanc* comme une « pièce de monnaie » (voir note 57) ?

Texte.

        et m'a il joué de ce jeu...
*   il revient chez Pathelin*
        Haula! ou estes vous fouÿe[136]?

GUILLEMETTE, *bas*

        Par mon serment, il m'a ouÿe!

PATHELIN, *bas*

        Je feray semblant de resver.
780 Alez la.

GUILLEMETTE, *ouvrant*

        Comment vous criez!

LE DRAPPIER

        Bon gré en ait Dieu! vous riez!
        Sa! mon argent!

GUILLEMETTE

        Saincte Marie!
        De quoy cuidez vous que je rie?
        il n'y a si dolent en la feste.
785 Il s'en va! Oncques tel tempeste
        n'ouÿstes, ne tel frenaisie.
        Il est encor en resverie :
        Il resve, il chante, et il fatrouille

Traduction.

mon drap, ou je renie Dieu, et m'a roulé! Holà! Où êtes-vous fourrée?

GUILLEMETTE. — Par mon serment, il m'a entendue. Il est probablement fou de rage.

PATHELIN. — Je vais faire semblant de délirer. Allez ouvrir!

GUILLEMETTE. — Comme vous criez!

LE DRAPIER. — Mais, par Dieu, vous riez! Çà, mon argent!

GUILLEMETTE. — Sainte Marie! De quoi croyez-vous que je rie? Il n'y a personne d'aussi malade dans l'affaire! Il s'en va. Jamais vous n'entendîtes telle tempête ni telle frénésie. Il est encore dans le délire. Il ne se connaît pas, il chante, s'embrouille

---

136. Littéralement : cachée en terre.

Texte.

tant de langaiges ! et ba·bouille !...
790 Il ne vivra pas demye heure.
Par ceste ame, je ris et pleure
ensemble.

LE DRAPPIER

Je ne sçay quel rire
ne quel plourer ; a bref vous dire,
il faut que je soye payé.

GUILLEMETTE

795 De quoy ? Estes vous desvoyé ?
Recommancez vous vostre verve[137] ?

LE DRAPPIER

Je n'ay point aprins qu'on me serve
de telz motz en mon drap vendant.
Me voulez vous faire entendant
800 de vecies que sont lanternes ?

PATHELIN, *délirant*

Sus ! tost ! la royne des guiternes[138],
a coup qu'el me soit aprouchee !
Je sçay bien qu'elle est acouchee

Traduction.

dans toutes sortes de langages, il bredouille. Il n'en a plus pour
une demi-heure. Par mon âme, je ris et pleure à la fois.

LE DRAPIER. — Je ne sais ce que veulent dire ce rire et ce
pleurer. En bref, il faut que je sois payé !

GUILLEMETTE. — Eh quoi ? Etes-vous détraqué ? Remettez-
vous votre fantaisie ?

LE DRAPIER. — Je n'ai pas l'habitude d'être payé de tels mots
quand je vends du drap. Voulez-vous me faire prendre des ves-
sies pour des lanternes ?

PATHELIN. — Vite debout ! La reine des guitares ! Qu'on

---

137. Littéralement : fantaisie, caprice. Ex. : « Mes fauz amanz content leur
verve » (*Roman de la Rose*, vers 2418) ; 138. Invention de l'auteur, d'où il tire
le diminutif *guiterneaux* : petits d'une guitare. Le symbole de la « reine des
Guitares » révèle peut-être l'abbaye de Lyre, où Guillaume Alexis, qui pourrait être l'auteur, était bibliothécaire-archiviste (G. Cohen).

Texte.

                de vingt et quatre guiterneaux,
      805 enfans a l'abbé d'Iverneaux[139];
        ╵ il me fault estre son compere[140].

GUILLEMETTE

        Helas! pensez a Dieu le pere,
        mon amy, non pas en guiternes.

LE DRAPIER

        Hé! quelz bailleurs de balivernes
      810 sont ce cy? Or tost! que je soye
        payé, en or ou en monnoye,
        de mon drap que vous avez prins!

GUILLEMETTE

        Hé dea! se vous avez mesprins
        une fois, ne suffist il mye?

LE DRAPIER

      815 Savez vous qu'il est, belle amye?
        M'aist Dieu! je ne scay quel mesprendre...

Traduction.

l'introduise de suite! Je sais qu'elle a accouché de vingt-quatre
guitareaux, enfants de l'abbé d'Yverneaux. Je dois être son
compère.

   GUILLEMETTE. — Hélas! Pensez à Dieu le Père, mon ami,
et non pas aux guitares!

   LE DRAPIER. — Eh! Quels conteurs de balivernes sont ces
gens! Allons vite! Qu'on me paye, en or ou en monnaie, le drap
que vous avez pris!

   GUILLEMETTE. — Hé! Diable! Si vous vous êtes trompé une
fois, n'est-ce pas suffisant?

   LE DRAPIER. — Savez-vous ce qu'il en est, belle amie? Que
Dieu m'aide! Je ne sais quelle méprise... Mais quoi? Il faut

---

   139. L'abbaye d'Iverneaux (de Hibernali), de l'ordre de Saint-Augustin,
était située dans une vallée, à une lieue de Brie-Comte-Robert. Elle dépendait
du diocèse de Paris. Ses abbés comptaient parmi les « sept vingt un »
(cent quarante et un) seigneurs qui avaient droit de censive dans certains
quartiers de Paris. De là un renom qui trouve ici son écho; **140.** *Compere* :
non de la marraine, mais du père (l'abbé d'Yverneaux) ou de la mère (la reine
des Guitares) au baptême des Guitareaux.

Commentaire philologique et grammatical.

Vers 792-793. *Quel :* voir vers 563.
Plourer est la forme authentique jusqu'au XVIIᵉ siècle, où Vaugelas fait triompher *pleurer*. La forme *plorer* a été forgée par les grammairiens et n'a pas vécu.

Vers 795. *Desvoyé :* voir vers 364.

Vers 796. *Verve* au sens de « fantaisie » a duré jusqu'au XVIIᵉ siècle. Ex. : « leur verve » (*Roman de la Rose*), « mes verves » (Montaigne), « il y a pris une verve » (Cotgrave). Le sens moderne n'apparaît qu'au XVIIᵉ siècle.

Vers 799. *Faire entendant.* Cette locution composée du verbe *faire* et d'un participe présent existe de très bonne heure. Ex. : « come la vois devine m'a fait entendant » (*Queste du Graal*).

Vers 801. *Tost !* au sens de « vite ! » se trouve encore chez Molière et chez Racine (*les Plaideurs*).
Royne, prononcé « rouene », a duré jusqu'au XVIIᵉ siècle. Alors, Pasquier proteste contre le triomphe de *reine*, car il craint que le mot ne se confonde avec *reine*, venu du latin *rana* et qui signifie « grenouille » (le mot *grenouille* lui-même n'a triomphé qu'au XVIᵉ siècle). — Le mot latin *regina* ne pouvait donner que *reine* (il est d'ailleurs attesté comme étant trisyllabique dans *la Chanson de Roland*). Cf. *vagina*, qui a donné *gaine*. La forme *royne* est due à l'influence de *roy*. Comment *reine* a-t-il triomphé ? Probablement sous l'influence du latin ; peut-être aussi sous l'influence de l'italien (on a parlé d'une prononciation défectueuse de Catherine de Médicis).
Guiternes : altération inexpliquée du latin *cithara*, lui-même transposé du grec. Le mot *guitare* vient de l'espagnol *guitarra*, lui-même venu de *cithara*. Il apparaît au XVIᵉ siècle.

Vers 802. *A coup* signifie « immédiatement ».
El : forme raccourcie en position atone devant consonne, très fréquente au XVIᵉ siècle. Elle était attestée dès le XIIᵉ siècle. L'*-e* féminin est encore très fragile.

Vers 804. *Guiterneaux* est un hapax.

Vers 805. L'emploi du *a* possessif a duré jusqu'au XVIᵉ siècle. Il a été critiqué par Malherbe et a glissé dans le parler populaire.

Vers 806. *Compère* vient du latin ecclésiastique *cum pater*, comme *commère* vient du latin ecclésiastique *cum mater*.

Vers 807. *Penser a.* Cette construction existe concurremment avec *penser en* et *penser de. Penser de* est attesté encore en 1460 ; *penser en* est encore vivant au XVIᵉ siècle. C'est le même verbe que *panser*, qui signifie proprement « s'occuper de ». Ex. : « panser d'un cheval », « panser d'une blessure ». Il y a eu changement de construction et d'orthographe lors du passage dans la langue médicale.

Vers 813. *Mesprins.* L'emploi de *mesprendre* comme intransitif est courant. Jusqu'au XVIᵉ siècle, le verbe s'emploiera comme transitif et comme intransitif.

Vers 815. *Qu'il est* signifie « ce qui en est ». Dans *l'École des femmes* et dans *la Princesse de Clèves*, on trouve « s'il est ainsi » au sens de « s'il en est ainsi ». *En* a fini par être adopté dans un souci de clarté.

Texte.

Mais quoy ! il couvient rendre ou pendre[141]...
Quel tort vous fais je se je vien
ceans pour demander le myen ?
820 que, bon gré saint Pierre de Romme...

GUILLEMETTE

Helas ! tant tormentez cest homme !
Je voy bien a vostre visaige,
certes, que vous n'estes pas saige.
Par ceste pecheresse lasse !
825 se j'eusse aide, je vous lïasse :
vous estes trestout forcené !

LE DRAPPIER

Helas ! j'enraige que je n'ay
mon argent.

GUILLEMETTE

Ha, quel niceté !
Seignez vous ! Benedicité !
elle fait sur lui le signe de la croix
830 Faictes le signe de la croix.

LE DRAPPIER

Or regni je bieu se j'acroix

Traduction.

rendre ou bien c'est la pendaison ! Quel tort vous fais-je en
venant ici réclamer mon dû ? Bon gré saint Pierre de Rome...

GUILLEMETTE. — Hélas ! Comment pouvez-vous tant tour-
menter cet homme ? Je vois bien à votre visage, certes, que
vous n'avez pas votre bon sens. Au nom de la pécheresse que
je suis, malheureuse, si j'avais de l'aide, je vous ligoterais ! Vous
êtes complètement fou !

LE DRAPIER. — Hélas ! J'enrage de n'avoir pas mon argent !

GUILLEMETTE. — Hélas ! Quelle bêtise ! Signez-vous ! Bénédicité ! Faites le signe de la croix !

LE DRAPIER. — Eh bien ! Je renie Dieu si, de toute l'année,
je donne du drap à crédit ! Quel malade !

---

141. Le vers 818 est à rapprocher des vers 645-650 : « rendre ou se laisser
pendre ». Proverbe tiré de la *Complainte du prévot Hugues Aubryot* (1381).

Commentaire philologique et grammatical.

Vers 817. *Pendre* signifie « être pendu ». Le verbe est à volonté transitif ou intransitif. Ex. : « Un sabre pendait à son côté » (Racine, *les Plaideurs*).

Vers 825. *Lïasse :* imparfait du subjonctif à sens de conditionnel (voir vers 178).

Vers 826. *Trestout* est déjà attesté dans *la Chanson de Roland*. La forme vit encore au XVIIᵉ siècle. Dans l'Ouest, on observe une alternance *trestout/tertout*, et *tertout* s'entend encore.

Vers 827. *J'enraige que je n'ay*. Cet emploi de l'indicatif avec les verbes de sentiment se poursuit jusqu'au XVIIᵉ siècle.

Vers 828. *Niceté* signifie « sottise ». Le mot vit jusqu'au XVIIᵉ siècle. Il est dérivé de *nice*, qui signifie « sot », lequel est attesté pour la première fois en 1173. On le trouve encore chez La Fontaine. On l'entend encore actuellement en Lorraine. Il est une francisation du latin *nescius*.

Vers 829. *Seignez* est une forme phonétique normale. Le verbe latin *signare* a donné en français *seigner*. Le verbe *signer* est une réfection à partir du latin, qui a été facilitée par l'existence du mot *signe*, venu de *signum*.

Vers 833. *Coronade,* qui signifie « couronnée », est authentiquement limousin, et l'adjectif est toujours vivant. De même le verbe *anar* (qui signifie « aller » [vers 835]), *z'* pour *j'* (vers 837) et *res* pour *rien* (vers 838).

Vers 834. *Fye* pour *foi* est une fantaisie de l'auteur. De même *çastuy, gigone*.

Vers 835. *Oultre la mar* est provençal. De fait, le mot *lymosin* a servi, durant le Moyen Age, à désigner tout ce qui est provençal.

Vers 842. *Fut* au sens de « était » est un latinisme.

Vers 844. *Gergonner*. Il existe aussi la forme *jargonner*. Le sens propre est « gazouiller ». D'où « baragouiner » et « bavarder ». Actuellement, le verbe signifie « s'exprimer en argot ». L'étymologie est inconnue.

124 — *LA FARCE DE MAISTRE PATHELIN*

Texte.

de l'annee drap!
Pathelin s'agite

Quel malade!

PATHELIN

Mere de Dieu, la coronade[142],
par ma fye, y m'en vuol anar,
835 Or regni biou, oultre la mar[143]!
Ventre de Diou! z'en dis gigone!
indiquant le drapier

Çastuy ça rible et res ne done.
Ne carrilaine! fuy ta none!
Que de l'argent il ne me sone!
au drapier

840 Avez entendu, beau cousin?

GUILLEMETTE, *au drapier*

Il eust ung oncle lymosin,
qui fut frere de sa belle ante :
c'est ce qui le fait, je me vante,
gergonner en limosinois.

Traduction.

PATHELIN. — Mère de Dieu la couronnée! ma foi je veux m'en aller — ou je renie Dieu — outre-mer! Ventre de Dieu! J'en dis flûte! Celui-là vole et ne donne rien. Ne carillonne pas! Fais ton somme! Qu'il ne me parle pas d'argent! Avez-vous compris, beau cousin?

GUILLEMETTE. — Son oncle était limousin, un frère de sa belle-tante. C'est ce qui le fait, j'en suis certaine, jargonner en limousin.

---

142. Sans doute Marie l'Égyptienne, qui, par ses fautes, sa pénitence et ses pérégrinations, mérite le mieux ce titre. Une chapelle aux curieux vitraux était sous son invocation à Paris, rue de l'Egyptienne, qui devint « rue de la Gipcienne » et « rue de la Jussienne »; 143. Les divagations en divers langages durent avoir un succès énorme. « Notre gentil Rabelais le voulut imiter quand, pour se donner carrière, il introduisit Panurge parler sept ou huit langages divers au premier abouchement de lui avec Pantaguel, le tout en la même façon qu'avait fait Patelin contre le rêveur » (Etienne Pasquier, *Recherches de la France*, 1607, VIII, LIX). Un légiste connaissait généralement les patois et un peu les langues étrangères, sans parler du latin. Mais le grand public est ébahi par ces langages mystérieux pour lui et ne s'aperçoit pas du caractère très superficiel des connaissances linguistiques de Pathelin. Ici chaque « langage » est estropié.

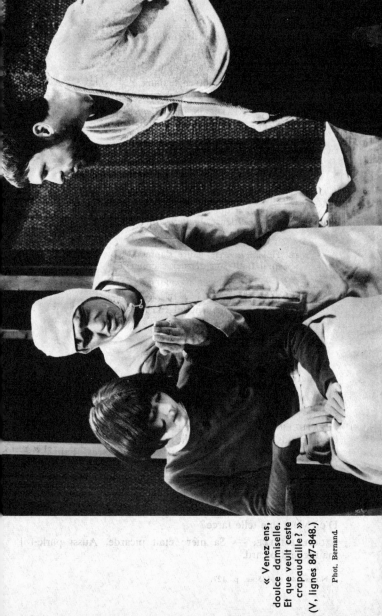

« Venez ens,
doulce damiselle.
Et que veult ceste
crapaudaille? »
(V, lignes 847-848.)

Phot. Bernand.

Texte.

LE DRAPIER

845 Dea! il s'en vint en tapinois,
atout mon drap soubz son esselle[144].

PATHELIN, *à Guillemette*

Venez ens[145], doulce damiselle.
Et que veult ceste crapaudaille?
Alez en arriere, merdaille!
il s'enveloppe dans sa couverture
850 Sa! tost! je vueil devenir prestre.
Or sa! que le dyable y puist estre,
en chelle vielle prestrerie!
Et faut il que le prestre rie
Quant il dëust chanter sa messe?

GUILLEMETTE

855 Helas! helas! l'heure s'apresse
qu'il fault son dernier sacrement.

LE DRAPIER

Mais comment parle il proprement
picart? dont vient tel cocardie?

GUILLEMETTE

Sa mere fust de Picardie,
860 pour ce le parle il maintenant.

Traduction.

LE DRAPIER. — Diable! Il s'en est allé en tapinois, avec mon drap sous le bras.

PATHELIN. — Entrez, chère demoiselle, mais que veut ce tas de crapauds? Arrière, merdaille! Vite! Je veux devenir prêtre. Que le diable y soit en ce vieux nid de prêtres! Faut-il que le prêtre rie quand il devrait dire la messe?

GUILLEMETTE. — Hélas! Hélas! L'heure approche où il lui faut le dernier sacrement.

LE DRAPIER. — Mais comment parle-t-il couramment picard? D'où vient une telle farce?

GUILLEMETTE. — Sa mère était picarde. Aussi parle-t-il maintenant picard.

Notes 144 et 145, v. p. 127.

Commentaire philologique et grammatical.

Vers 845. *En tapinois.* L'expression est attestée ici pour la première fois. Elle existe concurremment avec *a tapin, en tapin*. Elle est dérivée de l'adjectif médiéval *tapin*, qui signifie « qui se dissimule », lequel semble tenir au radical de *tapir*, verbe qui signifie « dissimuler ».

Vers 847. *Ens*, qui signifie « à l'intérieur », vient du latin *intus*. Il vit jusqu'au XVe siècle (Palsgrave le connaît). Au XVIe et au XVIIe siècle, il en subsiste l'expression « ens et hors », comparable à « çà et là ».
Damiselle est déjà attesté dans *la Chanson de Roland*. Ce mot n'a pas atteint le XVIe siècle. Il vient de *dameiselle* et a subi le même développement phonétique que les mots *champignon, venison, orison*.

Vers 852. *Chelle* pour *celle* est une forme picarde.

Vers 854. *Dëust :* subjonctif à sens conditionnel.

Vers 855. *S'apresse* signifie « s'approche ». Ce verbe est très usuel jusqu'au XVe siècle. Il sort de la langue au XVIe siècle.

Vers 856. *Qu'* signifie « où ». Ce sens ne disparaît qu'au XVIIe siècle.

Vers 858. *Dont* signifie « d'où ». Cet emploi, quoique conforme à l'étymologie latine (*de unde*), est condamné par Vaugelas (*Remarques sur la langue française*, 1647) ; voir vers 360.
Cocardie signifie « bizarrerie », « absurdité ». Cf. *coquars* (= sots) vers 534. Le mot est usuel jusqu'au XVIe siècle. L'adjectif *coquard* ou *cocard* signifie parfois « prétentieux ».

Vers 861. *Caresme prenant* signifie proprement « le dernier jour de carnaval » (Dictionnaire de Richelet, 1680), après lequel commence, « prend » le carême. Mais « on appelle aussi des *carêmes-prenants* des gens du peuple qui se masquent de cent façons ridicules et qui courent les rues » (Dictionnaire de Furetière, 1690). Ex. : « On dit que vous voulez donner votre fille en mariage à un carême-prenant » (Molière, *le Bourgeois gentilhomme*, V, 6).

Vers 871. *Dringuer :* forme néerlandaise, qui a pénétré nos dialectes du Nord et qui a donné notre verbe *trinquer* sous l'influence de mercenaires d'origine rhénane.

Vers 876. *Tantost* signifie « bientôt ». Ce sens est encore vivant au XVIIe siècle (par exemple dans *l'École des femmes*).

Vers 878. *Divers* (vers 879 et 883) a le sens de « bizarre ». Au XVe siècle, cet adjectif peut aussi avoir le sens de « méchant ». Au XVIIe siècle, on le rencontre avec le sens de « opposé ». Ex. : « Les hommes ont des sentiments bien divers, c'est-à-dire bien contraires » (Dictionnaire de Furetière, 1690) ; « divers intérêts » (La Bruyère). Cette variété de sens s'explique par les sens de l'adjectif latin *diversus*, qui signifie proprement « tourné de côté et d'autre », « tourné dans des directions contraires ». Le sens moderne est déjà attesté au XVIIe siècle. Ex. : « de tant d'objets divers le bizarre assemblage » (Racine, *Athalie*).

---

144. Le vers 845 est à rapprocher de cette ligne de Rabelais (II, 15) : « Ainsi l'emporta en tapinois, comme fit Pathelin son drap » ; **145.** *Ens :* ici.

Texte.

PATHELIN, *au drapier*

Dont viens tu, caresme prenant ?
Vuacarme[146], liefe gode man ;
etlbelic beq igluhe golan ;
Henrien, Henrien, conselapen ;
865 ych salgneb nede que maignen ;
grile grile, scohehonden ;
zilop zilop en mon que bouden ;
disticlien unen desen versen ;
mat groet festal ou truit denhersen ;
870 en vuacte vuile, comme trie !
Cha ! a dringuer ! je vous en prie ;
quoy act semigot yaue,
et qu'on m'y mette ung peu d'ëaue !
vuste vuille, pour le frimas ;
875 faictes venir sire Thomas
tantost, qui me confessera[147].

LE DRAPPIER

Qu'est cecy ? Il ne cessera
huy de parler divers[148] langaiges ?

Traduction.

PATHELIN. — D'où viens-tu, carême-prenant ? Hélas ! cher
brave homme. Je connais heureusement plus d'un livre ! Henri !
Ah ! Henri ! Viens dormir. Je vais être bien armé ! Alerte, alerte !
Trouvez des bâtons ! Course, course ! une nonne ligotée ! Des
distiques garnissent ces vers. Mais grand festoiement épanouit
le cœur. Ah ! Attendez un instant ! Il vient une tournée de
rasades. Çà, à boire ! je vous en prie ! Viens seulement, regarde
seulement ! Un don de Dieu ! Et qu'on m'y mette un peu d'eau !
Différez un instant à cause du frimas ! Faites venir de suite
monsieur Thomas, qui me confessera.

LE DRAPIER. — Qu'est ceci ? Il ne cessera aujourd'hui de
parler bizarres langages. Si seulement il me donnait un gage
ou mon argent, je m'en irais.

---

146. *Vuacarme* est le cri de guerre des gens des Flandres. Ex. : « Flament
sceut si crier wakarme » (*Renard de Novel*, vers 2882) ; 147. Flamand assez
libre. Traduction Chevaldin (dans Chevaldin, *les Jargons de « la Farce de
Pathelin »*, Paris, 1903) ; cf. aussi Holbrook, *The Harvard Manuscript of
the Farce of Maître Pierre Pathelin and Pathelin's Jargons in Modern English
notes* (janvier 1905) ; 148. *Divers* : singulier, étrange. Ex. : « C'est un sujet
merveilleusement vain, divers, et ondoyant, que l'homme » (Montaigne).

Texte.

> Au moins qu'il me baillast ung gage
> 880 ou mon argent, je m'en alasse.

GUILLEMETTE

> Par les angoisses Dieu! moy lasse!
> Vous estes ung bien divers homme.
> Que voulez vous? Je ne sçay comme
> vous estes si fort obstiné.

PATHELIN

> 885 Or cha! Renouart au tiné[149]!
> Bé dea, que ma couille est pelouse!
> El semble une cate pelouse,
> ou a une mousque a mïel.
> Bé! parlez a moy, Gabrïel.
>   *il s'agite*
> 890 Les play's Dieu! Qu'esse qui s'ataque
> a men cul? Esse ou une vaque,
> une mousque, ou ung escarbot?
> Bé dea! j'é le mau saint Garbot[150]!
> Suis je des foureux de Baieux[151]?

Traduction.

GUILLEMETTE. — Par les angoisses de Dieu! Malheureuse que je suis! Vous êtes un homme bien bizarre! Que voulez-vous? Je ne sais comme vous êtes si fort obstiné!

PATHELIN. — Or çà! Renouart à la massue! Bah! Diable! Que ma couille est velue! Elle ressemble à une chenille poilue, ou à une mouche à miel! Bah! Parlez-moi, Gabriel! Par les plaies de Jésus-Christ, qu'est-ce qui s'attaque à mon cul? Est-ce un bousier, une mouche, ou un escarbot? Bah! Diable! J'ai le mal de saint Garbot. Suis-je parmi les foireux de Bayeux? Jehan du Chemin sera joyeux. Mais qu'il sache que je le sais.

---

149. A la massue cerclée de fer comme un tonneau (*tinel* ou *tiné*). Le héros en question figure dans *Guillaume au court nez*. Ce souvenir héroïque, surgissant en pleine farce, fait rire; 150. La dysenterie. L'évêque Gereboldus (nom francisé en Gerbold, Garbolt, Garbot) était à la tête du diocèse de Bayeux, ville d'ailleurs célèbre par ses foires. Les habitants de cette ville ayant mal traité leur évêque, Dieu déclencha sur eux une épidémie de dysenterie; 151. *Foureux* est donc plein de sens pour les spectateurs de l'époque. Cf. : Duconge, *Senescallus*; Pluquet, *Essai historique sur la ville de Bayeux*, chapitre XXVIII. — L'allusion à cette confrérie joyeuse pourrait permettre de situer l'auteur en Normandie. Cf. l'allusion à l'abbaye de Fécamp et les allusions aux cornards de Rouen (vers 1169, 1293).

Texte.

895 Jehan du Quemin[152] sera joyeulz,
mais qu'i' sache que je le see.
Bee! par saint Miquiel[153], je beree
voulentiers a luy une fes!

LE DRAPIER

Comment peut il porter le fes
900 de tant parler?
Pathelin s'agite

Ha, il s'affolle!

GUILLEMETTE

Celluy qui l'aprint a l'escole
estoit normant : ainsi advient
qu'en la fin il luy en souvient.
Pathelin râle
Il s'en va!

LE DRAPIER

Ha, saincte Marie!
905 vecy la plus grant resverie
ou je fusse onques mes bouté;
jamais ne me fusse doubté
qu'il n'eust huy esté a la foire.

Traduction.

Bah! Par saint Michel, je boirais volontiers une fois à sa santé!

LE DRAPIER. — Comment peut-il supporter l'effort de tant parler? Ah! il devient fou.

GUILLEMETTE. — Son maître d'école était normand. Ainsi arrive-t-il qu'à la fin il s'en souvienne. Il s'en va.

LE DRAPIER. — Ah! par sainte Marie! voici l'histoire la plus délirante à laquelle j'aie jamais été mêlé! Jamais je ne me serais douté qu'il n'est pas allé aujourd'hui à la fête!

---

152. *Jehan du Quemin* n'est autre que l'abbé de la Croix-saint-Leufroy, abbaye bénédictine proche de celle de Lyre (voir vers 802, 1015, 1016). Cette identification pourrait conduire à attribuer le chef d'œuvre à Guillaume Alexis, bibliothécaire-archiviste à l'abbaye de Lyre; **153.** Saint Michel en dialecte normand. Il a rapport au culte de Saint-Michel-du-Péril-en-Mer, observé par les Normands (cf. le Mont-Saint-Michel en France; la cathédrale Saint-Michel à Hambourg, etc.). Ce saint est invoqué à plusieurs reprises dans *la Chanson de Roland*. Notre drame porte la marque de l'âge d'or de la littérature normande.

Commentaire philologique et grammatical.

Vers 890. *Les play's Dieu :* voir vers 1.

Vers 895. *Quemin* est une forme picarde.

Vers 896-897. *See* pour *soie* est une forme normande, ainsi que *miquiel*, *beree, fes.*

Vers 899. *Porter* a le sens de « supporter ». Il est à noter que le français développe toujours les composés au détriment des formes simples et leur assigne des sens précis. Cf. *connaître/reconnaître* (xviie siècle). Ex. : « Je connaîtrai si vous l'avez instruite » (Molière, *les Femmes savantes*).

Vers 900. *Il s'affolle* (var. *il s'afolle*) signifie « il devient fou » (voir vers 1185, 1427). Au vers 1448, il signifie « détruire », « tuer ».

Vers 901. *Aprint* signifie « instruisit ». *Apprendre* au sens d' « instruire » se trouve encore dans Vaugelas. De cet emploi, il est resté « bien, mal appris ».

Texte.

GUILLEMETTE

Vous le cuidiez?

LE DRAPPIER

Saint Jaques, voire!

910 mais j'aperçoys bien le contraire.

PATHELIN *fait mine d'écouter*

Sont il ung asne que j'os braire?

> *au drapier*

Alast! alast! cousin a moy,
ilz le seront, en grant esmoy,
le jour quant je ne te verré.

915 Il couvient que je te herré,
car tu m'as fait grant trichery;
ton fait, il sont tout trompery.

> *délirant*

Ha oul danda oul en ravezeie
. . . .
corfha en euf[154].

GUILLEMETTE, *à Pathelin*

Dieu vous aÿst[155]!

PATHELIN

920 Huis oz bez ou dronc nos badou

Traduction.

GUILLEMETTE. — Vous le croyiez?

LE DRAPIER. — Par saint Jacques, oui! Mais je constate bien le contraire.

PATHELIN. — Est-ce un âne que j'entends braire? Qu'il s'en aille! Qu'il s'en aille! Mon cousin! Ils le seront en grand émoi le jour où je ne te verrai pas! Il est juste que je te haïsse car tu m'as fait grande tromperie. Puisse-t-il être tout entier au diable, corps et âme!

GUILLEMETTE. — Dieu vous aide!

PATHELIN. — Puissiez-vous avoir des étourdissements la nuit

---

154. A la demande de Génin, Émile Souvestre traduisit ce bas breton et y joignit une lettre : « Il y a là des vers de prophétie, d'autres empruntés sans doute à des poèmes bretons du temps, d'autres inventés; le tout entremêlé d'une manière grotesque pour reproduire le désordre de la folie »; **155.** En breton dans le texte. Traduction J. Loth.

« Au moins avons nous recouvré
assés drap pour faire des robbes. »
(V, lignes 1004-1005.)

Texte.

>   digaut an tan en hol madou
>   empedif dich guicebnuan
>   quez queuient ob dre douch aman
>   men ez cahet hoz bouzelou
> 925   eny obet grande canou
>   maz rehet crux dan hol con
>   so ol oz merueil grant nacon
>   aluzen archet epysy
>   har cals amour ha courteisy[156].

LE DRAPPIER, *à Guillemette*

> 930   Helas ! pour Dieu, entendez y.
>   Il s'en va ! Comment il guergouille !
>   Mais que dyable est ce qu'il barbouille ?
>   Saincte Dame ! comme il barbote !
>   Par le corps Dieu, il barbelote
> 935   ses motz tant qu'on n'y entent rien !
>   Il ne parle pas crestïen,
>   ne nul langaige qui apere[157].

Traduction.

durant. Avec les lamentations. Priant pour vous à l'envie. Tous vos parents par crainte que vous ne rendiez vos entrailles. En faisant de grandes lamentations. A tel point que vous ferez pitié aux chiens qui meurent de faim. Vous aurez l'aumône d'un cercueil. Contre beaucoup d'amour et courtoisie.

LE DRAPIER. — Hélas ! pour l'amour de Dieu, veillez sur lui ! Il s'en va ! Comme il gargouille ! Mais que diable est-ce qu'il baragouine ? Sainte Dame, comme il marmotte ! Par le corps de Dieu, c'est le cri du canard ! Les mots sont incompréhensibles. Il ne parle pas chrétien ni nul langage compréhensible.

---

156. En breton dans le texte. Traduction J. Loth ; **157.** Qui en ait l'apparence. Ne pas parler langage chrétien était un signe de damnation. Celui à qui s'adressait ce langage maudit devenait ensorcelé. Cf. Rabelais, III, 17, Panurge dans l'antre de la Sibylle de Panzoust : « Par la vertubieu, je tremble, je crois que je suis charmé. Elle ne parle pas christian. » Et Pantagruel à l'escolier limosin : « Mon ami, parlez-vous christian ou patelinois ? »

Commentaire philologique et grammatical.

Vers 930. *Entendez y* signifie « veillez sur lui ! ». *Entendre* au sens de « faire attention à » vit toujours au XVIIᵉ siècle. Ex. : « entendre à une affaire » (Dictionnaire de l'Académie, 1694) ; « Ma main droite ne veut encore entendre à nulle autre proposition qu'à celle de vous écrire » (Mᵐᵉ de Sévigné). Ce sens est aussi celui du latin *intendere* (« tendre son esprit, son oreille, etc., vers une chose »).

Y pour désigner une personne était d'usage courant au XVᵉ siècle. On le rencontre encore au XVIIᵉ siècle. Ex. : « j'y repars » (= « je lui réponds ») [Molière, *l'École des femmes*]. Cet emploi est considéré par Vaugelas comme « une faute » d'ailleurs « toute commune ».

Vers 931. *Guerguouille* (var. *guerguille*) signifie « bredouille ». On rencontre aussi les formes *guarguouille, jarguouille*.

Vers 933. *Barbote* (var *barbelote*, hapax) ; variante de *barboter*. Dans l'Ouest, *barbelote* s'entend pour désigner le chant de la grenouille.

Vers 936. *Il ne parle pas crestien.* L'expression se trouve encore chez Molière.

Vers 937. *Apere* : subjonctif de *apparoire*, verbe issu du latin *apparere* et qui signifie « être clair ». A partir du XVIIᵉ siècle, il est considéré comme un archaïsme. Ex. : « ne faire qu'apparoir dans sa maison » (La Bruyère, VII, v). Il en est resté « il appert », du style juridique.

Vers 940-942. *Il se meurt, tu te mens.* Cet emploi du pronominal est fréquent au Moyen Age.

Vers 943. *Voit à Deu* (var. *voist à Deu*) signifie « qu'il aille à Dieu ! ».

Vers 945. *Vielz* continue graphiquement *viez, vies*, formes issues phonétiquement de *vetus*. Forme lorraine, on y a même construit un *viese* au féminin. A rapprocher de *vielz* (vers 1437).

Vers 951-952. *Je le mangera, je bura* sont réellement des formes lorraines.

Texte.

GUILLEMETTE

Ce fut la mere de son pere,
qui fut attraicte de Bretaigne.
940 Il se meurt; cecy nous enseigne
qu'il fault ses derniers sacremens.

PATHELIN, *au drapier*

Hé, par saint Gigon[158], tu mens.
Voit a Deu[159]! couille de Lorraine!
Dieu te mette en bote sepmaine[160]!
945 Tu ne vaulx mie une vielz nate;
va, sanglante bote savate;
va foutre! va, sanglant paillart!
Tu me refais trop le gaillart.
Par la mort bieu! Sa! vien t'en boire,
950 et baille moy stan[161] grain de poire,
car vrayment je le mangera
et, par saint George, je bura
a ty. Que veulx tu que je die?
Dy, viens tu nient de Picardie?
955 Jaques nient se sont ebobis?
Et bona dies sit vobis,

Traduction.

GUILLEMETTE. — La mère de son père était originaire de Bretagne. Il se meurt! Ceci nous apprend que nous devons veiller aux derniers sacrements.

PATHELIN. — Hé! par saint Gigon! tu mens! A Dieu va! Couille de Lorraine! Dieu te mette en mauvaise semaine! Tu ne vaux pas un vieux tapis! Va! Vieux soulier éculé! Va! Coquin! Va! Sanglant paillard! Tu fais trop le malin! Morbleu! Viens-t'en boire! Et donne-moi ce grain de poire! Car vraiment je le mangerai et, par saint Georges, je boirai à ta santé! Que veux-tu que je dise? Dis, viens-tu pas de Picardie? Les Jacques ne sont-ils pas un peu abrutis? Bonjour à vous, maître très aimé,

---

158. *Saint Gigon :* probablement Saint-Geucoulf, petite localité située dans la région de Mâcon. Ce serait un phénomène phonétique néerlandais. Peut-être aussi le saint Gorgon de la *Légende dorée*. Ce saint fut torturé sur une grille rougie, où il resta comme sur une couche de fleurs sans sentir le mal. Pathelin, lui aussi, est sur « sa couche de fleurs » et il assure qu'il n'est pas *in extremis* ; 159. *Voit a Deu, Vualx te Deu :* je te voue à Dieu (formes lorraines) ; 160. *Bote sepmaine :* mauvaise semaine (forme lorraine) ; 161. *Stan :* cette année (forme lorraine).

Texte.

    magister amantissime,
    pater reverendissime.
    Quomodo brulis? Que nova?
960 Parisius non sunt ova;
    quid petit ille mercator?
    Dicat sibi quod trufator,
    ille qui in lecto jacet,
    vult ei dare, si placet,
965 de oca ad comedendum.
    Si sit bona ad edendum,
    pete tibi sine mora[162].

        GUILLEMETTE, *au drapier*

    Par mon serment, il se mourra
    tout parlant. Comment il latime!
970 Vëez vous pas comme il estime
    haultement la divinité?
    El s'en va, son humanité :
    or demourray je povre et lasse.

        LE DRAPPIER, *à part*

    Il fust bon que je m'en alasse
975 avant qu'il eust passé le pas.

Traduction.

père très vénéré! Comment brûles-tu? Qu'y a-t-il de nouveau? Il n'y a pas d'œufs à Paris. Que demande ce marchand? Il nous a dit que le trompeur, celui qui est couché au lit, veut lui donner, s'il vous plaît, de l'oie à dîner. Si elle est bonne à manger, demandes-en sans tarder!

GUILLEMETTE. — J'en fais serment, il va mourir tout en parlant. Comme il dit du latin! Voyez comme il révère hautement la divinité! Elle s'en va, sa vie! Et moi, je demeurerai, pauvre malheureuse!

LE DRAPIER. — Il serait bon que je parte avant qu'il ne meure. Je crois qu'il ne voudrait pas, en ma présence, vous révéler avant sa mort certains secrets intimes, s'il en a. Je vous

---

162. Dans sa lettre à Antoine Gallet (*Journal de Lestoille*, 22-I-1609), Rabelais prélude par ces vers macaroniques et ajoute : « Ces paroles, proposées devant vos révérences et translatées de patelinois en notre vulgaire orléanais, valent autant à dire que si je disais : « Monsieur, vous soiez le très bien « revenu des nopces, de la fête, de Paris. Si la vertu Dieu vous inspirait de « transporter votre paternité jusqu'en cestuy hermitage, vous nous en raconte-« riez de belles ! »

Texte.

> *à Guillemette*
>
> Je doubte qu'il ne voulsist pas
> vous dire, a son trespassement,
> devant moy, si priveement,
> aucuns secretz, par aventure.
> 980 Pardonnez moy, car je vous jure
> que je cuidoye, par ceste ame,
> qu'il eust eu mon drap. A Dieu, dame :
> pour Dieu, qu'il me soit pardonné[163] !

> GUILLEMETTE, *le reconduisant*
>
> Le benoist jour vous soit donné,
> 985 si soit a la povre dolente !

> LE DRAPPIER, *à part*
>
> Par saincte Marie la gente !
> je me tiens plus esbaubely
> qu'oncques. Le dyable, en lieu de ly,
> a prins mon drap pour moy tenter.
> 990 Benedicité ! Atenter
> ne puist il ja a ma personne !
> Et puis qu'ainsi va, je le donne,
> pour Dieu, a quiconques l'a prins.
>
> *il part*

> PATHELIN, *sautant à bas du lit*
>
> Avant !

Traduction.

demande pardon ! Je vous jure, sur mon âme, qu'il avait mon drap. Adieu, madame ! Pour l'amour de Dieu, pardonnez-moi !

GUILLEMETTE. — Que ce jour soit béni pour vous, ainsi que pour moi, pauvre malheureuse !

LE DRAPIER. — Par sainte Marie, noble femme, jamais je ne fus si ahuri ! Le diable a tenu sa place et m'a dérobé mon drap pour me tenter. Bénédicité ! Puisse-t-il ne jamais me tenter ! Et, puisqu'il en est ainsi, mon drap, j'en fais cadeau, pour l'amour de Dieu, à celui qui me l'a pris.

---

163. Formule d'adieu. Ex. Jehan de Saintré prenant congé de la reine : « Ha, madame, pour Dieu, qu'il me soit pardonné ! »

Malade
et médecins.
Miniature
du XVᵉ siècle.

Paris,
Bibliothèque
nationale.

Phot. Larousse.

Texte.

à Guillemette

Vous ay je bien aprins ?
995 Or s'en va il, le beau Guillaume.
Dieux ! qu'il a dessoubz son hëaume[104]
de menues conclusions !
Moult luy viendra d'avisions
par nuyt, quand il sera couché.

GUILLEMETTE

1000 Comment il a esté mouché[105] !
N'ay je pas bien fait mon devoir ?

PATHELIN

Par le corps bieu, a dire veoir,
vous y avez tresbien ouvré.
Au moins avons nous recouvré
1005 assés drap pour faire des robbes.

Traduction.

PATHELIN. — En avant ! Vous ai-je bien fait la leçon ? Le voilà parti, ce niais de Guillaume. Dieu ! Qu'il nourrit sous son heaume de piètres raisonnements ! Nombreux seront les rêves qui vont le hanter cette nuit, quand il sera couché !

GUILLEMETTE. — Comme il a été mouché ! N'ai-je pas bien joué mon rôle ?

PATHELIN. — Par le corps de Dieu, à dire vrai, vous avez très bien travaillé. Au moins avons-nous obtenu assez de drap pour faire des vêtements.

---

164. *Dessoubz son hëaume :* sous son casque. « En avoir sur ou sous le casque, le béguin ou le toquet » voulait dire « être affolé de quelque chose ». Ex. : « Plusieurs fois la dame avait eu sous son toquet » (Tallemant, tome IV, page 36). D'où *toqué* signifie « cerveau dérangé ». Ces deux vers mettent en lumière la crédulité stupéfiante du drapier..., et ils sont composés dans le langage des clercs. *Conclusions* est un terme de logique ou de procédure ; **165.** *Mouché :* Var. *mouchie, remouche* (Nicot, Cotgrave).

━━━ QUESTIONS ━━━

SUR LA SCÈNE V. — De nouveau la modification : le drapier passe de l'ahurissement à la résignation : indiquez les différents moments de cette métamorphose.

— De ce point de vue comparez avec le mouvement de la scène III.

— L'héroïsme de Guillemette : elle fait face, recule pas à pas. Montrez les étapes de cette lutte.

— Pathelin prend la relève : indiquez la réplique qui constitue la transition. (Suite, v. p. 141.)

Texte.

VI

Chez le drapier

LE DRAPPIER

Quoy dea ! chascun me paist de lobes[166] ;
chascun m'en porte mon avoir
et prent ce qu'il en peult avoir ;
or suis je le roy des meschans :

Traduction.

Scène VI. — LE DRAPIER, THIBAULT AIGNELET, *berger.*

Chez le drapier

LE DRAPIER. — Quoi ? Diable ! Chacun me nourrit de mensonges ! Chacun m'emporte mes biens et prend ce qu'il en peut avoir. Me voici le roi des malchanceux. Même les bergers des

166. *Lobes :* moqueries, duperies. Cotgrave (1611) donne le mot comme appartenant à l'ancienne langue.

─── **QUESTIONS** ───

— Guillemette hurlant à l'oreille du drapier : comparez avec Toinette hurlant à l'oreille d'Argan (Molière, *le Malade imaginaire*).

— La satire : contre les trafiquants en drap ; contre les médecins ; contre les « légistes ». Montrez comment l'interférence est ici totale.

— Le délire simulé : il permet plusieurs face à face Pathelin-le drapier.

— Le cheminement du drapier et son arrivée devant sa boutique : indiquez les moments de cette modification (relevez les jeux de scène qui se déduisent du texte).

— En même temps que le cheminement du drapier se déroule une scène entre Guillemette et Pathelin ; *a)* comparez avec la scène III ; *b)* quel effet produit la juxtaposition avec le cheminement du drapier ?

— La grande scène à trois, ponctuée par une réplique de Guillemette après chaque crise de Pathelin : *a)* indiquez-en le mouvement ; *b)* dites si ces divers langages sont vraiment nouveaux pour le public du XVe siècle ; *c)* comparez avec les divers langages que Rabelais et Montaigne préconisent dans le domaine de l'enseignement ; *d)* en quoi cette scène est-elle tout à fait « Renaissance » ?

— Nouvelle modification dans l'âme du drapier : analysez-en le mouvement. Quel effet produit la symétrie avec les modifications précédentes ? En quoi le personnage du drapier baisse-t-il de plus en plus dans l'estime du spectateur ?

— Le délire de Pathelin ; il est intelligemment simulé (en particulier les vers 618-621 évoquent une scène de sabbat selon les grimoires). Montrez qu'il progresse et approche de l'invraisemblance de telle façon que le spectateur est maintenu dans l'inquiétude ; il ménage des face à face hilares et tragiques entre le drapier et son voleur.

Texte.

1010 mesmement les bergiers des champs
me cabusent[167]. Ores le mien,
a qui j'ay tousjours fait du bien,
il ne m'a pas pour bien gabbé[168] :
il en viendra au pié l'abbé[169],
1015 par la benoiste couronnee[170] !

THIBAULT AIGNELET, bergier

Dieu vous doint benoiste journee
et bon vespre[171], mon seigneur doulx.

LE DRAPPIER

Ha ! es tu la, truant merdoulx !
Quel bon varlet ! mais a quoy faire ?

LE BERGIER

1020 Mais qu'il ne vous vueille desplaire,
ne sçay quel vestu de roié,
mon bon seigneur, tout deroié,

Traduction.

champs me volent. Maintenant le mien, à qui j'ai toujours fait du bien, ne m'aura pas impunément bafoué. Par la Vierge couronnée, je le ferai mettre à genoux !

THIBAULT AIGNELET. — Dieu vous donne une journée bénie et une bonne soirée, ô doux seigneur !

LE DRAPIER. — Ah ! Te voilà, truand merdeux ! Quel bon serviteur ! Mais bon à quoi ?

THIBAULT AIGNELET. — Mais sans vous déplaire, je ne sais quel personnage en habit rayé, mon bon seigneur, tout excité, un fouet sans corde à la main, m'a dit... Mais je ne me rappelle pas bien vraiment ce que ce peut être. Il m'a parlé de vous,

167. *Cabusent* : var. *cabassent* ; 168. *Gabbé* : moqué. Ex. : « Il est des coppieux de La Flèche qui ne font que se gabber d'autrui » (Larrivey, *les Esprits*) ; 169. *Au pié l'abbé* : il ne s'agit pas d'amende honorable, ni d'amener la partie adverse à demander merci, mais de la forcer à comparaître devant le juge, qui n'est pas un juge ecclésiastique, mais le juge d'une seigneurie qui appartient à une abbaye ; 170. *Par la benoiste couronnée* est peut-être une allusion au sceau de l'abbaye de Lyre. Voir vers 833 : « Par la vierge bénie et couronnée » ; 171. *Bon vespre* : bonsoir.

Texte.

qui tenoit ung fouet sans corde[172],
m'a dit... mais je ne me recorde
1025 point bien au vray que ce peult estre.
Il m'a parlé de vous, mon maistre...
je ne sçay quelle adjournerie...
Quant a moy, par saincte Marie,
je n'y entens ne gros ne gresle !
1030 Il m'a brouillé de pelle mesle
de « brebis », « a... de relevee[173] »,
et m'a fait une grant levee
de vous, mon maistre, de boucler.

LE DRAPPIER

Se je ne te sçay emboucler[174]
1035 tout maintenant devant le juge,
je prie a Dieu que le deluge

Traduction.

mon maître, de je ne sais quelle assignation... Quant à moi,
par sainte Marie, je n'y entends ni grave ni aigu. Il m'a mêlé
une salade de « brebis » et d' « après-midi » et de votre part
m'a fait grande levée de boucliers.

LE DRAPIER. — Si je ne parviens à t'entraîner immédiatement devant le juge, je prie Dieu qu'il déchaîne sur moi déluge

---

172. L'auteur connaît avec précision les usages du temps. « Je ne veux pas
aussi oublier qu'en ce temps-là les sergents, exploitant, portaient leurs manteaux bigarrés (ainsi que nous recueillions de ces mots : ne sais quel vetu de
roye) et encore étaient tenus de porter leurs verges ; et c'est ce que le berger
veut dire quand il parle d'un fouet sans corde. De cela nous pouvons apprendre
que ce n'est sans raison que l'on appelait les sergents de pied sergents à
verge : coutume que l'on voulut faire revivre par l'édit d'Orléans, fait à la
postulation des trois états, en l'an 1560, quand par article exprès on ordonna
que fussions contraints d'obéir aux commandements d'un sergent et de le
suivre, voire en prison, lorsqu'il nous toucherait de sa verge. » (Etienne Pasquier, *Recherches de la France*, 1607, livre VIII, chap. LIX.)

L'ensemble du passage est à rapprocher de l'épître IX de Clément Marot :

Puis m'ont monstré un parchemin écrit,
Où n'y avait seul mot de Jésus-Christ ;
Il ne parlait tout que de playderie,
De conseilliers et d'emprisonnerie (vers 13-16).

Effet comique qui sera repris notamment par Molière dans *le Misanthrope*,
vers 1451-1454 :

Un papier griffonné d'une telle façon
Qu'il faudrait, pour le lire, être pis que démon.
C'est de votre procès, je n'en fais aucun doute ;
Mais le diable d'enfer, je crois, n'y verrait goutte.

173. De l'après-midi. C'est une expression juridique ; 174. *Emboucler* fait
partie du jargon juridique. Il signifie « emprisonner », « tenir en bride comme
un cheval à qui on a passé le mors ».

Texte.

<blockquote>

coure sur moy, et la tempeste !
Jamais tu n'assommeras beste,
par ma foy, qu'il ne t'en souviengne !
1040 Tu me rendras, quoy qu'il adviengne,
six aulnes... dis je, l'essomage
de mes bestes, et le dommage
que tu m'as fait depuis dix ans.

LE BERGIER

Ne croiez pas les mesdisans,
1045 mon bon seigneur, car, par ceste ame...

LE DRAPPIER

Et, par la Dame que l'en clame,
tu les rendras au samedi,
mes six aulnes de drap... je dy,
ce que tu as prins sur mes bestes.

LE BERGIER

1050 Quel drap ? Ha, monseigneur, vous estes,
ce croy je, coursé d'aultre chose.
Par saint Leu, mon maistre, je n'ose
riens dire quant je vous regarde !

LE DRAPPIER

Laisse m'en paix ! Va t'en, et garde

</blockquote>

Traduction.

et tempête ! Jamais tu n'assommeras mes bêtes, par ma foi, que tu ne t'en souviennes ; tu me rendras, quoi qu'il advienne, six aunes... je veux dire tu me paieras pour l'abattage de mes bêtes et le dégât que tu fais chez moi depuis dix ans.

THIBAULT AIGNELET. — Ne croyez pas les mauvaises langues, mon bon seigneur, car, par mon âme...

LE DRAPIER. — Et par la Dame que l'on invoque, tu les rendras samedi, mes six aunes de drap... je veux dire les bêtes que tu as dérobées dans mon troupeau.

THIBAULT AIGNELET. — Quel drap ? Ah ! Monseigneur ! Vous êtes, je crois, courroucé d'autre chose. Par saint Loup, mon maître, je n'ose rien dire quand je vous regarde.

L'Interrogatoire.
Miniature
du XVᵉ siècle.
Paris,
Bibliothèque
nationale.

Phot. Larousse.

Texte.

1055 t'ajournee, se bon te semble[175].

                    LE BERGIER

          Mon seigneur, accordons ensemble;
          pour Dieu, que je ne plaide point!

                    LE DRAPPIER

          Va! ta besongne est en bon point :
   1060   va t'en! Je n'en acorderay,
          par Dieu, ne n'en appointeray[176]
          qu'ainsi que le juge fera.
          Avoy! chascun me trompera
          mesouen[177], se je n'y pourvoye.

                    LE BERGIER

          A Dieu, sire, qui vous doint joye!
               à part
   1065   Il fault donc que je me defende.

Traduction.

LE DRAPIER. — Laisse-moi en paix! Va-t'en, et sois exact à
l'assignation, s'il te plaît!

THIBAULT AIGNELET. — Monseigneur, transigeons! Pour
Dieu! Que je ne plaide pas!

LE DRAPIER. — Va! Ton affaire est en bon point! Va-t'en!
Je ne transigerai pas, par Dieu, ni n'arrangerai les choses, autrement que le juge en décidera. Fichtre! Chacun me trompera
cette année, si je n'y mets bon ordre!

THIBAULT AIGNELET. — A Dieu, seigneur, puisse-t-il vous
donner de la joie! Il faut donc que je me défende.

---

175. Tout borné qu'il est, le drapier sait ce qu'implique une assignation.
Aussi donne-t-il au berger le conseil insidieux de ne pas répondre à cette
assignation. Le « berger des champs », finaud, se garde bien d'agir ainsi;
176. Le drapier répond avec précision au berger trop malin : *acorder* a ici
le sens de « concilier », de « arranger » (« accorder des plaideurs », « accorder
un différend »); *appointer* est un terme de palais : « régler un appointement
en justice » (Littré). L'*appointement* est un « règlement en justice par lequel,
avant de faire droit aux parties, le juge ordonne de produire par écrit, ou de
déposer les pièces sur le bureau ». Ainsi, en refusant de « s'accorder » ou
d' « appointer », à moins que le juge ne l'ordonne, le drapier marque, comme
un homme bien au courant de la procédure, sa volonté de plaider et de faire
condamner le berger au maximum; 177. *Mesouen* : var. *meshuy*.

———— **QUESTIONS** ————
Sur la scène VI, v. p. 147.

Texte.

VII

Chez Pathelin

LE BERGIER, *frappe à la porte*

A il ame la?

PATHELIN, *bas*

On me pende,
s'il ne revient, par my la gorge!

GUILLEMETTE, *bas*

Et! non fait, que, bon gré saint George,
ce seroit bien au pis venir.

LE BERGIER

1070 Dieu y soit! Dieu puist advenir!

Traduction.

SCÈNE VII. — THIBAULT AIGNELET, PATHELIN, GUILLEMETTE.

Chez Pathelin

THIBAULT AIGNELET. — Y a-t-il quelqu'un là?

PATHELIN. — Qu'on me pende par le cou, si ce n'est lui qui revient!

GUILLEMETTE. — Non! Bon gré saint Georges! Ce serait bien la pire chose!

THIBAULT AIGNELET. — Dieu y soit! Dieu y puisse venir!

────── **QUESTIONS** ──────

SUR LA SCÈNE VI. — En quoi le premier vers constitue-t-il un lien avec la fin de la scène v?

— Comment a été préparée l'attitude intraitable du drapier?

— Le personnage de Thibault Aignelet: *a)* le choix du nom est une trouvaille; *b)* le premier vers qu'il prononce révèle tout le caractère: montrez-le; *c)* l'importance du costume: en quoi rend-il plus odieux encore le drapier?

— Le récit de Thibault Aignelet: comparez-le avec le récit de Du Bois (*le Misanthrope*, acte IV, scène IV). Pourquoi fait-il rire?

— Relevez dans les répliques de Thibault Aignelet et dans celles du drapier ce qui fait apparaître une connaissance pratique assez poussée du droit chez l'un et chez l'autre.

— En quoi le dernier vers de la scène engrène-t-il la suite?

Texte.

PATHELIN *sort de la maison*

Dieu te gard! compains. Que te fault?

LE BERGIER

On me piquera en default[178]
se je ne vois a m'ajournee.
Monseigneur, a... de relevee,
1075 et s'il vous plaist, vous i vendrez[179],
mon doulx maistre, et me deffendrez
ma cause, car je n'y sçay rien[180],
et je vous payëray tresbien,
pourtant se je suis mal vestu.

PATHELIN

1080 Or vien ça et parles. Qu'es tu?
ou demandeur ou deffendeur?

LE BERGIER

J'ay a faire a ung entendeur,
entendez vous bien, mon doulx maistre,
a qui j'ay long temps mené paistre
1085 ses brebis, et les y gardoye.

Traduction.

PATHELIN. — Dieu te garde, compagnon! Que te faut-il?

THIBAULT AIGNELET. — On me condamnera par défaut,
monseigneur, si je ne me présente à l'assignation à je ne sais
quelle heure de l'après-midi! Et, s'il vous plaît, vous y viendrez,
mon doux maître, et vous chargerez de plaider ma cause, car
je n'y entends rien. Et je vous paierai très bien, quoique je sois
mal vêtu.

PATHELIN. — Approche et parle! Qu'es-tu, demandeur ou
défendeur?

THIBAULT AIGNELET. — J'ai affaire à un malin. Comprenez-
vous bien, mon doux maître? Longtemps j'ai mené paître ses

178. *Default :* manquement à une assignation donnée; refus de comparaître.
Piquer : pincer. La phrase veut dire : « On me pincera en défaut si je ne
vais pas à l'audience où j'ai été assigné »; 179. *Vous i vendrez* suppose un
jeu de scène de Pathelin : il se détourne de ce client qui ne lui paraît pas
intéressant. La forme est interrogative, suppliante; 180. *Je n'y sçay rien* est
pure clause de style, car le berger, par la suite, comprend fort bien par exemple
le mot *conseil*. Notez la verve du récit qui suit.

Commentaire philologique et grammatical.

Vers 1079. *Pourtant se* (var. *pourtant si*) veut dire « même si ».

Vers 1080. *Parles* avec *-s* à l'impératif (sur le modèle des autres personnes) est usuel jusqu'au XVIIᵉ siècle.

Qu'es tu? L'hésitation entre *qui* et *que* dure encore.

Vers 1083. *Entendeur* signifie « quelqu'un qui s'y entend ».

Vers 1085. *Y* signifie « à lui » (voir vers 1091). Cet emploi du pronom *y* pour renvoyer à la personne est courant au XVᵉ siècle. Mais il y a déjà flottement (voir vers 1372), et ce depuis le XIIIᵉ siècle. L'hésitation continue au XVIIᵉ siècle malgré Vaugelas, qui déplore une « faute » si « commune ». Ex. : « Vouloir oublier quelqu'un, c'est y penser » (La Bruyère, *Caractères*, IV, XXXVIII).

Vers 1094. *Els* pour *elles* est dialectal. La forme a subsisté dans la vallée de la Loire du XIVᵉ au XVIᵉ siècle, et on la trouve encore chez Ronsard.

Vers 1097. *Clavelée* est un dérivé de *claveau*. Le mot sert à désigner une maladie du mouton se caractérisant par l'apparition de pustules.

Texte.

> Par mon serment, je regardoye
> qu'il me paioit petitement...
> diray je tout?

PATHELIN

> Dea, seurement :
> a son conseil doit on tout dire.

LE BERGIER

1090 Il est vray et verité, sire,
que je les y ay assommees
tant que plusieurs se sont pasmees
maintes fois, et sont cheues mortes,
tant fussent els saines et fortes;
1095 et puis je luy faisoye entendre,
affin qu'il ne m'en peust reprendre,
qu'ilz mouroyent de la clavelee[181].
« Ha! » fait il, « ne soit plus meslee
avec les aultres; gette la. »
1100 « Voulentiers », fais je; mais cela
se faisoit par une aultre voye,
car, par saint Jehan, je les mengeoye,
qui savois bien la maladie.
Que voulez vous que je vous die?
1105 J'ay cecy tant continué,
j'en ay assommé et tué

Traduction.

brebis et les lui ai gardées. J'en fais serment, je remarquais qu'il me payait peu... Dirai-je tout?

PATHELIN. — Diable! Bien sûr! A son avocat on doit tout dire.

THIBAULT AIGNELET. — C'est la vraie vérité, monsieur, que je les ai assommées, tant que plusieurs se sont évanouies plus d'une fois et sont tombées mortes, si saines et fortes qu'elles fussent. Et puis je lui laissais entendre, pour éviter des reproches, qu'elles mouraient de la clavelée. Lui de dire : « Ah! Il ne faut pas la laisser avec les autres. Jette-la! » Et moi : « Volontiers! » Mais j'opérais autrement : connaissant bien la maladie, par saint Jean, je les mangeais. Que voulez-vous que je vous dise? J'ai si bien continué, j'en ai tant assom-

---

181. *Clavelée* : maladie des os (U. T. Holmes) [dans *Mélanges, op. cit.* page 125].

Texte.

tant, qu'il s'en est bien apperceu ;
et quant il s'est trouvé deceu,
m'aist Dieux ! il m'a fait espier,
1110 car on les oyt bien hault crier,
entendez vous, quant on le fait.
Or ay je esté prins sur le fait,
je ne le puis jamais nyer ;
si vous vouldroye bien prier
1115 (pour du mien, j'ay assés finance)
que nous deux luy baillons l'avance[182].
Je sçay bien qu'il ha bonne cause,
mais vous me trouverez bien clause,
se voulez, qu'i' l'aura mauvaise.

PATHELIN

1120 Par ta foi, seras tu bien aise !
Que donras tu se je renverse
le droit de ta partie adverse,
et se l'en t'en envoye assoubz[183] ?

Traduction.

mé et tué qu'il s'en est bien aperçu. Quand il s'est vu
trompé, que Dieu m'aide ! il m'a fait épier. Car on les entend
crier bien haut, comprenez-vous, quand on les tue. Et j'ai été
pris sur le fait. Impossible de nier ! Aussi voudrais-je vous
demander (pour l'argent, j'en ai suffisamment) de m'aider à le
mystifier. Je sais bien que sa cause est bonne, mais vous trouverez bien, si vous le voulez, un artifice qui la rendra mauvaise.

PATHELIN. — Par ta foi, seras-tu bien aise ? Que donneras-tu
si je renverse le droit de ta partie adverse et si on te renvoie
absous ?

182. Prenions sur lui le pas, l'avantage. 183. Agnelet a immédiatement
compris ce qu'un non-juriste ne réalise pas immédiatement. En droit,
absoudre et *acquitter* ne sont pas synonymes. Un tribunal absout une personne reconnue coupable du délit à elle imputé, mais dont le délit n'est pas
qualifié punissable par la loi. Il acquitte un accusé innocent. Ce distinguo
explique le cas du berger. Il n'est pas innocent (flagrant délit ; dix témoins
pourraient déposer contre lui). Acquittement impossible, donc. Mais Pathelin
va s'arranger pour que le délit du berger ne tombe pas sous le coup de la
loi : il va faire passer Agnelet pour fou. Dès lors, la demande du drapier
ne peut être prise en considération. Le berger est absous, délié de toute obligation vis-à-vis du demandeur, et le juge interdit même au drapier de recommencer le procès. Le jeu plaît à Pathelin pour le jeu même : c'est la « renardie » (G. Cohen).

Texte.

LE BERGIER

> Je ne vous payray point en solz,
> 1125   mais en bel or a la couronne[184].

PATHELIN

> Donc auras tu ta cause bonne,
> et fust elle la moitié pire ;
> tant mieulx vault et plus tost l'empire,
> quant je veulx mon sens applicquer.
> 1130   Que tu m'orras bien desclicquer[185],
> quant il aura fait sa demande !
> Or viens ça : et je te demande
> (par le saint sang bieu precïeux,
> tu es assés malicïeux[186]
> 1135   pour entendre bien la cautelle) :
> comment esse que l'en t'appelle ?

LE BERGIER

> Par saint Mor[187], Thibault l'Aignelet.

Traduction.

THIBAULT AIGNELET. — Je ne vous paierai pas en sols, mais avec de beaux écus d'or à la couronne.

PATHELIN. — Donc tu auras ta cause bonne, fût-elle deux fois pire. Plus elle est solide, et mieux je la démolis, si j'y applique mon intelligence ! Tu vas m'entendre donner de la voix dès qu'il aura formulé sa demande ! Approche ! Je te demande, par le saint précieux sang de Dieu (tu es assez malin pour bien comprendre la ruse) : comment on te nomme ?

THIBAULT AIGNELET. — Thibault l'Aignelet, par saint Maur !

---

184. Le *bel or a la couronne* est l'écu de 30 sols. Il avait cours depuis Philippe le Bel. Les écus au soleil, frappés sous Louis XI (ordonnance du 2 novembre 1475), où le soleil était placé au-dessus de la couronne, furent d'un aloi un peu plus élevé (cf. Leblanc, *Traité des monnaies*, page 9) ; **185.** *Desclicquer* : jouer de la langue comme d'un cliquet. Ex. :

> As-tu tout dit, desclique tout ?
> Garde de rien laisser derrière !

(*Débat de la nourrice et de la chambrière*) ; **186.** *Malicieux*. Il l'a prouvé (voir vers 1113 et sqq.) ; **187.** Cette invocation n'a pas été choisie au hasard. Saint Maur est le protecteur de ceux qui souffrent d'afflictions des os, comme la goutte. Il est invoqué peu après qu'a été prononcé le mot *clavelée*. Cette juxtaposition faisait rire.

Commentaire philologique et grammatical.

Vers 1108. *Deceu* signifie « trompé ». Le mot est usuel jusqu'au XVIIᵉ siècle. Il est souvent écrit *desceu* et *descu*.

Vers 1110. *Oyt* est une forme analogique qui s'est substituée à *ot* au XVᵉ siècle (voir vers 610 : « Je l'os la »). Cette forme *os* est une forme analogique refaite sur *ot*, car *audio* a donné *oi*.

Vers 1116. *Baillons l'avance*. Le verbe *bailler l'avance* signifie « mystifier ».

Vers 1121. *Donras*. Cette forme de futur se trouve déjà dans le *Saint Alexis*. Au XVIIᵉ siècle on la trouve en concurrence avec *dorra*, et elle disparaît au cours du XVIIᵉ siècle. Elle est une contraction de *donnera*.

Vers 1125. *Or a la couronne*. Il s'agit de l'écu frappé par Philippe de Valois.

Vers 1135. *Cautele* (var. *cautèle*) : ruse. Ce mot vient du latin *cautela*. Il se trouve déjà chez Jean de Meung. Au XVIIᵉ siècle, il ne se rencontre plus que dans la langue ecclésiastique. Ex. : « absolution a cautele », c'est-à-dire « absolution sous condition ». Le mot convient exactement ici : il exprime prudence, défiance et ruse.

Texte.

PATHELIN

L'Aignelet, maint aigneau de let
luy as cabassé a ton maistre ?

LE BERGIER

1140 Par mon serment, il peut bien estre
que j'en ay mangié plus de trente
en trois ans.

PATHELIN

Ce sont dix de rente,
pour tes dez et pour ta chandelle[188] !
songeant à la partie adverse du berger
Je croy que luy bailleray belle.
après une petite pause
1145 Penses tu qu'il puisse trouver,
sur piez, ses fais par qui prouver ?
C'est le chef de la plaiderie.

LE BERGIER

Prouver, sire ? Saincte Marie !
par tous les sainctz de paradis,

Traduction.

PATHELIN. — L'Aignelet, à ton maître, tu as chapardé maint agneau de lait ?

THIBAULT AIGNELET. — Par mon serment, il se peut bien que j'en aie mangié plus de trente en trois ans.

PATHELIN. — Soit par an dix de rente, pour tes dés et pour ta chandelle. Je crois que je vais lui bailler belle. Penses-tu qu'il puisse trouver sur-le-champ un témoin par qui il puisse prouver les faits ? C'est le cœur de l'affaire.

THIBAULT AIGNELET. — Prouver, monsieur ? Par sainte

---

188. « Pour tes menus profits. » Plus tard, ces menus profits des gens de service furent si considérables qu'on exigea qu'ils y prendraient de quoi payer non seulement leur chandelle, mais celle de la maison. Ex. :

PETIT JEAN, *portier*. — On m'avait donné le soin
De fournir la maison de chandelle et de foin ;
Mais je n'y perdis rien. Enfin, vaille que vaille,
J'aurais sur le marché fort bien fourni la paille (Racine, *les Plaideurs*).

Commentaire philologique et grammatical.

Vers 1139. *Cabassé :* voir vers 3.

Vers 1146. *Sur piez* signifie « immédiatement ». L'expression est courante aux XVᵉ et XVIᵉ siècles.

Vers 1147. *Chef* signifie « point principal ».
Plaiderie est encore très usuel ; le mot disparaît au cours du XVIIᵉ siècle (ex. : « dans cette plaiderie » [Molière, *le Misanthrope*, vers 197]) et tend alors à revêtir une nuance péjorative.

Vers 1149. *De paradis :* sans article, comme de nombreux noms au XVᵉ siècle et jusqu'au XVIIᵉ. Ex. : *ciel, mer, nature.*

Vers 1152. *Cas* signifie « accident ».
Desront est un composé de *rompre*. Ce mot vivra jusqu'au XVIIᵉ siècle. Il est attesté pour la première fois dans *la Chanson de Roland.*

Vers 1154. *Je faindray que...* Aujourd'hui, on emploie en ce cas l'infinitif seul. La construction que nous avons ici (emploi de *que...*, quoique le sujet soit le même dans la proposition principale et dans la subordonnée) disparaît à la fin du XVIᵉ siècle.

Vers 1156. *Rien quelconques* signifie « pas du tout ».

Vers 1159. *Posicions* sert à désigner les termes de l'accusation.

Vers 1165. *Comparoir.* Le verbe latin *comparere* (langue juridique) a donné en français *comparoir*, sous l'influence de *paroir. Comparoir* est attesté dès le XIIIᵉ siècle. Ex. : « Li demanderes doit adiès estre presens et lui comparoir » (*Cout. d'Artois*). Il demeure, figé, en langue juridique. Ex. : « refus de comparoir », « tels et tels, comparant en leurs personnes ».

Texte.

1150   pour ung il en trouvera dix
      qui contre moy desposeron! !

PATHELIN

      C'est ung cas qui tresfort desront
      ton fait... Vecy que je pensoye :
      je ne faindray point que je soye
1155   des tiens, ne que je te veisse oncques.

LE BERGIER

      Ne ferez, Dieux !

PATHELIN, *se ravisant*

               Non, rien quelconques.
      Mais vecy qu'il esconviendra :
      Se tu parles, on te prendra
      coup a coup aux posicions[189],
1160   et en telz cas confessions
      sont si tresprejudiciables,
      et nuysent tant, que ce sont dyables !
      Pour ce vecy qui y fera :
      Ja tost quant on t'apellera
1165   pour comparoir en jugement,
      tu ne respondras nullement
      fors « bee » pour rien que l'en te die ;

Traduction.

Marie, par tous les saints du paradis, il en trouvera dix pour un qui déposeront contre moi.

PATHELIN. — Ce point est très fâcheux pour ton affaire. Voici mon idée : je ne laisserai pas paraître que je te connais, je ferai comme si jamais je ne t'avais vu.

THIBAULT AIGNELET. — Dieux ! Ne faites pas cela !

PATHELIN. — Non ! en aucune manière ! Mais voici l'attitude que tu adopteras. Si tu parles, on te convaincra successivement à propos de chaque chef d'accusation. Alors reconnaître les faits est terriblement préjudiciable et fait tant de mal, que c'est le diable ! Aussi bien pour notre affaire le mieux est que, aussitôt qu'on t'appellera pour comparaître en justice, tu ne répondes rien, sauf « Bée ! », quoi qu'on puisse te dire. Et s'il advient

---

189. *Posicions* : questions posées.

Texte.

et s'il avient qu'on te mauldie,
en disant : « Hé! cornard puant[190]!
1170 Dieu vous mette en mal an, truant!
Vous mocquez vous de la justice? »,
dy « bee ». « Ha! » feray je, « il est nice[191] :
il cuide parler a ses bestes »;
mais, s'ilz devoyent rompre leurs testes,
1175 qu'aultre mot n'ysse de ta bouche[192]!
garde t'en bien!

LE BERGIER

Le fait me touche,
je m'en garderay vrayëment,
et le feray bien proprement,
je le vous prometz et afferme.

PATHELIN

1180 Or t'y garde! tiens te bien ferme.
A moy mesme, pour quelque chose
que je te die ne propose,
si ne me respondz aultrement.

LE BERGIER

Moy? nenny, par mon sacrement!
1185 Dittes hardiment que j'affolle,

Traduction.

qu'on t'injurie en disant : « Eh! sot puant! Dieu vous mau-
disse, truand! Vous moquez-vous de la justice? », dis « Bée ».
« Ah! » ferai-je, « il est idiot, il croit parler à ses bêtes! »
Même s'ils devaient s'y casser la tête, que nul autre mot sorte
de ta bouche, garde-t'en bien!

THIBAULT AIGNELET. — Je suis d'accord! Je m'en garderai,
oui, j'agirai exactement ainsi, je vous le promets et confirme.

PATHELIN. — Fais bien attention! Tiens-toi fermement à
cette attitude! A moi-même, s'il advenait que je te dise ou
suggère autre chose, ne réponds autrement!

THIBAULT AIGNELET. — Que non! J'en fais serment! Dites

---

190. *Cornard puant* est à rapprocher de l'allusion aux foireux de Bayeux
(vers 895 et la note 140) et du vers 1293. Ces détails situent le lieu de composition (la Normandie); 191. *Nice* : niais; 192. Par la bouche, par le bec.
Voir vers 1585-1586.

Texte.

se je dy huy aultre parolle,
a vous n'a quelque aultre personne,
pour quelque mot que l'en me sonne,
fors « bee », que vous m'avez aprins.

PATHELIN

1190 Par saint Jehan, ainsi sera prins
ton adversaire par la moe !
mais aussi fais que je me loue,
quant ce sera fait, de ta paye.

LE BERGIER

Mon seigneur, se je ne vous paye
1195 a vostre mot[193], ne me croiez
jamais ; mais, je vous pri, voiez
diligemment a ma besongne.

PATHELIN

Par Nostre Dame de Boulongne[194],
je tien que le juge est assis,
1200 car il se siet tousjours a six
heures, ou illec environ.

Traduction.

hardiment que je suis fou si j'adresse aujourd'hui une autre parole à vous ni à personne, quelque question qu'on me pose ! Rien, sauf le « Bée ! » que vous m'avez enseigné.

PATHELIN. — Par saint Jean, ainsi ton adversaire sera pris par cette singerie ! Mais aussi fais que je sois content, après, de mes honoraires !

THIBAULT AIGNELET. — Monseigneur, si je ne vous paye à votre mot, n'ayez jamais plus confiance en moi ! Mais, je vous en prie, avisons soigneusement à mon affaire.

PATHELIN. — Par Notre Dame de Boulogne, je pense que le juge siège en ce moment, car il ouvre toujours l'audience

193. A votre prix. Jeu de mots : *Bée !* est le mot que lui a appris Pathelin ! D'autre part, si on se reporte aux vers 336-338, on apprécie la remarque de G. Cohen : « La répétition, une répétition [...] étendue à toute la pièce et qui en fait résonner comme les notes fondamentales. »
Note 194, v. p. 159.

Commentaire philologique et grammatical.

Vers 1169. *Cornard* signifie « sot ». Au XVIIe siècle, le mot n'a plus que le sens de « mari trompé ». Ex. : « L'un amasse du bien, dont sa femme fait part à ceux qui prennent soin de le faire cornard » (Molière, *l'École des femmes*, I, 1). Le sens était déjà attesté chez Jean de Meung : « plus cornars qu'un cers ramés ».

Vers 1172. *Nice* signifie « sot ». On attend *nis* (le mot vient du latin *nescius*). Il est attesté dès le XIIe siècle. Ex. : « Li vallez qui nices fut » (Chrétien de Troyes, *Perceval*). Il est considéré comme vieilli au XVIIe siècle ; on trouve encore « la nice » au sens de « la niaise » au XVIIIe siècle chez Lebrun (*Épigrammes*, vers 103).

Vers 1179. *Afferme*, écrit parfois *aferme* et *ferme*, est la forme phonétiquement normale. Le verbe vient du latin *affirmare*. La forme *afferme* a vécu jusqu'au XVIe siècle, où elle est considérée comme vieillie. Ex. : « L'hyperbole afferme ce qui passe au-delà de toute crédulité » (Malherbe, « *De beneficiis* de Sénèque », VII, 23). Notre forme *affirmer* a été refaite au XVIIe siècle d'après le latin *affirmare*.

Vers 1196. *Voiez* au sens de « veillez » est très rare (un exemple toutefois chez Froissart).

Vers 1199. *Je tien* a le sens de « je pense ». L'emploi vit encore au XVIIe siècle. Il est attesté en particulier chez Molière (*les Précieuses ridicules*). *Est assis* signifie « siège ». De cet emploi il nous est resté *assises*.

---

194. Noter la facilité de la rime avec *besongne*. En 1477, Louis XI lui fit hommage de la ville, dont elle était la patronne, et de son comté. Mais, avant cette date, Notre-Dame de Boulogne était en grand crédit. La dévotion de Louis XI finit par déteindre sur tout le royaume. Le nom de cette image de la Vierge fut associé avec l'idée de voyage. La statue, gardée à Boulogne-sur-Mer, avait la réputation de ne pas rester en place. L'image apparut pour la première fois sous Dagobert, puis disparut par deux fois (1544 et 1550), échappant aux déprédations des protestants. Il y eut une confrérie, dans la forêt hors de Paris, fondée en 1320 par Philippe le Long, sous la protection de Notre-Dame de Boulogne. Cette confrérie rendit le nom populaire chez les Parisiens, et le nom de bois de Boulogne préserve ce souvenir. Ici, l'avocat insinue que le juge ne restera pas assis longtemps. Louis XI visita la ville de Boulogne-sur-Mer pendant l'été 1464 ; la même année, il prit sous sa sauvegarde les religieux de Notre-Dame de Boulogne-sur-Mer. C'est la date, à peu près de notre Pathelin. En 1478, le roi se trouva encore une fois en visite chez ces religieux. Consulter sur tous ces points Pierre Champion, *Louis XI* (Paris 1927, II, 55 et 21).

Texte.

>   Or vien après moy : nous n'iron
>   nous deux ensemble pas en voye.

LE BERGIER

>   C'est bien dit, affin qu'on ne voye
> 1205 que vous soyez mon advocat !

PATHELIN

>   Nostre Dame ! moquin moquat,
>   se tu ne payes largement !

LE BERGIER

>   Dieux ! a vostre mot, vrayëment,
>   mon seigneur, et n'en faictes doubte.
>   *il part*

PATHELIN, *seul*

> 1210 Hé dea ! s'il ne pleut, il degoute :
>   au moins auray je une epinoche[195] ;
>   j'auray de luy, s'il chet en coche[196],
>   ung escu ou deux pour ma paine.

Traduction.

aux environs de six heures. Viens après moi : nous ne ferons pas le trajet ensemble.

THIBAULT AIGNELET. — Bien dit ! Ainsi on ne verra pas que vous êtes mon avocat.

PATHELIN. — Notre Dame ! Gare à toi, si tu ne paies largement !

THIBAULT AIGNELET. — Par Dieu ! A votre mot, vraiment, monseigneur, n'en doutez pas !

PATHELIN. — Eh ! Diable, s'il ne pleut pas, il tombe des gouttes ! Au moins aurai-je quelque chose de lui, si la flèche est bien ajustée, un écu ou deux pour ma peine.

---

195. *Épinoche* : un petit poisson. De ce nom on a tiré les verbes *épinocher*, *pinocher* (chercher des riens, s'amuser à des vétilles) ; cf. cet extrait d'une lettre de M. Favreau à Malherbe sur sa traduction de l'*Epithalame du cavalier marin* : « Mille autres vétilles, où ils s'amusent à épinocher, à pointiller sur les syllabes et paroles, au lieu de s'attacher à la substance des choses. »
196. Littéralement : s'il s'engage ainsi dans l'encoche, c'est-à-dire si tout va bien.

Commentaire philologique et grammatical.

Vers 1205. *Soyez* est au subjonctif : parce que verbe d'une proposition subordonnée de but ; parce qu'il y a une négation ; en vertu de l'attraction modale. Aujourd'hui, nous aurions l'indicatif, parce qu'on insisterait sur le fait.

Vers 1212. *S'il chet en coche* (*hapax*) signifie « s'il réussit ». Littéralement l'expression veut dire « tomber dans la coche, c'est-à-dire dans l'entaille où se posait la flèche dans l'arbalète ».

───── **QUESTIONS** ─────

SUR LA SCÈNE VII. — Comparez le récit de Thibault Aignelet quand il s'adresse à Pathelin avec le récit des mêmes événements quand le berger s'adressait à son maître (scène VI). Montrez qu'il y a là un puissant comique de situation.

— Au cours de cette scène relevez tous les traits qui prouvent la valeur professionnelle de Pathelin.

— Comparez la fin de la scène (Pathelin dictant sa conduite à Thibault Aignelet) avec la fin de la scène III (Pathelin dictant sa conduite à Guillemette). Déduisez de cette comparaison le caractère classique de l'art de l'auteur.

— Même comparaison avec Scapin préparant son protégé à l'entrevue redoutée avec le seigneur Géronte.

Texte.

VIII

Au tribunal

PATHELIN *salue le juge*

Sire, Dieu vous doint bonne estraine
1215 et ce que vostre cueur desire.

LE JUGE

Vous soyez le bien venu, sire.
Or vous couvrez. Sa, prenez place.

PATHELIN

Dea, je suis bien, sauf vostre grace :
je suis ycy plus a delivre.

LE JUGE

1220 S'il y a riens, qu'on se delivre[197]
tantost, affin que je me lieve[198].

LE DRAPPIER

Mon advocat vient, qui acheve
ung peu de chose qu'il faisoit,

Traduction.

Scène VIII. — PATHELIN, LE JUGE, LE DRAPIER, THIBAULT AIGNELET.

Au tribunal

PATHELIN. — Monsieur, Dieu vous donne chance et ce que votre cœur désire!

LE JUGE. — Soyez le bienvenu, monsieur. Couvrez-vous! Prenez place là!

PATHELIN. — Bah! Je suis bien, sauf votre grâce. Je suis plus à l'aise ici.

LE JUGE. — S'il y a quelque affaire, qu'on se dépêche! Tout de suite! Afin que je lève l'audience.

LE DRAPIER. — Mon avocat arrive. Il achève un petit tra-

---

197. *Se délivrer :* expédier rapidement une affaire. Cf. Philippe de Beaumanoir : « Li ballix, dit metre grant peine de délivrer ce qui est plédié devant lui. » Voir vers 1228; **198.** *Se lever :* lever la séance.

Commentaire philologique et grammatical.

Vers 1214. *Vous* : pronom complément d'objet indirect (ou d'attribution).

Vers 1219. *A delivre* signifie « à l'aise ». L'expression, morte depuis la fin du XVIe siècle, figure encore dans le *Nouveau Petit Larousse illustré* de 1936. *Délivré* est un déverbal de *délivrer* ; il est attesté dès le XIIe siècle.

Vers 1220. *Qu'on se delivre* : qu'on se hâte. Voir vers 1228 : *delivrez vous.* Le sens est encore fréquent au XVIe siècle.

Vers 1221. *Tantost* signifie « rapidement ».

Vers 1224. *Et* a un sens très fort. Il signifie « du reste ».

Texte.

monseigneur, et s'i' vous plaisoit,
1225 vous ferïez bien de l'atendre.

LE JUGE

Hé dea, j'ay ailleurs a entendre!
Se vostre partie est presente,
delivrez vous[199], sans plus d'atente.
Et n'estes vous pas demandeur?

LE DRAPPIER

1230 Si suis.

LE JUGE

Ou est le deffendeur?
Est il cy present en personne?

LE DRAPPIER, *montrant le berger*

Ouÿ : vez le la qui ne sonne
mot, mais Dieu scet ce qu'il en pense.

LE JUGE

Puis que vous estes en presence,
1235 vous deux, faictes vostre demande.

Traduction.

vail, monseigneur, s'il vous plaisait, vous seriez aimable de
l'attendre.

LE JUGE. — Eh! Diable! J'ai d'autres affaires à entendre
ailleurs. Si votre partie adverse est présente, dépêchez-vous,
sans attendre davantage. D'ailleurs n'êtes-vous pas demandeur?

LE DRAPIER. — Si.

LE JUGE. — Où est le défendeur? Est-il ici présent en personne?

LE DRAPIER. — Oui! Voyez-le là qui ne dit mot. Mais Dieu
sait combien il pense!

LE JUGE. — Puisque vous êtes en présence tous deux, pré-
sentez votre cause!

---

199. Littéralement : faites-vous quitte de votre affaire.

Texte.

LE DRAPPIER

Vecy doncques que luy demande :
Monseigneur, il est verité
que pour Dieu et en charité
je l'ay nourry en son enfance,
1240 et quant je vis qu'il eust puissance
d'aler aux champs, pour abregier,
je le fis estre mon bergier
et le mis a garder mes bestes ;
mais, aussi vray comme vous estes
1245 la assis, monseigneur le juge,
il en a fait ung tel deluge
de brebis et de mes moutons
que sans faultë...

LE JUGE

Or escoutons :
Estoit il point vostre aloué[200] ?

PATHELIN

1250 Voire, car, s'il s'estoit joué
a le tenir sans alouer...

LE DRAPPIER, *reconnaissant Pathelin*

Je puisse Dieu desavouer

Traduction.

LE DRAPIER. — Voici donc ce que je lui demande : monseigneur, c'est la vérité que, pour l'amour de Dieu et par charité, je l'ai élevé quand il était enfant. Quand je le vis assez
fort pour aller aux champs, bref, je fis de lui mon berger.
Et je le mis à garder mes bêtes. Mais, aussi vrai que vous êtes là
assis, monseigneur le juge, il a fait un tel carnage de mes brebis
et de mes moutons que sans faute...

LE JUGE. — Mais voyons ! N'était-il point votre salarié ?

PATHELIN. — Bien sûr ! Car, s'il s'était amusé à le garder
sans salaire...

LE DRAPIER. — Puissé-je Dieu désavouer si ce n'est vous !
C'est vous, sans faute !

---

200. *Aloué :* lié par un contrat de louage de services. Voir vers 1251, où
alouer signifie « louer ses services ».

Texte.

se ce n'estes vous, vous sans faulte !
Pathelin se cache la figure

LE JUGE

Comment vous tenez la main haulte !
1255 Av'ous[201] mal aux dens, maistre Pierre ?

PATHELIN

Ouÿ, elles me font tel guerre
qu'oncques mais ne senty tel raige :
je n'ose lever le visaige.
Pour Dieu, faictes le proceder.

LE JUGE, *au drapier*

1260 Avant ! achevez de plaider.
Sus ! concluez appertement.

LE DRAPPIER, *à part*

C'est il, sans aultre, vrayëment !
par la croix ou Dieu s'estendit !
à Pathelin
C'est a vous a qui je vendi
1265 six aulnes de drap, maistre Pierre !

LE JUGE, *à Pathelin*

Qu'esse qu'il dit de drap ?

Traduction.

LE JUGE. — Comment ? Vous tenez la main haute ? Avez-vous mal aux dents, maître Pierre ?

PATHELIN. — Oui, elles me font une telle guerre que jamais je n'ai senti pareille rage. Je n'ose lever le visage. Pour l'amour de Dieu, n'interrompez pas le débat !

LE JUGE. — Allons ! Achevez votre plaidoirie ! Vite ! Concluez clairement !

LE DRAPIER. — C'est lui, pas un autre ! Par la croix où Dieu s'étendit ! C'est à vous que j'ai vendu six aunes de drap, maître Pierre !

LE JUGE. — Que dit-il de drap ?

---

201. *Av'ous :* abréviation que Bèze reconnaît admise par l'usage en son temps et qui l'est encore du nôtre chez le peuple.

Commentaire philologique et grammatical.

Vers 1246. *Déluge* au sens de « destruction » est assez rare au Moyen Age (Godefroy n'en cite qu'un seul exemple extrait de Froissart). Noter qu'actuellement, dans l'Orléanais, on entend *déluger* au sens de « détruire ».

Vers 1249. *Aloué* signifie « à vos gages ». Le verbe *alouer* au sens de « prendre à gage » est très usuel au Moyen Age. Ex. : « au fils de Dieu s'aloua » (Ch. d'Orléans).

Vers 1259. *Faictes le proceder :* procédez à l'action judiciaire. Le verbe *procéder* signifie en langue juridique « poursuivre » (cf. *procédure*). Le « procéder » (infinitif substantivé) signifie la « poursuite ». L'expression a donc le sens de « faites la poursuite », c'est-à-dire « développez votre grief ». La traduction Langlois « faites-les procéder » n'est guère satisfaisante ; la traduction Holbrook estime que *continuer* indique bien le sens, mais que le verbe *procéder* au sens de « continuer » n'est attesté nulle part.

Vers 1262. *C'est il.* L'emploi de *il* tonique est encore fréquent. Dans le courant du XVIᵉ siècle, il est progressivement remplacé par *lui*, emprunté au complément. Au XVᵉ siècle, il y a flottement. On a tantôt le sujet tonique, tantôt le sujet atone.
Ce est attribut ; cf. « ce suis je ».
Sans autre signifie « et ce n'est pas un autre », « sans que ce soit un autre ». Cette formule de redoublement sert à préciser le pronom qui précède.

Vers 1264. *Je vendi :* forme rare déjà. La forme *vendis* l'emporte.
C'est a vous a qui... Nous avons ici un des premiers exemples de cette formule au XVIIᵉ siècle.
C'est à vous à qui. Cette tournure se rencontre encore au XVIIᵉ siècle. Ex. : « C'est à vous, mon esprit, à qui je veux parler » (Boileau). La formule moderne « c'est à vous que » est un exemple du remplacement de *qui* prépositionnel par *que* relatif invariable et supprime en apparence le pléonasme.

Vers 1269. *Aprins* signifie « il n'y est pas habitué ». On le rencontre plus souvent avec le sens passif (= « il est habitué »). Ici, c'est le tour actif, relativement rare. *Aprins* est une forme nasalisée de *prendre* (on la trouve au passé simple, au participe passé, à l'imparfait du subjonctif). La prononciation avec nasale est prouvée par la rime (ex. : *prinse* rimant avec *prince*). Les formes nasalisées sont postérieures aux formes sans nasale. L'origine de la nasalisation semble être tout d'abord l'existence de formes phonétiquement nasalisées au présent de l'indicatif, à l'infinitif, au conditionnel, de verbes comme *apprendre* et *défendre ;* il y a eu aussi l'influence du verbe *tenir*, souvent joint à *prendre*.
Pour ce que pour *parce que* se rencontre jusqu'à la fin du moyen français.

Vers 1271. *Par la sanglante gorge.* Dans cette formule de serment, *sanglante* n'a pas de sens particulier. Il sert à souligner le mécontentement et exprime l'exaspération du personnage qui parle.

Vers 1273. *Libelle* a le sens juridique d' « accusation ». Ce mot du latin *libellum*, proprement « petit livre ». En droit romain, il sert à désigner un acte par lequel quelque chose est notifié juridiquement. Ex. : « libelle de divorce, d'anathème, d'excommunication, etc. ».

Vers 1278. *Comme s'il dist :* reprise de langue parlée. Cela veut dire « tout comme s'il disait que l'autre le dérobe ».
Le desrobe est un présent d'habitude.

Vers 1281. *Envoit* est une forme refaite de subjonctif présent. L'ellipse de *que* est normale (subjonctif de souhait).

Vers 1282. *Bavez* signifie « bavardez ». Voir vers 1285 : *baverie*.

Texte.

PATHELIN

I! erre.

Il cuide a son propos venir,
et il n'y scet plus advenir,
pour ce qu'il ne l'a pas aprins.

LE DRAPPIER, *au juge*

1270 Pendu soye s'aultre l'a prins,
mon drap, par la sanglante gorge !

PATHELIN

Comment le meschant homme forge
de loing pour fournir son libelle !
Il veult dire (est il bien rebelle !)
1275 que son bergier avoit vendu
la laine (je l'ay entendu)
dont fut fait le drap de ma robe,
comme s'il dist qu'il le desrobe
et qu'il luy a emblé les laines
1280 de ses brebis.

LE DRAPPIER, *à Pathelin*

Male sepmaine

m'envoit Dieu se vous ne l'avez !

LE JUGE

Paix ! par le dyable ! vous bavez !

Traduction.

PATHELIN. — Il perd le fil. Il pense revenir à son propos, et ne s'y retrouve plus, parce qu'il a mal appris son histoire.

LE DRAPIER. — Que je sois pendu si un autre me l'a pris, mon drap, par la sanglante gorge !

PATHELIN. — Comme le méchant homme va chercher loin les inventions qu'il forge à l'appui de sa cause ! Il veut dire — quel entêtement ! — que son berger avait vendu la laine (j'ai compris !) dont est fait le drap de ma robe ; il affirme en effet que son berger le vole et lui a subtilisé la laine de ses brebis.

LE DRAPIER. — Dieu me frappe de malheur si vous ne l'avez !

LE JUGE. — Paix ! Que diable ! Vous bavardez ! Eh ! Ne

Texte.

Et ne sçavez vous revenir
a vostre propos, sans tenir
1285 la Court de telle baverie ?

PATHELIN, *riant*

Je sans mal et fault que je rie !
Il est desja si empressé
qu'il ne sçait ou il a laissé :
il fault que nous luy reboutons.

LE JUGE, *au drapier*

1290 Sus ! revenons a ces moutons :
qu'en fust il[202] ?

LE DRAPIER

Il en print six aulnes,
de neuf frans.

LE JUGE

Sommes nous becjaunes,
ou cornards[203] ? Ou cuidez vous estre ?

PATHELIN

Par le sang bieu, il vous fait paistre !
1295 Qu'est il bon homme par sa mine !

Traduction.

pouvez-vous revenir à votre propos sans arrêter la cour par
de tels bavardages ?

PATHELIN. — Je souffre, et il faut que je rie. Il est déjà si
empêtré qu'il ne sait où il en est resté. Il faut que nous le
ramenions à son propos.

LE JUGE. — Allons ! Revenons à ces moutons ! Qu'en fut-il ?

LE DRAPIER. — Il en prit six aunes de neuf francs.

LE JUGE. — Sommes-nous simples d'esprit ou comédiens ?
Où vous croyez-vous ?

PATHELIN. — Palsambleu ! Il vous fait paître ! Est-il homme

---

202. Le proverbe *se mit à courir...* Cf. : Coquillard, *Monologue de la botte
de foin;* Rabelais, *Gargantua* (Pasquier, *op. cit.*) ; **203.** Fous, étourdis.

Texte.

> mais je loe qu'on examine
> ung bien peu sa partie adverse.

LE JUGE

> Vous dittes bien.
> > *à part*
>
> > > > Il le converse[204] ;
> il ne peult qu'il ne le congnoisse.
> > *au berger*
>
> 1300 Vien ça ! Dy !

LE BERGIER

> Bee !

LE JUGE

> > > Vecy angoisse[205] !
> Quel « bee » esse cy ? Suis je chievre ?
> Parle a moy !

LE BERGIER

> Bee !

LE JUGE

> > > Sanglante fievre
> te doint Dieu ! Et te mocques tu ?

Traduction.

de bien à juger par sa mine ! Mais je suggère qu'on soumette un peu à interrogatoire sa partie adverse.

LE JUGE. — Vous avez raison. Il s'entretient avec lui. Certainement il le connaît. Approche ! parle !

THIBAULT AIGNELET. — Bée !

LE JUGE. — C'est intolérable ! Que signifie ce « bée » ? Suis-je une chèvre ? Parle-moi !

THIBAULT AIGNELET. — Bée !

LE JUGE. — Puisse Dieu te donner sanglante fièvre ! Te moques-tu ?

---

204. *Il le converse* : il vit avec lui, il le hante. Cf. Palsgrave : « Je converse, I haunt » ; 205. Ennui, tracas.

Commentaire philologique et grammatical.

Vers 1283. *Et* a ici valeur d'interjection.

Vers 1287. *Desja* a la même valeur que « à cette heure », « en ce moment ». Cf. sens du *jam* latin. Il souligne que l'action se fait à la minute actuelle. (*Ja = déjà*).

Vers 1288. *Ou il a laissé*. Il faut sous-entendre « son propos », c'est-à-dire « la suite de ses idées ».

Vers 1289. *Nous iuy reboutons*. On attend deux compléments : *le* et *lui*. Jusqu'au XVIIᵉ siècle, il y a souvent ellipse de *le* pronom, et il ne reste que le pronom complément d'attribution : *leur* ou un autre... Il est vraisemblable que, dans la prononciation, *le* et *luy* étaient soudés, si bien que l'on aurait eu successivement *le luy, lluy, luy,* par une sorte de contraction phonétique. Aujourd'hui, la tournure « je lui ai dit » appartient à la langue parlée.

Vers 1302. *Parle à moy* existe au XVᵉ siècle concurremment avec *parle moi*.

Vers 1303. *Doint* est la 3ᵉ personne du singulier du subjonctif présent de *donner*. C'est la forme phonétiquement régulière : le latin *donet* a donné *doint*, et une forme *doniat* a donné *donge* et *dogne*.

Vers 1304. *Testu* signifie « obtus » et littéralement « qui a la tête fermée », « bouché ».

Vers 1315. *Meshuy* au sens de « aujourd'hui », « pour le moment » est attesté pour la première fois chez Chrétien de Troyes. L'adverbe subsiste au XVIIᵉ siècle. Vaugelas le trouve vieilli et provincial.

Texte.

PATHELIN

> Croiez qu'il est fol ou testu,
> 1305 ou qu'il cuide estre entre ses bestes.

LE DRAPPIER, à Pathelin

> Or regni je bieu se vous n'estes
> celluy, sans aultre, qui l'avez
> eu, mon drap !
>   *au juge*
>   Ha, vous ne sçavez,
> monseigneur, par quelle malice...

LE JUGE

> 1310 Et! taisiez vous! Estes vous nice ?
> Laissez en paix ceste assessoire,
> et venons au principal.

LE DRAPPIER

>   Voire,
> monseigneur, mais le cas me touche ;
> toutes fois, par ma foy, ma bouche
> 1315 meshuy ung seul mot n'en dira.
> (Une aultre fois il en ira
> ainsi qu'il en pourra aler :
> il le me couvient avaler
> sans mascher[206]...). Ores je disoye,

Traduction.

PATHELIN. — Croyez qu'il est fou, ou stupide, à moins qu'il ne s'imagine être parmi ses bêtes !

LE DRAPIER. — Je renie Dieu, maintenant, si vous n'êtes celui, non un autre, qui m'a pris mon drap ! Ah ! Vous ne savez, monseigneur, par quelle malice...

LE JUGE. — Taisez-vous donc ! Etes-vous idiot ? Laissons ce détail, et venons à l'essentiel.

LE DRAPIER. — Sans doute, monseigneur, mais l'affaire me concerne : cependant, par ma foi, d'aujourd'hui je n'en dirai plus mot... (Une autre fois, il en ira comme il pourra. Il me faut avaler la pilule, sans la croquer.) Or j'exposais les circonstances

---

206. *Sans mascher.* Ex. : « C'en est mon conseil que nous l'avalions sans mascher » (*les Cent Nouvelles nouvelles*, XXX).

Texte.

1320 a mon propos, comment j'avoye
baillé six aulnes... Doy je dire,
mes brebis... Je vous en pri, sire,
pardonnez moy. Ce gentil maistre...
Mon bergier, quant il devoit estre
1325 aux champs... Il me dist que j'auroye
six escus d'or quant je vendroye...
Dis je, depuis trois ans en ça,
mon bergier m'en couvenança
que loyaulment me garderoit
1330 mes brebis, et ne m'y feroit
ne dommaige ne villennie,
et puis... Maintenant il me nye
et drap et argent plainement.

> *à Pathelin*

Ha! maistre Pierre, vrayëment...

> *le juge fait un geste d'impatience*

1335 Ce ribault cy m'embloit les laines
de mes bestes, et toutes saines
les faisoit mourir et perir
par les assommer et ferir
de gros bastons sur la cervelle...
1340 Quant mon drap fust soubz son esselle,
il se mist au chemin grant erre,
et me dist que j'alasse querre
six escus d'or en sa maison.

LE JUGE

Il n'y a ne rime ne rayson

Traduction.

dans lesquelles j'avais donné six aunes... je veux dire, mes brebis... Je vous en prie, sire, pardonnez-moi! Ce gentil maître... Mon berger, quand il devait être aux champs... Il me dit que j'aurais six écus d'or quand je viendrais... Il y a trois ans de cela, dis-je, mon berger s'est engagé à garder mes brebis loyalement, sans dommage ni vilenie... Et maintenant il nie tout net et drap et argent. Ah! Maître Pierre, vraiment... Le ribaud que voici me volait la laine de mes bêtes et toutes saines les faisait mourir et périr en les assommant et les frappant à grands coups de bâton sur la tête... Quand il eut mon drap sous l'épaule, il partit à vive allure, et me demanda d'aller toucher chez lui, dans sa maison, six écus d'or.

Texte.

1345 en tout quancque vous rafardez[207].
Qu'esse cy? Vous entrelardez
puis d'ung, puis d'aultre. Somme toute,
par le sang bieu, je n'y vois goute.

à Pathelin

Il brouille de drap, et babille
1350 puis de brebis, au coup la quille!
Chose qu'il die ne s'entretient.

PATHELIN

Or je m'en fais fort qu'il retient
au povre bergier son salaire.

LE DRAPPIER

Par Dieu, vous en peussiez bien taire!
1355 Mon drap, aussi vray que la messe...
Je sçay mieulx ou le bast m'en blesse
que vous n'ung aultre ne sçavez.
Par la teste Dieu, vous l'avez!

LE JUGE

Qu'esse qu'il a?

LE DRAPPIER

Rien, mon seigneur.
1360 Par mon serment, c'est le grigneur

Traduction.

LE JUGE. — Il n'y a ni rime ni raison en tout ce rabâchage. Qu'est-ce que c'est? Vous mêlez tout! En somme, palsambleu, je n'y vois goutte : il marmotte de drap, puis babille de brebis, à tort et à travers. Ce qu'il dit ne se tient pas.

PATHELIN. — Or je suis convaincu qu'il retient au pauvre berger son salaire.

LE DRAPIER. — Par Dieu, vous pourriez vous taire! Mon drap; aussi vrai que la messe... Je sais mieux où le bât me blesse que vous ni tout autre. Par la tête de Dieu, vous l'avez!

LE JUGE. — Qu'a-t-il?

LE DRAPIER. — Rien, monseigneur. J'en fais serment, il est

207. Plâtrez et replâtrez.

Commentaire philologique et grammatical.

Vers 1321. *Doy je dire :* je veux dire. *Devoir* n'exprime ni l'obligation ni l'intention. Il est absolument explétif. Le *dis je* du vers 1327 exprime exactement la même nuance de pensée que « doy je dire ».

Vers 1323. *Gentil* est laudatif. Peut-être l'adjectif, dans la bouche du drapier, a-t-il une valeur péjorative. Le drapier, pour une fois, aurait-il le sens de l'humour ?

Vers 1324. *Devoit* signifie « aurait dû ».

Vers 1328. *Couvenança* (var. *convenança*). Ce verbe, très rarement employé, a le sens de *convenir* (= « garantir »). Il est tiré du nom *couvenance, convenance.* Cf. l'anglais *covenant. En* est un pronom neutre repris au vers suivant par *que.* Littéralement : « mon berger fit convention avec moi au sujet de ceci à savoir que... ».

Vers 1332. *Nye* a deux valeurs : *a)* il nie avoir pris le drap ; *b)* il me refuse l'argent qu'il me doit. Les mots à double sens sont assez nombreux dans ce texte comique.

Vers 1346. *Entrelarder de.* Le tour est à rapprocher de « Oez de Tristan », qui ouvre le roman de *Tristan et Iseut.* Il semble qu'au XVe siècle ce *de* ne signifie plus « au sujet de » et qu'il ne soit plus qu'une ligature formelle, dépourvue de sens. On rencontre encore cette tournure chez La Fontaine : « Dire d'un, puis d'un autre » (*le Loup, la Mère et l'Enfant*), ce qui signifie littéralement « dire une chose, puis la chose contraire ».

Texte.

      trompeur... Hola ! je m'en tairay,
      se je puis, et n'en parleray
      meshuy, pour chose qu'il adviengne.

LE JUGE

      Et non ! mais qu'il vous en souviengne !
1365 Or concluez appertement.

PATHELIN

      Ce bergier ne peult nullement
      respondre aux fais que l'en propose
      s'il n'a du conseil, et il n'ose
      ou il ne scet en demander.
1370 S'i' vous plaisoit moy commander
      que je fusse a luy, j'y seroye.

LE JUGE, *regardant le berger*

      Avecques luy ? Je cuideroye
      que ce fust trestoute froidure :
      c'est Peu d'Aquest !

PATHELIN

              Moy je vous jure
1375 qu'aussi n'en vueil je riens avoir.
      Pour Dieu soit ! Or je vois savoir
      au povret qu'il me vouldra dire,
      et s'il me sçaura point instruire

Traduction.

le plus grand trompeur ! Holà ! Je m'en tairai, si je puis, et n'en parlerai d'aujourd'hui, quoi qu'il arrive.

LE JUGE. — D'accord ! Mais qu'il vous en souvienne ! Maintenant, concluez clairement.

PATHELIN. — Ce berger ne peut répondre aux accusations que l'on formule sans un conseil, et il n'ose — ou ne sait — en demander. S'il vous plaisait ordonner que je l'assiste, je le défendrai.

LE JUGE. — Ce serait, je crois, une mauvaise affaire : c'est un Peu d'Aquet !

PATHELIN. — Je jure, quant à moi, que je n'en veux tirer d'argent. Que ce soit pour l'amour de Dieu ! Eh bien je vais apprendre du pauvret ce qu'il me voudra dire et les renseigne-

Texte.

> pour respondre aux faitz de partie.
> 1380 Il auroit dure departie
> de cecy, qui ne l'escourroit.
>
> > *au berger*
>
> Vien ça, mon amy.
>
> > *bas, au juge*
> >
> > > Qui pourroit
>
> trouver...
>
> > *au berger*
>
> Entens?

LE BERGIER

> > Bee!

PATHELIN

> > Quel « bee » ? Dea !
> Par le sainct sang que Dieu rea !
> 1385 es tu fol? Dy moy ton affaire.

LE BERGIER

Bee!

PATHELIN

> Quel « bee » ? Oys tu brebis braire?
> C'est pour ton proffit : entendz y.

LE BERGIER

Bee!

Traduction.

ments nécessaires pour répondre aux griefs. Si personne ne l'aidait, il aurait du mal à se sortir d'affaire. Approche, mon ami. Qui pourrait trouver... Tu me comprends?

THIBAULT AIGNELET. — Bée!

PATHELIN. — Que veut dire ce « Bée! » ? Diable! Par le saint sang qui raya le corps de Dieu, es-tu fou? Explique-moi ton affaire!

THIBAULT AIGNELET. — Bée!

PATHELIN. — Que veut dire ce « Bée! » ? Entends-tu tes brebis bêler? Je te parle dans ton intérêt! Comprends-le!

THIBAULT AIGNELET. — Bée!

Texte.

PATHELIN

Et ! dy « ouÿ » ou « nenny ».

bas

C'est bien fait. Dy tousjours !

haut

Feras ?

LE BERGIER, *doucement*

1390 Bee !

PATHELIN

Plus hault ! ou t'en trouveras
en grans despens, et je m'en doubte.

LE BERGIER

Bee !

PATHELIN

Or est il plus fol qui boute
tel fol naturel en procès !

au juge

Ha ! sire, envoyés l'en a ses
1395 brebis ! Il est fol de nature.

LE DRAPPIER

Est il fol ? Saint Sauveur d'Esture[208] !
il est plus saige que vous n'estes.

Traduction.

PATHELIN. — Eh ! Dis « oui » ou « non ». C'est bien ! Continue !... Alors ?

THIBAULT AIGNELET. — Bée !

PATHELIN. — Plus haut ! Ou il t'en coûtera cher, à mon avis !

THIBAULT AIGNELET. — Bée !

PATHELIN. — Eh bien ! il est encore plus fou qui imagine d'intenter un procès à un fou aussi authentique ! Ah ! monsieur, renvoyez-le à ses brebis ! C'est un fou authentique !

LE DRAPIER. — Vraiment ? Par le Saint Sauveur d'Asturie, il est plus sain d'esprit que vous !

Note 208, v. p. 179.

Texte.

PATHELIN, *au juge*

Envoyez le garder ses bestes,
sans jour; que jamais ne retourne !
1400 Que mauldit soit il qui ajourne[209]
telz folz, ne ne fait ajourner !

LE DRAPPIER

Et l'en fera l'en retourner
avant que je puisse estre ouÿ ?

LE JUGE

M'aist Dieu ! puis qu'il est fol, ouÿ.
1405 Pour quoy ne fera ?

LE DRAPPIER

Hé dea ! sire,
au mains laissez moy avant dire
et faire mes conclusions[210].
Ce ne sont pas abusions
que je vous dy, ne mocqueries.

Traduction.

PATHELIN. — Envoyez-le garder ses bêtes, sans ajournement,
et qu'il n'aie jamais à revenir ! Et que maudit soit qui assigne
un tel fou ou le fait assigner !

LE DRAPIER. — Et le renverra-t-on avant que je puisse être
entendu ?

LE JUGE. — Que Dieu m'aide ! Puisqu'il est fou, oui ! Pourquoi ne le renverrais-je pas ?

LE DRAPIER. — Eh ! Par le diable ! Monseigneur ! Au moins
laissez-moi avant parler et présenter les conclusions. Ce que
je vous dis, ce ne sont ni tromperies ni moqueries.

---

208. Il s'agit de l'église de San Salvador Valdedios, près Oviedo (Asturies),
petit couvent de Bénédictins, dont l'église fut consacrée le 16 septembre 896.
Sur la pierre de consécration, on lit encore : « O, Seigneur, pardonne et aide
à ce misérable qui te parle. » Guillaume le drapier insinue ironiquement que
le berger n'est pas de ce type. Il n'est ni fou ni misérable ; il est fin et sage.
Cela tendrait à faire attribuer la pièce au moine bénédictin Guillaume Alexis,
prieur de Bucy : un membre de l'ordre de Saint-Benoît aurait eu l'occasion
de connaître San Salvador de Valdedios plutôt qu'un laïque ; **209.** *Ajourner :*
assigner en justice à une date déterminée. Voir vers 1401 et 1490 ; **210.** *Faire
ses conclusions :* présenter ses conclusions.

Texte.

LE JUGE

1410 Ce sont toutes tribouilleries
que de plaider a folz n'a folles !
Escoutez : a mains de parolles,
la Court ne sera plus tenue[211].

LE DRAPIER

S'en iront ilz sans retenue
1415 de plus revenir ?

LE JUGE

Et quoy doncques ?

PATHELIN

Revenir ! Vous ne veistes oncques
plus fol, n'en faict në en response.
montrant le drapier

Et si ne vault pas mieulx une once
l'autre : tous deux sont sans cervelle.
1420 Par saincte Marie la belle,
eulx deux n'en ont pas ung quarat !

LE DRAPIER

Vous l'emportastes par barat[212],

Traduction.

LE JUGE. — Il n'y a que tracasseries à plaider avec des fous
et des folles ! Ecoutez ! Pour mettre un terme au bavardage,
je vais lever l'audience !

LE DRAPIER. — S'en iront-ils sans qu'une nouvelle date soit
fixée ?

LE JUGE. — Pourquoi donc ?

PATHELIN. — Revenir ? Jamais vous ne vîtes plus fou ni en
actes ni en réponses ! Et pourtant l'autre ne vaut pas une once
de plus que celui-ci ! Tous deux sont fous et sans cervelles !
Sainte Marie la Belle, à eux deux ils ne valent pas un carat !

LE DRAPIER. — Vous l'avez emporté par fraude, mon drap,

---

211. Le tribunal ne siégera plus ; 212. *Barat :* duperie, embûche, piège Ex. :
   C'est de Bobance le barat
   De mettre gens en povreté (*la Farce de folle bobance*).

Texte.

> mon drap, sans payer, maistre Pierre.
> Par la char bieu ! moy las pecherre !
> 1425 ce ne fut pas fait de preudomme.

> PATHELIN

> Or jerni saint Pierre de Romme[213]
> s'il n'est fin fol, ou il affolle !

> LE DRAPPIER, *à Pathelin*

> Je vous congnois a la parolle,
> et a la robe, et au visaige.
> 1430 Je ne suis pas fol, je suis saige
> pour congnoistre qui bien me fait.
> *au juge*
> Je vous compteray tout le fait,
> monseigneur, par ma conscience.
> *on rit*
> PATHELIN, *au juge*
> Hee, sire, imposez leur silence !
> *au drapier*
> 1435 N'av' ous honte de tant debatre
> a ce bergier pour trois ou quatre

Traduction.

et sans payer, maître Pierre. Par la chair de Dieu ! Malheureux
que je suis ! Pauvre pécheur ! Vous n'agîtes point en honnête
homme !

PATHELIN. — Eh bien, je renie saint Pierre de Rome s'il
n'est complètement fou ou en train de le devenir.

LE DRAPIER. — Je vous reconnais à la voix, à l'habit, au
visage. Je ne suis pas fou, je sais distinguer qui me fait du bien.
Je vous conterai toute l'affaire, monseigneur, sur ma conscience.

PATHELIN. — Hé ! monsieur, imposez-leur silence ! N'avez-
vous honte de discuter avec ce berger pour trois ou quatre

---

213. *Saint Pierre* figure surtout dans le juron « Jerni saint Pierre de Rome » ;
juron qui manifeste une pointe d'esprit : comme saint Pierre a renié son maître,
on renie saint Pierre. Souvent (voir vers 109, 270, 819-821) c'est à propos de
menteries. En effet, dans la pensée naïve du peuple, saint Pierre est celui qui
ment et qui renie. Ainsi, non seulement dans chaque tournure, mais jusque
dans les jurons l'auteur de *Pathelin* s'avère un maître en art dramatique. On
peut rapprocher ce vers du vers 1528.

Texte.

vieilz brebïailles ou moutons
qui ne vallent pas deux boutons?
   au juge
Il en fait plus grant kyrielle...

LE DRAPPIER

1440 Quelz moutons? C'est une vielle[214]!
C'est a vous mesme que je parle,
et vous me le renderez par le
Dieu qui voult a Noel estre né!

LE JUGE

Vez vous? Suis je bien assené[215]?
1445 Il ne cessera huy de braire.

LE DRAPPIER

Je luy demand...

PATHELIN, *au juge*

Faites le taire!

   au drapier

Et! par Dieu, c'est trop flageollé[216].
Prenons qu'il en ait affolé
six ou sept, ou une douzaine,
1450 et mangez, en sanglante estraine :

Traduction.

méchantes vieilles brebis ou moutons qui ne valent pas deux
boutons? Il en fait plus longue kyrielle...

LE DRAPIER. — Quels moutons? C'est une ritournelle! C'est
à vous-même que je parle, et vous me le rendrez par le Dieu
qui voulut naître à Noël!

LE JUGE. — Voyez-vous? Suis-je bien loti? Il ne cessera
aujourd'hui de brailler!

LE DRAPIER. — Je lui demande...

PATHELIN. — Faites-le taire! Assez de sornettes! Mettons
qu'il en ait assommé six ou sept ou une douzaine et qu'il les ait

---

214. *C'est une vielle!* Comme une vielle, il recommence toujours la même
chanson! 215. Littéralement : assommé; 216. *Flageollé* répond à vielle : littéralement : joué de vos flûtes.

Texte.

vous en estes bien meshaigné[217]!
vous avez plus que tant gaigné
au temps qu'il les vous a gardez.

      LE DRAPPIER, *au juge*

1455 Regardez, sire, regardez!
je luy parle de drapperie,
et il respond de bergerie[218]!
    à Pathelin

Six aulnes de drap, ou sont elles,
que vous mistes soubz vous esselles?
Pensez vous point de les me rendre?

      PATHELIN, *au drapier*

1460 Ha! sire, le ferez vous pendre
pour six ou sept bestes a laine?
Au mains, reprenez vostre alaine;
Ne soyez pas si rigoureux[219]
au povre bergier douloureulx,
1465 qui est aussi nu comme ung ver!

Traduction.

mangées — mauvaise fortune! — vous en êtes bien lésé!
Vous avez gagné bien davantage sur le temps qu'il vous les a
gardées!

LE DRAPIER. — Voyez, sire, voyez! Je lui parle de draperie
et il répond de bergerie! Les six aunes de drap où sont-elles que
vous mîtes sous votre bras? Ne pensez-vous point me les
rendre?

PATHELIN. — Ah! monsieur, le ferez-vous pendre pour six
ou sept bêtes à laine? Au moins, reprenez votre calme! Ne
soyez pas si dur pour un pauvre berger douloureux, aussi nu
qu'un ver!

LE DRAPIER. — C'est très bien changer le sujet! C'est le

---

217. *Meshaigné* : malade, mal à l'aise ; 218. Effet dramatique : réveil de la raison du pauvre Guillaume ; il finit par voir clair dans l'imbroglio! Ce triomphe naïf est une trouvaille de notre clerc. C'est un trait digne de Molière et plutôt exceptionnel dans les farces du XVe et du XVIe siècle ; 219. A rapprocher de Marot, 14e épître :
    Vous me tenez termes plus rigoureux
    Que le drapier au berger douloureux.

Pathelin et Thibault Aignelet.

Pathelin, le Drapier, Thibault Aignelet devant le Juge.

Texte.

LE DRAPPIER

C'est tresbien retourné le ver[220] !
Le dyable me fist bien vendeur
de drap a ung tel entendeur !
Dea, monseigneur, je luy demande...

LE JUGE

1470 Je l'assoulz[221] de vostre demande,
et vous deffendz le proceder[222].
C'est ung bel honneur de plaider
a ung fol !
au berger

Va t'en a tes bestes.

LE BERGIER

Bee !

LE JUGE, *au drapier*

Vous monstrez bien qui vous estes,
1475 sire, par le sang Nostre Dame !

LE DRAPPIER

Hé dea ! monseigneur, bon gré m'ame,
je luy vueil...

Traduction.

diable qui me fit vendre du drap à un tel malin ! Que diable !
Monseigneur, je lui demande...

LE JUGE. — Je le décharge de votre plainte et vous interdis
la poursuite. Le bel honneur de plaider contre un fou ! Va-t'en
à tes bêtes !

THIBAULT AIGNELET. — Bée !

LE JUGE. — Vous montrez bien qui vous êtes, monsieur, par
le sang Notre Dame !

LE DRAPIER. — Mais, diable ! Monseigneur, sur mon âme,
je lui veux...

---

220. Littéralement : c'est bien mis à l'envers. Ex. : « changer le vers »
(*les Cent Nouvelles nouvelles*, XIV) ; **221.** *Je l'assoulz* : terme juridique qui
signifie « je le délie de toute obligation vis-à-vis du demandeur » ; **222.** *Le
proceder* : substantif masculin qui sert à désigner l'action en justice. Le juge
insiste : qu'on ne s'avise pas de recommencer le procès ! Par avance, Aignelet
est autorisé à ne pas répondre à une nouvelle citation. Au vers 1492, il aura
soin de répéter : *la Court t'assoult*.

Texte.

PATHELIN, *au juge*

S'en pourroit il taire?

LE DRAPPIER, *se retournant vers Pathelin*

Et c'est a vous que j'ay a faire :
vous m'avez trompé faulsement,
1480 et emporté furtivement
mon drap, par vostre beau langaige.

PATHELIN, *au juge*

Ho! J'en appelle en mon couraige!
Et vous l'ouez bien, monseigneur?

LE DRAPPIER, *à Pathelin*

M'aist Dieu! vous estes le grigneur
1485 trompeur!...
      au juge

Monseigneur, que je die...

LE JUGE

C'est une droicte cornardie[223]
que de vous deux : ce n'est que noise.
M'aist Dieu! je los que je m'en voise.
      il se lève, puis au berger
Va t'en, mon amy; ne retourne

Traduction.

PATHELIN. — Là-dessus s'il se taisait?

LE DRAPIER. — C'est à vous que j'ai affaire! Vous m'avez vilainement joué. Voleur! Vous m'avez emporté mon drap, me bernant de belles paroles.

PATHELIN. — J'en appelle à ma conscience! Vous l'entendez bien, monsieur?

LE DRAPIER. — Que Dieu m'aide! Vous êtes le plus grand trompeur... Monseigneur, il faut que je vous dise...

LE JUGE. — C'est une vraie farce que vous jouez tous deux : du bruit! Que Dieu m'aide! Je dois, maintenant, je crois, partir.

---

223. *Cornardie* : farce; var. *comédie;* sur les *cornards,* voir vers 1293 et la note 203.

Texte.

1490 jamais, pour sergent qui t'ajourne.
La Court t'assoult, entens tu bien?

PATHELIN, *au berger*

Dy « grant merci ».

LE BERGIER

Bee!

LE JUGE, *au berger*

Dis je bien :
Va t'en, ne te chault; autant vaille.

LE DRAPPIER

Mais esse rayson qu'il s'en aille
1495 ainsi?

LE JUGE, *quittant son tribunal*

Ay! j'ay a faire ailleurs.
Vous estes par trop grans railleurs :
vous ne m'y ferez plus tenir;
je m'en vois. Voulez vous venir
souper avec moy, maistre Pierre?

PATHELIN, *levant la main à sa mâchoire*

1500 Je ne puis.
le juge s'en va

Traduction.

Va-t'en, mon ami, ne reviens jamais; même si un officier t'assignait. La cour t'absout! Comprends-tu bien?

PATHELIN. — Dis : « Grand merci! »

THIBAULT AIGNELET. — Bée!

LE JUGE. — Je dis bien : va-t'en! Ne t'inquiète pas! N'importe!

LE DRAPIER. — Est-il juste qu'il s'en aille ainsi?

LE JUGE. — Bah! J'ai affaire ailleurs! Vous êtes par trop plaisantins! Vous ne me retiendrez pas davantage. Je m'en vais! Voulez-vous venir dîner avec moi, maître Pierre?

PATHELIN. — Je ne puis!

─────── **QUESTIONS** ───────

QUESTIONS sur la scène VIII, v. p. 189.

Texte.

IX

Devant le tribunal

LE DRAPPIER, *à Pathelin, mais à voix basse*

Ha ! qu'es tu fort lierre[224] !
haut, et prenant un ton plus cérémonieux
Dictes, seray je point payé ?

PATHELIN

De quoy ? Estes vous desvoyé ?
Mais qui cuidés vous que je soye ?
Par le sang de moy, je pensoye
1505 pour qui c'est que vous me prenés.

LE DRAPPIER

Bee dea !

Traduction.

SCÈNE IX. — PATHELIN, LE DRAPIER.

La scène est devant le tribunal.

LE DRAPIER. — Ah ! Tu es un fier voleur ! Dites ! Ne serai-je point payé ?

PATHELIN. — De quoi ? Etes-vous fou ? Mais qui croyez-vous que je sois ? Par mon propre sang, je me demandais pour qui vous me prenez.

LE DRAPIER. — Bée ! Diable !

---

224. *Lierre*, picard pour *lerre*, cas sujet de *larron* (lat. *latronem*), signifie « voleur ». Ex. : « ou lerres ou simoniaus » (*Roman de la Rose*).

━━━ QUESTIONS ━━━

SUR LA SCÈNE VIII. — Montrez comment Pathelin, très discrètement, conduit l'ensemble de la scène, et non le juge, dont ce serait le rôle. Analysez le comique de situation.
— Relevez les maladresses accumulées par le drapier.
— Montrez comment, dans cette scène, les caractères de Pathelin et du drapier apparaissent absolument constants par rapport aux scènes précédentes.
— Le juge : relevez à son propos les traits de satire sociale, les traits de déformation professionnelle, les traits d'intelligence et les qualités d'observation rapide. Que pensez-vous en particulier de la flèche du Parthe (l'invitation à dîner du légiste qui prétendait souffrir des dents) ?

Texte.

PATHELIN

Beau sire, or vous tenés.
Je vous diray, sans plus attendre,
pour qui c'est que me cuidiez prendre :
esse point pour Esservellé[225]?

levant son chaperon

1510 Voy! Nennin, il n'est point pelé,
comme je suis, dessus la teste.

LE DRAPIER

Me voulés vous tenir pour beste ?
C'estes vous en propre personne,
vous de vous ; vostre voix le sonne,
1515 et ne le croiés aultrement.

PATHELIN

Moy de moy? Non suis, vraiëment ;
ostés en vostre opinion.
Seroit ce point Jehan de Noyon[226]?
il me resemble de corsage.

Traduction.

PATHELIN. — Cher monsieur, attendez donc! Je vais vous dire, sans plus attendre, pour qui vous me prenez. N'est-ce point pour Ecervelé? Vois! Mais non! Il n'a point, comme moi, le dessus de la tête pelé!

LE DRAPIER. — Me voulez-vous faire passer pour stupide? C'est vous en personne, oui, vous-même! Votre voix le dénonce! Et ne croyez pas qu'il en soit autrement!

PATHELIN. — Moi-même? Non! vraiment! Otez-vous cette idée de la tête! Ne serait-ce point Jehan de Noyon? Il a ma taille!

---

225. Probablement un fou de cour, peut-être celui du roi Jean, comme le suggère Génin; **226.** On pense à saint Jean comme au pasteur des fidèles. Or, l'auteur évoque immédiatement les oisons qui mènent les oies paître. Le rapprochement fait rire. Il y avait une plaisanterie analogue aux vers 1190-1191; à une évocation de saint Jean (qui fut décapité) succédait immédiatement : « Ton adversaire sera pris par le museau! » Saint Jean est souvent cité dans notre farce : vers 64, 343, 363, 1102. Citons en outre une variante intéressante pour le vers 1585 : « Les oisons veulent mener paître leur mère » (Oudin, *Curiosités françaises*, page 398); et une pour les vers 1585-1586 :

L'oyson mène l'oie paistre
Le béjaune précède le maistre (Leroux de Liney).

Texte.

LE DRAPIER

1520 Hé deablë! il n'a pas visaige
ainsi potatif, ne si fade!
Ne vous laissé je pas malade,
orains, dedens vostre maison?

PATHELIN

Ha! que vecy bonne raison!
1525 Maladë? Et quel maladie?...
Confessés vostre cornardie:
maintenant est elle bien clere.

LE DRAPIER

C'estes vous, ou regni saint Pierre!
vous, sans aultre; je le sçay bien
1530 pour tout vray!

PATHELIN

Or n'en croyez rien,
car certes ce ne suis je mie.
De vous oncq aulne ne demie
ne prins: je n'é pas le los tel.

LE DRAPIER

Ha! je vois veoir en vostre hostel,
1535 par le sang bieu, se vous y estes!

Traduction.

LE DRAPIER. — Hé! Diable! Il n'a pas votre blême visage
d'ivrogne! Ne vous ai-je pas quitté, malade, chez vous, il y a
un instant?

PATHELIN. — Ah! le bon argument que voici! Malade? et
de quelle maladie? Avouez votre sottise! Elle est maintenant
bien évidente!

LE DRAPIER. — C'est vous! ou je renie saint Pierre! Vous
et non un autre! Je le sais bien! C'est pure vérité!

PATHELIN. — Eh bien! n'en croyez rien! car certes ce n'est
pas moi! A vous je n'ai jamais pris ni une aune ni une demi-
aune. Je n'ai pas telle réputation!

LE DRAPIER. — Ah! je vais voir en votre maison, palsambleu,

Texte.

> Nous n'en debatrons plus nos testes
> ycy, se je vous treuve la.

PATHELIN

> Par Nostre Dame, c'est cela !
> Par ce point le sçaurez vous bien.
> *le drapier part*

X

Toujours devant le tribunal

PATHELIN, *au berger*

1540 Dy, Aignelet.

LE BERGIER

Bee !

PATHELIN

Vien ça, vien.
Ta besongne est elle bien faicte ?

Traduction.

si vous y êtes ! Nous ne nous casserons plus la tête ici si je vous trouve là !

PATHELIN. — Par Notre Dame, c'est cela ! Ainsi en aurez-vous le cœur net !

Scène X. — PATHELIN, THIBAULT AIGNELET.

La scène est devant le tribunal.

PATHELIN. — Dis donc, Aignelet !

THIBAULT AIGNELET. — Bée !

PATHELIN. — Viens çà, viens ! Ton affaire est-elle bien réglée ?

─────── **QUESTIONS** ───────

SUR LA SCÈNE IX. — Un face à face de plus ! Relevez les précédents et déduisez ici le comique de situation.

— Montrez comment les caractères des deux antagonistes s'avèrent constants.

Texte.

LE BERGIER

Bee!

PATHELIN

Ta partie s'est retraicte;
ne dy plus « bee »; il n'y a force.
Luy ay je baillé belle estorse?
1545 T'ay je point conseillé a point?

LE BERGIER

Bee!

PATHELIN

Hé dea! on ne t'orra point;
parle hardiment; ne te chaille.

LE BERGIER

Bee!

PATHELIN

Il est temps que je m'en aille :
paye moy!

LE BERGIER

Bee!

Traduction.

THIBAULT AIGNELET. — Bée!

PATHELIN. — Ta partie s'est retirée. Ne dis plus « Bée! ».
Ce n'est plus la peine! L'ai-je bien entortillé? Mes conseils
n'étaient-ils pas opportuns?

THIBAULT AIGNELET. — Bée!

PATHELIN. — Eh! Diable! On ne t'entendra pas : parle hardiment! Ne t'inquiète pas!

THIBAULT AIGNELET. — Bée!

PATHELIN. — Il est temps que je m'en aille! Paie-moi!

THIBAULT AIGNELET. — Bée!

Texte.

PATHELIN

A dire veoir,
1550 tu as tresbien fait ton devoir,
et aussi bonne contenance.
Ce qui luy a baillé l'avance,
c'est que tu t'es tenu de rire.

LE BERGIER

Bee !

PATHELIN

Quel « bee » ? Ne le fault plus dire.
1555 Paye moy bien et doulcement !

LE BERGIER

Bee !

PATHELIN

Quel « bee » ? Parle saigement
et me paye ; si m'en yray.

LE BERGIER

Bee !

PATHELIN

Sez tu quoy ? je te diray :
je te pry, sans plus m'abaier,

Traduction.

PATHELIN. — A dire vrai, tu as très bien tenu ton rôle, et ton attitude a été bonne. Ce qui lui a donné le change, c'est que tu t'es retenu de rire.

THIBAULT AIGNELET. — Bée !

PATHELIN. — Qu'est-ce que ce « Bée » ? Il ne faut plus le dire ! Paie-moi bien et gentiment !

THIBAULT AIGNELET. — Bée !

PATHELIN. — Qu'est-ce que ce « Bée » ? Parle raisonnablement. Paie-moi. Et je m'en irai.

THIBAULT AIGNELET. — Bée !

PATHELIN. — Sais-tu ? Je te dirai une chose : je te prie, sans

Texte.

1560 que tu penses de moy payer.
Je ne vueil plus de ta beerie.
Paye tost!

LE BERGIER

Bee!

PATHELIN

Esse mocrie?
Esse quant que tu en feras?
Par mon serment, tu me pairas,
1565 entens tu? se tu ne t'en voles.
Sa! argent!

LE BERGIER

Bee!

PATHELIN

Tu te rigolles!
Comment? N'en auray je aultre chose?

LE BERGIER

Bee!

PATHELIN

Tu fais le rimeur en prose!
Et a qui vends tu tes coquilles?

Traduction.

plus me bêler après, de songer à me payer. J'en ai assez de
tes « Bée »! Vite! Paie!

THIBAULT AIGNELET. — Bée!

PATHELIN. — Est-ce moquerie? Est-ce tout ce que tu en
feras? Je te le jure, tu me paieras, entends-tu? à moins que
tu ne t'envoles! Allons! L'argent!

THIBAULT AIGNELET. — Bée!

PATHELIN. — Tu te ris! Comment! N'en aurai-je autre
chose?

THIBAULT AIGNELET. — Bée!

PATHELIN. — Tu fais le rimeur en prose! Et à qui vends-tu

Texte.

1570 Scez tu qu'il est ? Ne me babilles
meshuy de ton « bee », et me paye !

LE BERGIER

Bee !

PATHELIN

N'en auray je aultre monnoye ?
A qui te cuides tu jouer ?
Je me devoie tant louer
1575 de toy ! or fais que je m'en loe.

LE BERGIER

Bee !

PATHELIN

Me fais tu mengier de l'oe ?
à part
Maugré bieu ! ay je tant vescu
qu'ung bergier, ung mouton vestu,
ung villain paillart me rigolle ?

LE BERGIER

1580 Bee !

PATHELIN

N'en auray je aultre parolle ?

Traduction.

tes coquilles ? Sais-tu ce qu'il en est ? Ne me rebats plus désor-
mais les oreilles de ton « Bée ! » et paie-moi !

THIBAULT AIGNELET. — Bée !

PATHELIN. — N'en tirerai-je autre monnaie ? De qui crois-tu
te jouer ? Je devais tant me louer de toi ! Eh bien ! Fais donc
que je m'en loue !

THIBAULT AIGNELET. — Bée !

PATHELIN. — Me fais-tu manger de l'oie ? Maugrebleu ! Ai-je
tant vécu qu'un berger, un mouton habillé, un vilain paillard,
me bafoue ?

THIBAULT AIGNELET. — Bée !

Texte.

>Se tu le fais pour toy esbatre,
>dy le, ne m'en fays plus debatre.
>Vien t'en soupper a ma maison.

LE BERGIER

Bee !

PATHELIN

>Par Saint Jehan, tu as raison :
>1585 les oisons mainnent les oes paistre !
>*à part*
>Or cuidoye estre sur tous maistre,
>des trompeurs d'icy et d'ailleurs,
>des fort coureux[227] et des bailleurs
>de parolles en payement,
>1590 a rendre au jour du jugement,
>et ung bergier des champs me passe !
>*au berger*
>Par saint Jaques ! se je trouvasse
>ung sergent, je te fisse prendre !

LE BERGIER

Bee !

Traduction.

PATHELIN. — N'en tirerai-je pas un autre mot ? Si c'est pour te divertir, dis-le ! Ne me fais plus discuter ! Viens-t'en souper à la maison !

THIBAULT AIGNELET. — Bée !

PATHELIN. — Par saint Jean, tu as raison. Les oisons mènent paître les oies. Je croyais être maître de tous les trompeurs d'ici et d'ailleurs, des aigrefins et bailleurs de paroles à tenir le jour du jugement, et un berger des champs me surpasse ! Par saint Jacques, si je trouvais un bon officier de police, je te ferais arrêter !

THIBAULT AIGNELET. — Bée !

---

227. *Coureux* : qui apparaît aussi sous les formes *courtiers* et *couratiers*, sert à désigner les maquignons.

Texte.

PATHELIN

Heu, « bee » ! L'en me puisse pendre
1595 se je ne vois faire venir
ung bon sergent ! Mesadvenir
luy puisse il s'il ne t'enprisonne !

LE BERGIER, *s'enfuyant*

S'il me treuve, je luy pardonne !

EXPLICIT

Traduction.

PATHELIN. — Heu ! Bée ! Qu'on me pende si je ne fais pas venir un bon officier ! Malheur à lui s'il ne te met pas en prison !

THIBAULT AIGNELET. — S'il me trouve, je lui pardonne !

QUESTIONS

SUR LA SCÈNE X. — Montrez le parallélisme entre les exhortations de plus en plus pressantes de Pathelin et celles du drapier s'adressant à Pathelin au cours des scènes précédentes.

— Effet produit par l'ultime réplique de la pièce, qui est prononcée par Thibault Aignelet.

— Analysez l'effet de contraste produit par les répliques toujours longues de Pathelin et le monosyllabe inexorable qui sort des lèvres de Thibault Aignelet.

DOCUMENTATION THÉMATIQUE

réunie par la Rédaction des Nouveaux Classiques Larousse.

1. Une reprise du thème de *Pathelin* au XVIIIᵉ siècle.
   1.1. L'achat du drap ;
   1.2. Le délire de Patelin ;
   1.3. L'audience.

1. UNE REPRISE DU THÈME
DE *PATHELIN* AU XVIIIᵉ SIÈCLE

En 1706, Brueys et Palaprat présentaient au public une comédie en trois actes et en prose intitulée *l'Avocat Patelin;* initialement prévue avec un prologue et deux intermèdes mêlés de chants, de danses et de déclamations, la pièce fut finalement représentée sous une forme exclusivement dramatique, après la guerre de la Succession d'Espagne. Ce fut un succès — mais le dernier de l'auteur.

1.1. L'ACHAT DU DRAP (I, VI-VII)

SCÈNE VI

PATELIN, *à part*. — Bon ! le voilà seul, approchons.

GUILLAUME, *à part, feuilletant son livre*. — Compte du troupeau, etc.; six cents bêtes, etc.

PATELIN, *à part, lorgnant le drap*. — Voilà une pièce de drap qui ferait bien mon affaire. Serviteur, monsieur.

GUILLAUME, *sans le regarder*. — Est-ce le sergent que j'ai envoyé quérir ? Qu'il attende.

PATELIN. — Non, monsieur ! je suis...

GUILLAUME, *le regardant*. — Une robe ! le procureur donc ? Serviteur.

PATELIN. — Non, monsieur, j'ai l'honneur d'être avocat.

GUILLAUME. — Je n'ai pas besoin d'avocat : je suis votre serviteur.

PATELIN. — Mon nom, monsieur, ne vous est sans doute pas inconnu : je suis Patelin l'avocat.

GUILLAUME. — Je ne vous connais point, monsieur.

PATELIN, *à part*. — Il faut se faire connaître... (*Haut.*) J'ai trouvé, monsieur, dans les mémoires de feu mon père, une dette qui n'a pas été payée, et...

GUILLAUME. — Ce ne sont pas mes affaires; je ne dois rien.

PATELIN. — Non, monsieur; c'est au contraire feu mon père qui devait au vôtre trois cents écus; et comme je suis homme d'honneur, je viens vous payer.

GUILLAUME. — Me payer ? Attendez, monsieur, s'il vous plaît; je me remets un peu votre nom. Oui, je connais depuis longtemps votre famille. Vous demeuriez au village ici près : nous

nous sommes connus autrefois. Je vous demande excuse, je suis votre très humble et très obéissant serviteur. (*Lui offrant sa chaise.*) Asseyez-vous là, je vous prie ; asseyez-vous là.

PATELIN. — Monsieur...

GUILLAUME. — Monsieur...

PATELIN, *s'asseyant*. — Si tous ceux qui me doivent étaient aussi exacts que moi à payer leurs dettes, je serais beaucoup plus riche que je ne suis ; mais je ne sais point retenir le bien d'autrui.

GUILLAUME. — C'est pourtant ce qu'aujourd'hui beaucoup de gens savent fort bien faire.

PATELIN. — Je tiens que la première qualité d'un honnête homme est de bien payer ses dettes ; et je viens savoir quand vous serez de commodité de recevoir vos trois cents écus.

GUILLAUME. — Tout à l'heure.

PATELIN. — J'ai chez moi votre argent tout prêt et bien compté ; mais il faut vous donner le temps de dresser une quit-tance par-devant notaire. Ce sont des charges d'une succession qui regarde ma fille Henriette, et j'en dois rendre un compte en forme.

GUILLAUME. — Cela est juste. Hé bien ! demain matin, à cinq heures.

PATELIN. — A cinq heures, soit. J'ai peut-être mal pris mon temps, monsieur Guillaume ; je crains de vous détourner.

GUILLAUME. — Point du tout, je n'ai que trop de loisir ; on ne vend rien.

PATELIN. — Vous faites pourtant plus d'affaires vous seul que tous les négociants de ce lieu.

GUILLAUME. — C'est que je travaille beaucoup.

PATELIN. — C'est que vous êtes, ma foi, le plus habile homme de tout ce pays... (*Examinant la pièce de drap.*) Voilà un assez beau drap.

GUILLAUME. — Fort beau.

PATELIN. — Vous faites votre commerce avec une intelligence...

GUILLAUME. — Oh ! monsieur...

PATELIN. — Avec une habileté merveilleuse...

GUILLAUME. — Oh ! oh ! monsieur...

PATELIN. — Des manières nobles et franches qui gagnent le cœur de tout le monde.

GUILLAUME. — Oh! point, monsieur.

PATELIN. — Parbleu, la couleur de ce drap fait plaisir à la vue.

GUILLAUME. — Je le crois : c'est couleur de marron.

PATELIN. — De marron? Que cela est beau! Je gage, monsieur Guillaume, que vous avez imaginé cette couleur-là?

GUILLAUME. — Oui, oui, avec mon teinturier.

PATELIN. — Je l'ai toujours dit : il y a plus d'esprit dans cette tête-là que dans toutes celles du village.

GUILLAUME. — Ah! ah! ah!

PATELIN, *tâtant le drap*. — Cette laine me paraît assez bien conditionnée.

GUILLAUME. — C'est pure laine d'Angleterre.

PATELIN. — Je l'ai cru... A propos d'Angleterre, il me semble, monsieur Guillaume, que nous avons autrefois été à l'école ensemble.

GUILLAUME. — Chez M. Nicodème.

PATELIN. — Justement. Vous étiez beau comme l'Amour!

GUILLAUME. — Je l'ai ouï dire à ma mère.

PATELIN. — Et vous appreniez tout ce qu'on voulait.

GUILLAUME. — A dix-huit ans, je savais lire et écrire.

PATELIN. — Quel dommage que vous ne vous soyez appliqué aux grandes choses! Savez-vous bien, monsieur Guillaume, que vous auriez gouverné un Etat?

GUILLAUME. — Comme un autre.

PATELIN. — Tenez, j'avais justement dans l'esprit une couleur de drap comme celle-là. Il me souvient que ma femme veut que je me fasse un habit : je songe que demain matin, à cinq heures, en portant vos trois cents écus, je prendrai peut-être de ce drap.

GUILLAUME. — Je vous le garderai.

PATELIN, *à part*. — Le garderai, ce n'est pas là mon compte. (*Haut.*) Pour racheter une rente, j'avais mis à part ce matin douze cents livres, où je ne voulais pas toucher; mais je vois bien, monsieur Guillaume, que vous en aurez une partie.

GUILLAUME. — Ne laissez pas de racheter votre rente; vous aurez toujours de mon drap.

PATELIN. — Je le sais bien; mais je n'aime point à prendre à crédit. Que je prends de plaisir à vous voir frais et gaillard! Quel air de santé et de longue vie!

GUILLAUME. — Je me porte bien.

PATELIN. — Combien croyez-vous qu'il me faudra de ce drap, afin qu'avec trois cents écus je porte aussi de quoi le payer ?

GUILLAUME. — Il vous en faudra... Vous voulez, sans doute, l'habit complet ?

PATELIN. — Oui, très complet. Justaucorps, culotte et veste, doublés du même ; et le tout bien long et bien large.

GUILLAUME. — Pour tout cela il vous en faudra... oui... six aunes... Voulez-vous que je les coupe, en attendant ?

PATELIN. — En attendant... Non, monsieur, non ; l'argent à la main, s'il vous plaît ; l'argent à la main : c'est ma méthode.

GUILLAUME. — Elle est fort bonne... (*A part.*) Voici un homme très exact.

PATELIN. — Vous souvient-il, monsieur Guillaume, d'un jour que nous soupâmes ensemble à l'Ecu de France ?

GUILLAUME. — Le jour qu'on fit la fête du village ?

PATELIN. — Justement ; nous raisonnâmes à la fin du repas sur les affaires du temps : que je vous ouïs dire de belles choses !

GUILLAUME. — Vous vous en souvenez ?

PATELIN. — Si je m'en souviens ! Vous prédîtes dès lors tout ce que nous avons vu depuis dans Nostradamus.

GUILLAUME. — Je vois les choses de loin.

PATELIN. — Combien, monsieur Guillaume, me ferez-vous payer de l'aune de ce drap ?

GUILLAUME, *voyant la marque*. — Voyons : un autre en payerait, ma foi, six écus, mais, allons... je vous le baillerai à cinq écus.

PATELIN, *à part*. — Le juif... (*Haut.*) Cela est trop honnête. Six fois cinq écus, ce sera justement...

GUILLAUME. — Trente écus.

PATELIN. — Oui, trente écus ; le compte est bon... Parbleu, pour renouveler connaissance, il faut que nous mangions, demain à dîner, une oie dont un plaideur m'a fait présent.

GUILLAUME. — Une oie ! je les aime fort.

PATELIN. — Tant mieux : touchez là ; à demain à dîner ; ma femme les apprête à miracle. Par ma foi, il me tarde qu'elle me voie sur le corps un habit de ce drap ! Croyez-vous qu'en le prenant demain matin, il soit fait à dîner ?

GUILLAUME. — Si vous ne donnez du temps au tailleur, il vous le gâtera.

PATELIN. — Ce serait grand dommage.

GUILLAUME. — Faites mieux : vous avez, dites-vous, l'argent tout prêt ?

PATELIN. — Sans cela je n'y songerais pas.

GUILLAUME. — Je vais vous le faire porter chez vous par un de mes garçons ; il me souvient qu'il y en a là de coupé justement ce qu'il vous en faut.

PATELIN, *prend le drap*. — Cela est heureux !

GUILLAUME. — Attendez. Il faut auparavant que je l'aune en votre présence.

PATELIN. — Bon ! Est-ce que je ne me fie pas à vous ?

GUILLAUME. — Donnez, donnez, je vais le faire porter ; et vous m'enverrez par le retour...

PATELIN. — Le retour ?... Non, non, ne détournez pas vos gens ; je n'ai que deux pas à faire d'ici chez moi... Comme vous dites, le tailleur aura plus de temps.

GUILLAUME. — Laissez-moi vous donner un garçon qui me portera l'argent.

PATELIN. — Hé ! point. Je ne suis pas glorieux ; il est presque nuit, et, sous ma robe, on prendra ceci pour un sac de procès.

GUILLAUME. — Mais, monsieur, je vais toujours vous donner un garçon pour me...

PATELIN. — Eh ! point de façon, vous dis-je... A cinq heures précises trois cent trente écus, et l'oie à dîner. Oh çà, il se fait tard ; adieu, mon cher voisin, serviteur... eh ! serviteur.

GUILLAUME. — Serviteur, monsieur, serviteur. (*M. Patelin rentre chez lui.*)

SCÈNE VII

GUILLAUME, *seul*. — Il s'en va, parbleu, avec mon drap ; mais il n'y a pas loin d'ici à cinq heures du matin. Je dîne demain chez lui, il me payera, il me payera... Voilà, parbleu, un des plus honnêtes et des plus consciencieux avocats que j'aie vus de ma vie ; j'ai quelque regret de lui avoir vendu ce drap un peu trop cher, puisqu'il veut me payer trois cents écus sur lesquels je ne comptais point : car je ne sais d'où diable peut venir cette dette... Mais, à la bonne heure... Oh ! il se fait nuit, et voilà, je pense, tout ce que je gagnerai aujourd'hui... Holà ! holà ! qu'on enferme tout cela là-dedans... Mais voici, je crois, ce coquin d'Agnelet, qui m'a volé mes moutons.

1.2. LE DÉLIRE DE PATELIN (II, i à iii)

SCÈNE PREMIÈRE

GUILLAUME, seul; ensuite PATELIN

GUILLAUME. — Il est du devoir d'un homme bien réglé de récapituler le matin ce qu'il s'est proposé de faire dans la journée; voyons un peu. Premièrement, je dois recevoir à cinq heures trois cents écus de M. Patelin, pour une dette de feu son père; plus, trente écus pour six aunes de drap qu'il prit hier ici; *item,* une oie à dîner chez lui, apprêtée de la main de sa femme; après cela comparaître à l'ajournement devant le juge contre Agnelet, pour six-vingts moutons qu'il m'a volés. Je pense que voilà tout. (*Regardant à sa montre.*) Mais ouais! il y a longtemps que l'heure est passée, et je ne vois point venir mon homme; allons le trouver... Non, un homme si exact ne me manquera pas de parole... Cependant il a mon drap, et je n'ai point de ses nouvelles. Que faire? Faisons semblant de lui aller rendre visite, et sachons un peu de quoi il est question. (*Ecoutant à la porte de M. Patelin.*) Je crois qu'il compte mon argent... (*Flairant à la porte.*) Je sens qu'on apprête l'oie... Frappons.

PATELIN, *dans la maison.* — Ma fem...me!

GUILLAUME, *à part.* — C'est lui-même.

PATELIN, *dans la maison.* — Ouvrez la porte... voilà l'apothicaire.

GUILLAUME, *à part.* — L'apothicaire!

PATELIN. — Qui m'apporte l'émétique, l'éméti...i...que.

GUILLAUME, *à part.* — L'émétique! C'est quelqu'un qui est malade chez lui, et je n'ai point pas bien reconnu sa voix à travers la porte : frappons encore plus fort. (*Il frappe.*)

PATELIN, *dans la maison.* — Car...o...gne, ma...a...asque, ouvriras-...tu...u?...

SCÈNE II

GUILLAUME, Mme PATELIN

Mme PATELIN, *à voix basse.* — Ah! c'est vous, monsieur Guillaume?

GUILLAUME. — Oui, c'est moi; vous êtes sans doute madame Patelin?

Mme PATELIN. — A vous servir. Pardon, monsieur, je n'ose parler haut.

GUILLAUME. — Oh! parlez comme il vous plaira. Je viens voir M. Patelin.

Mme PATELIN. — Parlez plus bas, monsieur, s'il vous plaît.

GUILLAUME. — Eh! pourquoi bas? Je viens, vous dis-je, lui rendre visite.

Mme PATELIN. — Encore plus bas, je vous prie.

GUILLAUME. — Si bas qu'il vous plaira; mais il faut que je le voie.

Mme PATELIN. — Hélas! le pauvre homme, il est bien en état d'être vu!

GUILLAUME. — Comment? Que lui serait-il arrivé depuis hier?

Mme PATELIN. — Depuis hier? Hélas! monsieur Guillaume, il y a huit jours qu'il n'a bougé du lit.

GUILLAUME. — Du lit? Il vint pourtant hier chez moi.

Mme PATELIN. — Lui, chez vous?

GUILLAUME. — Lui, chez moi; et il était même fort gaillard et fort dispos.

Mme PATELIN. — Ah! monsieur, il faut sans doute que cette nuit vous ayez rêvé cela.

GUILLAUME. — Ah! parbleu, ceci n'est pas mauvais, rêvé? Et mes six aunes de drap qu'il emporta, l'ai-je rêvé?

Mme PATELIN. — Six aunes de drap!

GUILLAUME. — Oui, six aunes de drap couleur de marron. Et l'oie que nous devons manger à dîner? eh! l'ai-je rêvé?

Mme PATELIN. — Que vous prenez mal votre temps pour rire!

GUILLAUME. — Pour rire? Ventrebleu, je ne ris point, et n'en ai nulle envie : je vous soutiens qu'il emporta hier sous sa robe six aunes de drap.

Mme PATELIN. — Hélas! le pauvre homme, plût au ciel qu'il fût en état de l'avoir fait! Ah! monsieur Guillaume, il eut tout hier un transport au cerveau, qui le jeta dans la rêverie, où je crois qu'il est encore.

GUILLAUME. — Oh! par la tête-bleu, vous rêvez vous-même, et je veux absolument lui parler.

Mme PATELIN. — Oh! pour cela, en l'état qu'il est, il n'est pas possible; nous l'avons mis là sur un fauteuil auprès de la porte, pour faire son lit. Si vous le voyiez, il vous ferait pitié.

GUILLAUME. — Bon, bon, pitié! (*Voulant entrer chez M. Patelin.*) En quelque état qu'il soit, je prétends le voir, ou...

Mme PATELIN, *l'interrompant et l'empêchant d'ouvrir la porte.* — Ah! n'ouvrez pas cette porte, vous allez tuer mon mari. Il lui prend de temps en temps des envies de courir... (*Voyant paraître M. Patelin, qui accourt la tête enveloppée de chiffons.*) Ah! le voilà parti.

SCÈNE III

PATELIN, Mme PATELIN, GUILLAUME

Mme PATELIN. — Je vous l'avais bien dit : aidez-moi à le reprendre... Mon pauvre mari! repose-toi là. (*Elle va chercher un fauteuil.*)

PATELIN. — Aïe, aïe, la tête.

GUILLAUME. — En effet, voilà un homme en piteux état. Il me semble pourtant que c'est le même d'hier, ou peu s'en faut... Voyons de plus près... Monsieur Patelin, je suis votre serviteur.

PATELIN. — Ah! bonjour, monsieur Anodin.

GUILLAUME. — Monsieur Anodin!

Mme PATELIN. — Il vous prend pour l'apothicaire; allez-vous-en.

GUILLAUME. — Je n'en ferai rien... (*A M. Patelin.*) Monsieur, vous vous souvenez bien qu'hier...

PATELIN. — Oui, je vous ai fait garder...

GUILLAUME. — Bon, il s'en souvient.

PATELIN. — Un grand verre plein de mon urine.

GUILLAUME. — Je n'ai que faire d'urine.

PATELIN. — Ma femme, fais-la voir à monsieur Anodin : il verra si j'ai quelque embarras dans les uretères.

GUILLAUME. — Bon, bon; uretères! Monsieur, je veux être payé.

PATELIN. — Si vous pouviez un peu éclaircir mes matières. Elles sont dures comme du fer, et noires comme votre barbe.

GUILLAUME. — Pa, pa, pa! voilà me payer en belle monnaie!

Mme PATELIN. — Eh! monsieur, sortez d'ici.

GUILLAUME. — Bagatelles! Voulez-vous me compter de l'argent? Je veux être payé.

PATELIN. — Ne me donnez plus de ces vilaines pilules, elles ont failli à me faire rendre l'âme.

GUILLAUME. — Je voudrais qu'elles t'eussent fait rendre mon drap!

PATELIN. — Ma femme, chasse, chasse ces papillons noirs qui volent autour de moi : comme ils montent!

GUILLAUME. — Je n'en vois point.

Mme PATELIN. — Eh! ne voyez-vous pas qu'il rêve? Allez-vous-en.

GUILLAUME. — Tarare! je veux de l'argent.

PATELIN. — Les médecins m'ont tué avec leurs drogues.

GUILLAUME. — Il ne rêve pas à présent : il faut que je lui parle... Monsieur Patelin?

PATELIN. — Je plaide, messieurs, pour Homère.

GUILLAUME. — Pour Homère!

PATELIN. — Contre la nymphe Calypso.

GUILLAUME. — Calypso! Que diable est ceci?

Mme PATELIN. — Il rêve, vous dis-je. Allez-vous-en; sortez, je vous prie.

GUILLAUME. — A d'autres!

PATELIN. — Les prêtres de Jupiter... les Corybantes... Il l'a pris, il l'emporte. Au chat, au chat! adieu mon lard.

GUILLAUME. — Oh çà! quand vous aurez assez rêvé, me payerez-vous au moins mes trente écus?

PATELIN. — Sa grotte ne retentissait plus du doux chant de sa voix.

GUILLAUME, *à part.* Ouais! aurais-je pris quelque autre pour lui?

Mme PATELIN. — Eh! monsieur, laissez en repos ce pauvre homme.

GUILLAUME. — Attendez, il aura peut-être quelque intervalle. Il me regarde comme s'il voulait me parler.

PATELIN. — Ah! monsieur Guillaume!

GUILLAUME, *à Mme Patelin.* — Oh! il me reconnaît. (*A M. Patelin.*) Hé bien?

PATELIN. — Je vous demande pardon...

GUILLAUME, *à Mme Patelin.* — Vous voyez s'il s'en souvient.

PATELIN, *à M. Guillaume.* — Si, depuis quinze jours que je suis dans ce village, je ne vous suis pas allé voir.

GUILLAUME. — Morbleu! ce n'est pas là mon compte. Cependant hier...

PATELIN. — Oui, hier, pour vous aller faire mes excuses, je vous envoyai un procureur de mes amis...

GUILLAUME, *à part.* — Ventrebleu, celui-là aura eu mon drap!

Un procureur ! (*A M. Patelin.*) Je ne le verrai de ma vie... Mais c'est une invention, et nul autre que vous n'a eu mon drap : à telles enseignes...

Mme PATELIN. — Eh ! monsieur, si vous lui parlez d'affaires, vous allez le tuer.

GUILLAUME. — A la bonne heure... (*A M. Patelin.*) A telles enseignes que feu votre père devait au mien trois cents écus. Ventrebleu, je ne m'en irai point d'ici sans argent.

PATELIN. — La cour remarquera, s'il lui plaît, que la pyrhique était une certaine danse, ta ral, la, la. Dansons tous (*prenant M. Guillaume et le faisant danser*), dansons tous !... Ma commère, quand je danse...

GUILLAUME. — Oh ! je n'en puis plus ; mais je veux de l'argent.

PATELIN, *à part.* — Oh ! je te ferai bien décamper... (*Haut.*) Ma femme, ma femme, j'entends des voleurs qui ouvrent notre porte : ne les entends-tu pas ? Ecoutons. Paix, paix, écoutons... Oui... les voilà... je les vois... Ah ! coquins, je vous chasserai bien d'ici. Ma hallebarde ! Ma hallebarde ! (*Il va prendre une hallebarde à l'entrée de la maison, et revient.*) Au voleur ! au voleur !

GUILLAUME. — Tudieu ! il ne fait pas bon ici... Morbleu, tout le monde me vole, l'un mon drap, l'autre mes moutons. Mais en attendant que je tire raison de celui-là, allons songer à faire pendre l'autre. (*Il s'en va.*)

Mme PATELIN. — Bon, le voilà parti ! je me retire. Mais demeure encore là un moment, en cas qu'il revînt.

PATELIN, *croyant voir revenir M. Guillaume.* — Le voici. Au voleur !... C'est monsieur Bartolin ; il m'a vu.

1.3. L'AUDIENCE (III, I-II)

SCÈNE PREMIÈRE

BARTOLIN, PATELIN, AGNELET

BARTOLIN, *à M. Patelin.* — Or sus, les parties peuvent comparaître.

PATELIN, *bas, à Agnelet.* — Quand on t'interrogera, ne réponds que de la manière que je t'ai dit.

BARTOLIN, *à M. Patelin.* — Quel homme est cela ?

PATELIN. — Un berger qui a été battu par son maître, et qui, au sortir d'ici, va se faire trépaner.

BARTOLIN. — Il faut attendre l'adverse partie, son procureur, ou son avocat. Mais que nous veut M. Guillaume ?

BARTOLIN, GUILLAUME, PATELIN, AGNELET

GUILLAUME, *à M. Bartolin.* — Je viens plaider moi-même mon affaire.

PATELIN, *bas à Agnelet.* — Ah ! traître ! c'est contre M. Guillaume ?

AGNELET. — Oui, c'est mon bon maître.

PATELIN, *à part.* — Tâchons de nous tirer d'ici.

GUILLAUME. — Ouais, quel homme est-ce là ?

PATELIN. — Monsieur, je ne plaide que contre un avocat.

GUILLAUME. — Je n'ai pas besoin d'avocat... (*A part.*) Il a quelque chose de son air.

PATELIN. — Je me retire donc.

BARTOLIN. — Demeurez, et plaidez.

PATELIN. — Mais, monsieur...

BARTOLIN. — Demeurez, vous dis-je ; je veux au moins avoir un avocat à mon audience. Si vous sortez, je vous raye de la matricule.

PATELIN, *à part, se cachant la figure avec son mouchoir.* — Cachons-nous du mieux que nous pourrons.

BARTOLIN. — Monsieur Guillaume, vous êtes le demandeur, parlez.

GUILLAUME. — Vous saurez, monsieur, que ce maraud-là...

BARTOLIN. — Point d'injures.

GUILLAUME. — Eh bien ! que ce voleur.

BARTOLIN. — Appelez-le par son nom, ou celui de sa profession.

GUILLAUME. — Tant y a, vous dis-je, monsieur, que ce scélérat de berger m'a volé six-vingts moutons.

PATELIN. — Cela n'est point prouvé.

BARTOLIN. — Qu'avez-vous, avocat ?

PATELIN. — Un grand mal de dents.

BARTOLIN. — Tant pis. Continuez.

GUILLAUME. — Parbleu, cet avocat ressemble un peu à celui de mes six aunes de drap.

BARTOLIN. — Quelle preuve avez-vous de ce vol ?

GUILLAUME. — Quelle preuve ? Je lui vendis hier... je lui ai baillé en garde six aunes, six cents moutons, et je n'en trouve à mon troupeau que quatre-vingts.

PATELIN. — Je nie ce fait.

GUILLAUME, *à part*. — Ma foi, si je ne venais de voir l'autre dans la rêverie, je croirais que voilà mon homme.

BARTOLIN. — Laissez là votre homme, et prouvez le fait.

GUILLAUME. — Je le prouve par mon drap... je veux dire par mon livre de comptes. Que sont devenues les six aunes... les six-vingts moutons qui manquent à mon troupeau ?

PATELIN. — On ne nie pas que ce soit lui-même : *Non est quæstio de persona*. On vous dit que vos moutons sont morts de la clavelée : que répondez-vous à cela ?

GUILLAUME. — Je réponds, sauf votre respect, que cela est faux ; qû'il emporta sous... qu'il les a tués pour les vendre, et qu'hier moi-même... (*A part*.) Oh ! c'est lui... (*A M. Bartolin*.) Oui ! je lui vendis six... six... Je le trouvai sur le fait, tuant de nuit un mouton.

PATELIN, *à M. Bartolin*. — Pure invention, monsieur, pour s'excuser des coups qu'il a donnés à ce pauvre berger, qui, au sortir d'ici, comme je vous ai dit, va se faire trépaner.

GUILLAUME, *à M. Bartolin*. — Parbleu, monsieur le juge, il n'est rien de plus véritable, c'est lui-même, oui : il emporta hier de chez moi six aunes de drap, et ce matin, au lieu de me payer trente écus...

BARTOLIN. — Que diantre font ici six aunes de drap et trente écus ? Il est, ce me semble, question de moutons volés.

GUILLAUME. — Il est vrai, monsieur, c'est une autre affaire : mais nous y viendrons après. Je ne me trompe pourtant point. Vous saurez donc que je m'étais caché dans la bergerie... (*A part*.) Oh ! c'est lui très assurément... (*A M. Bartolin*.) Je m'étais donc caché dans la bergerie : je vis venir ce drôle, il s'assit là. Il prit un gros mouton... et... et, avec de belles paroles, il fit si bien, qu'il m'emporta six aunes...

BARTOLIN. — Six aunes de mouton ?

GUILLAUME. — Non, de drap, lui ! Maugrebleu de l'homme !

BARTOLIN. — Laissez là ce drap et cet homme, et revenez à vos moutons.

GUILLAUME. — J'y reviens. Ce drôle donc, ayant tiré de sa poche son couteau... je veux dire mon drap... Non, je dis bien ; son couteau... il... il... il... il... le mit comme ceci sous sa robe, et l'emporta chez lui ; et ce matin, au lieu de me payer mes trente écus, il me nie drap et argent.

PATELIN, *riant*. — Ah ! ah ! ah !

BARTOLIN. — A vos moutons, vous dis-je ! à vos moutons.

PATELIN, *riant*. — Ah ah ! ah !

BARTOLIN. — Ouais, vous êtes hors de sens, monsieur Guillaume. Rêvez-vous ?

PATELIN. — Vous voyez, monsieur, qu'il ne sait ce qu'il dit.

GUILLAUME. — Je le sais fort bien, monsieur. Il m'a volé six-vingts moutons ; et ce matin, au lieu de me payer trente écus pour six aunes de drap couleur de marron, il m'a payé de papillons noirs, la nymphe Calypso, ta ral là. Ma commère, quand je danse. Que diable sais-je encore ce qu'il est allé chercher ?

PATELIN. — Ah ! ah ! ah ! il est fou, il est fou.

BARTOLIN. — En effet. Tenez, monsieur Guillaume, toutes les cours du royaume ensemble ne comprendront rien à votre affaire : vous accusez ce berger de vous avoir volé six-vingts moutons, et vous entrelardez là-dedans six aunes de drap, trente écus, des papillons noirs, et mille autres balivernes. Eh ! encore une fois, revenez à vos moutons, ou je vais relaxer ce berger... Mais j'aurai plus tôt fait de l'interroger moi-même. (*A Agnelet.*) Approche-toi ; comment t'appelles-tu ?

AGNELET. — Bée...

GUILLAUME. — Il ment, il s'appelle Agnelet.

BARTOLIN. — Agnelet, ou Bée, n'importe. (*A Agnelet.*) Dis-moi, est-il vrai que monsieur t'avait baillé en garde six-vingts moutons ?

AGNELET. — Bée...

BARTOLIN. — Ouais ! la crainte de la justice te trouble peut-être. Ecoute, ne t'effraye point : M. Guillaume t'a-t-il trouvé de nuit tuant un mouton ?

AGNELET. — Bée...

BARTOLIN. — Oh ! oh ! que veut dire ceci ?

PATELIN. — Les coups qu'il lui a donnés sur la tête lui ont troublé la cervelle.

BARTOLIN. — Vous avez grand tort, monsieur Guillaume.

GUILLAUME. — Moi, tort ! L'un me vole mon drap, l'autre mes moutons ; l'un me paye de chansons, l'autre de bée ; et encore, morbleu, j'aurai tort !...

BARTOLIN. — Oui, tort. Il ne faut jamais frapper, surtout à la tête.

GUILLAUME. — Oh ! ventrebleu, il était nuit ; et quand je frappe, je frappe partout.

PATELIN. — Il avoue le fait. Monsieur, *habemus confitentem reum.*

GUILLAUME. — Oh ! va, va, *confitareum,* tu me payeras mes six aunes de drap, ou le diable t'emportera.

BARTOLIN. — Encore du drap ! On se moque ici de la justice. Hors de cour et de procès, sans dépens.

GUILLAUME. — J'en appelle... Et pour vous, monsieur le fourbe, nous nous verrons.

(Il s'en va.)

PATELIN, *à Agnelet.* — Remercie monsieur le juge.

AGNELET. — Bée, bée...

BARTOLIN. — En voilà assez. Va vite te faire trépaner, pauvre malheureux.

(Il s'en va.)

JUGEMENTS SUR « LA FARCE DE MAISTRE PATHELIN »

S'il vous plaît, examinez les pièces particulières de ce petit œuvre, vous y trouverez un entregent admirable, mais surtout en la harangue que le berger fit à son maître, lorsqu'il lui vint réciter l'ajournement qu'on lui avait fait :

> Mais qu'il ne vous veuille déplaire,
> Ne sais quel vêtu de royé,
> Mon bon Seigneur, tout dévoyé,
> Qui tenait un fouet sans corde,
> M'a dit (mais je ne me recorde...).

Repassez par toutes les comédies tant anciennes que modernes, il n'y en a une toute seule où se trouve une harangue plus brusque et naïve que cette-ci : dans laquelle vous remarquerez, en passant, que le berger en son lourdois remarque la verge du sergent un fouet sans corde. Or si l'auteur a gardé une merveilleuse bienséance en cet honnête homme, encore l'a-t-il observée, autant et plus à propos, quand il introduit Guillaume troublé en son âme par la présence de Patelin, qu'il pensait être malade en extrémité; car après avoir plusieurs fois entrevêché sa matière, tantôt de son drap, tantôt de ses moutons, le juge lui ayant commandé de laisser son drap en arrière et revenir aux moutons dont il était question, le drapier continue son thème en cette façon :

> Monseigneur, mais le cas me touche :
> Toutefois, par ma foi, ma bouche
> Meshui un seul mot n'en dira;
> Une autre fois il en ira
> Ainsi comme il pourra aller :
> Il me le convient avaler
> Sans mâcher. Or çà, je disais,
> A mon propos, comme j'avais
> Baillé six aunes, dois-je dire,
> Mes brebis...

Y eut-il jamais un plus bel entrelas de matière en un esprit faible, combattu de deux diverses passions? Ne pensez pas que, par opinion particulière, je sois seul auquel ait plu ce petit ouvrage : car, au contraire, nos ancêtres trouvèrent ce maître Pierre Patelin avoir si bien représenté le personnage pour lequel il était introduit, qu'ils mirent en usage ce mot de *Patelin* pour signifier celui qui par beaux semblants enjôlait; et de lui firent un *Pateliner* et *Patelinage*, pour même sujet. Et quand il advient qu'en commun devis quelqu'un extravague de son premier propos, celui qui le veut remettre sur ses premières brisées lui dit : Revenez à vos moutons; dont a usé à même effet Rabelais, en son premier livre de *Gargantua*. Il n'est pas que de fois à autres, quand on tire un payement en longueur, nous ne disions : Qui me payât, je m'en allasse. Et en un autre sujet, contre les gens de mauvaise foi, avoir drap et argent ensemble : tous proverbes que nous avons puisés de la fontaine de Patelin. Je serai encore plus hardi : car j'aime mieux reconnaître de lui le mot de *Baie*, que nous disons *Repaître un homme de Baies*, c'est-à-dire de discours frivoles, par un échange de *Bée* en *Baie*, que de passer les montagnes pour le mendier de l'italien. J'ajoûterai que notre gentil Rabelais le voulut imiter, quand pour se donner carrière il introduisit Panurge parler sept ou huit langages divers au premier abouchement de lui avec Pantagruel, le tout en la même façon qu'avait fait Patelin contre le rêveur.

Davantage, je recueille quelques anciennetés qui ne doivent être négligées : car, quand vous voyez le drapier vendre ses six aunes de drap neuf francs, et qu'à l'instant même il dit que ce sont six écus, il faut nécessairement conclure qu'en ce temps-là l'écu ne valait que trente sous. Mais comme accorderons-nous les passages ? En ce qu'en tous les endroits où il est parlé du prix de chaque aune, on ne parle que de vingt et quatre sols : qui n'est pas somme suffisante pour faire revenir les six aunes à neuf francs, ains à sept livres quatre sous seulement. C'est encore une autre ancienneté digne d'être considérée, qui nous enseigne qu'en la ville de Paris, où cette farce fut faite, et paraventure représentée sur l'échafaud, quand on parlait du sou simplement, on l'entendait parisis, qui valait quinze deniers tournois (car aussi était-il de notre ville de Paris), et à tant que les vingt-quatre sous faisaient les trente sous tournois. A ce propos, il me souvient qu'en ce grand et solennel testament de la reine Jeanne, femme de Philippe le Bel, qui fut du 24 mars 1304, par lequel elle fonda le collège de Champagne, dit de Navarre, faisant une infinité de legs à uns et autres siens gentilshommes et serviteurs, elle déclara ne vouloir que les sommes par elle léguées fussent estimées au parisis, sinon aux legs où elle en ferait mention expresse. Depuis, par succès de temps, tout ainsi qu'il ne se trouve plus de la monnaie du Parisis, aussi quand nous la voulons exprimer, nous y ajoutons par exprès le mot de *Parisis* en queue; autrement, soit à Paris ou ailleurs, nous n'entendons parler que de sous tournois.

Je ne veux pas aussi oublier qu'en ce temps-là les sergents exploitant, portaient leurs manteaux bigarrés (ainsi que nous recueillons de ces mots : Ne sais quel vêtu de royé), et encore étaient tenus de porter leurs verges; et c'est ce que le berger veut dire quand il parle d'un fouet sans corde. De cela nous pouvons apprendre que ce n'est sans raison que l'on appelait les sergents de pied *sergents à verge* : coutume que l'on voulut faire revivre par l'édit d'Orléans, fait à la postulation des trois états, en l'an 1560, quand par article exprès on ordonna que fussions contraints d'obéir aux commandements d'un sergent et de le suivre, voire en prison lorsqu'il nous toucherait de sa verge. Je dirai encore ce mot, et puis plus : nous avons deux noms desquels nous baptisons en commun propos ceux qu'estimons de peu d'effet, les nommant Jean ou Guillaume; dont soit cela provenu, je m'en rapporte à ce qui en est. Bien vous dirai-je que dès le temps que cette farce fut composée on se moquait des Guillaumes. Et paraventure l'auteur, pour cette même raison, appela le drapier Guillaume; car Guillemette voulant savoir son nom, Patelin lui répond :

> C'est un Guillaume
> Qui a le surnom de Jouceaume.

Et, en un autre passage, le drapier se mécontentait à part soi de Patelin :

> Il est avocat portatif,
> A trois leçons et trois psaumes ;
> Et tient-il les gens pour Guillaumes ?

Étienne Pasquier,
Recherches de la France,
Livre VIII, chap. LIX (1621).

L'avocat Pathelin n'est autre chose qu'une vieille farce du XVe siècle qui obtint dans son temps un succès extraordinaire. Elle le méritait par sa rare gaieté et son excellent comique, qui naît de l'action même et des situations, et non de simples traits de détail.

Lessing,
Dramaturgie de Hambourg, no XIV (juin 1767).

Le génie perça cependant quelquefois dans ces siècles dont il nous reste si peu d'ouvrages dignes d'estime ; *la Farce de Pathelin* ferait honneur à Molière. Nous avons peu de comédies qui rassemblent des peintures plus vraies, plus d'imagination et de gayeté.

Quelques auteurs attribuent cette pièce à Jean de Meun ; mais Jean de Meun cite lui-même des passages de *Pathelin* dans sa continuation du *Roman de la Rose* ; et d'ailleurs nous avons des raisons bien fortes pour rendre cette pièce à Guillaume de Loris.

On accorderait sans peine à Guillaume de Loris, inventeur du *Roman de la Rose*, le titre de père de l'éloquence française, que son continuateur obtint sous le règne de Philippe le Bel. On reconnaît dans les premiers chants de ce poème l'imagination la plus belle et la plus riante, une grande connaissance des Anciens, un beau choix dans les traits qu'il en imite ; mais, dès que Jean de Meun prend la plume, de froides allégories, des dissertations frivoles appesantissent l'ouvrage ; le mauvais ton de l'école, qui dominait alors, reparaît ; un goût juste et éclairé ne peut y reconnaître l'auteur de *la Farce de Pathelin*, et la rend à Guillaume de Loris.

Comte de Tressan,
article « Parade » de l'*Encyclopédie* (1767).

En outre de la verve comique et de l'esprit de mots, l'auteur possédait à un degré peu commun, même aujourd'hui, l'entente dramatique, l'art de faire rendre à une situation tout ce qu'elle renferme sans la surcharger et la noyer en détails [...]. C'est de cette farce qu'est sortie la gloire réelle et durable du théâtre français : la comédie.

Génin,
Préface à une édition
de *Maistre Pierre Pathelin* (1854).

La faveur dont Pathelin a joui tout d'abord est-elle uniquement due à la jovialité de cette farce, ou bien faut-il faire entrer en ligne de compte un certain mérite de style et un certain talent d'écrivain? Il est impossible de ne pas répondre affirmativement sur ce dernier point. La lecture montre partout un homme habile à manier sa langue avec correction et avec élégance. En un mot, l'auteur de *Pathelin* sait écrire.

Littré,
dans *Revue des Deux Mondes*, page 364
(15 juillet 1855).

Patelin est la pièce la plus spirituelle et la plus achevée de notre vieux théâtre comique. Les naïves représentations du XIIIᵉ siècle ont certainement plus de charme : le *Jeu de la feuillée* d'Adam de la Halle, en particulier, offre même plus de véritable finesse et se distingue par une verve digne d'Aristophane. Mais l'entente de la scène et la distribution des parties font entièrement défaut dans ces premiers essais, tandis que *Patelin* nous représente la comédie complète, la comédie telle que l'entend Molière, telle que la comprit l'Antiquité. L'auteur était évidemment un homme habile, pratiquant son art avec expérience et souvent même avec trop de réflexion. Ce qui caractérise en effet les compositions primitives et vraiment naïves, c'est que l'écrivain ne se doute pas des beautés que nous admirons dans son œuvre; heureuse ignorance d'où résultent une candeur et une sobriété qui ne sauraient s'imiter. Ici, au contraire, l'auteur a si bien conscience de ses traits d'esprit, qu'il les épuise en les répétant jusqu'à la fatigue. Malgré ce défaut, la farce du Moyen Âge fait avec *Patelin* son entrée sur le terrain de l'art véritable. Tandis que le mystère n'arriva jamais, en France du moins, à se transformer en tragédie et resta toujours frappé d'une incurable impuissance, si bien que le génie tragique à son réveil fut obligé de se rattacher à des traditions étrangères, la farce confine de plain-pied à la comédie moderne. « C'est de la farce, dit très bien M. Génin, qu'est sortie la gloire réelle et durable du théâtre français, la comédie d'intrigue aussi bien que la comédie de caractère. Je doute un peu que le *Cid* et *Cinna* descendent du mystère de la Passion; mais je suis bien sûr qu'il y a une filiation directe entre la *Farce de Patelin* et le *Légataire*, et *Tartuffe*, et même le *Misanthrope* [...]. »

La farce publiée par M. Génin est en effet le chef-d'œuvre de cette littérature essentiellement roturière, narquoise, spirituelle, immorale, que produisit la fin du Moyen Âge, et qui trouva dans Louis XI un zélé protecteur et sa plus complète personnification. On raconte qu'au banquet du sacre, ce roi sans façon, gêné par la couronne de Reims, qui s'ajustait mal à sa tête, la posa sur la table à côté de lui, puis, sans égard pour la noble assistance, sans égard pour le duc de Bourgogne, représentant de l'antique courtoisie, il causa tout le temps avec un joyeux et subtil compère, qui se tenait au dos de sa chaise. Ce que Louis XI fit le premier jour de son règne, le goût public l'avait fait avant lui. Il y eut au XVᵉ siècle toute une littérature qu'on pourrait appeler la littérature Louis XI, où la suprême vertu est la finesse, où la grandeur est impitoyablement sacrifiée au succès. Les nobles fictions dont avait vécu le Moyen Âge sont évanouies; Charlemagne est devenu un ridicule personnage dont les romanciers, indignes successeurs des trouvères, font le type de l'imbécillité; Arthur s'est affaibli dans de pâles imitations et touche presque aux fadeurs de l'Amadis; l'Eglise amoindrie se proclame elle-même à son siècle de fer; les saints font défaut; la pauvre Jeanne d'Arc n'est apparue un moment avec ses imaginations d'un autre âge, en compagnie de sainte Catherine, de saint Michel et de ses sœurs du paradis, que pour être condamnée par le pédantisme scolastique et l'égoïsme cupide; cette belle vision ne réveilla rien autour d'elle et attendit quatre cents ans pour être comprise. Tous les éléments moraux que la race germanique semble avoir portés dans la Gaule avec elle, le sentiment de l'indépendance individuelle, la révolte contre le système administratif et gouvernemental des Romains, où l'individu n'avait aucun droit contre l'État, la grande imagination, l'héroïsme chevaleresque, ont disparu. Il reste l'esprit gaulois, esprit plat, positif, sans élévation, fort avisé pour les choses de ce monde, moraliste à sa manière, mais à condition qu'on entende par moralité l'art de réussir ici-bas. Cet esprit goguenard, destructeur de toute noblesse et de tout idéal, qui, en plein Moyen Âge, sous le monastique et chevaleresque Saint Louis, fit sa première apparition, qui, sous Philippe le Bel et presque sous sa royale dictée, se montra avec une singulière hardiesse dans les écrits de Jean de Meung, mais sans exclure encore la vigueur et une certaine distinction, éclate avec toutes ses allures bourgeoises chez maître Patelin. Épopée d'un âge de fripons, comme l'a dit M. Michelet, Patelin est l'expression de cette laideur vulgaire et immorale, mais spirituelle, qui caractérise le XVe siècle et que les miniatures de ce temps nous révèlent avec tant d'originalité. Laideur utile pourtant et dont il ne faut pas médire, car le noble et poétique Moyen Âge devait disparaître. La noblesse s'achète toujours cher; la féodalité germanique était devenue pour le monde une chaîne intolérable; une réaction d'en bas était nécessaire, et ce rude labeur ne voulait pas de mains délicates. Où en serions-nous si Louis XI avait eu le cœur moins vil, l'âme moins cupide, la conscience plus timorée?

Ernest Renan,
Essais de morale et de critique,
article écrit après la publication de
la *Farce* dans sa forme primitive
par M. Génin en 1854.

Pas plus que M. Renan, je ne trouve nobles les soucis de cet avocat « sous l'orme », discourant avec sa femelle des moyens de remplacer leurs vieilles robes, usées « plus qu'étamine »; ni la joie de ce drapier, qui vend vingt-quatre sous d'un drap payé trop cher à vingt sous; ni la ruse de ce berger, qui vole tour à tour son maître et son défenseur; mais si je connaissais, en cette belle saison, un jeune homme qui se fût attendri à relire, comme le veut M. Renan, sous l'ombre des arbres verts ou sur le sable doré d'une plage, auprès d'une fine amie, les aventures de Roland ou de Lancelot, ou d'Aucassin et de Nicolette, ou d'Amis et d'Amile, ou simplement quelques pages de la *Vie de Jésus*, je lui conseillerais, aussitôt rentré dans ce tumultueux Paris, et avant de reprendre quelque virile besogne, d'aller voir à la Comédie-Française *la Vraie Farce de Pathelin*, qui l'avertirait de serrer au fond de son cœur ses chimères, et de se munir à nouveau d'ironie et de courage contre les réalités urgentes.

Louis Ganderax,
dans *Revue des Deux Mondes* (1881).

De toutes les farces il en est une qui surgit, puissante et magistrale, merveilleuse en son unité comique et scénique, et qui est le chef-d'œuvre de notre théâtre primitif : c'est celle de *Maistre Pierre Pathelin* qui suffirait à la gloire de celui qui l'a écrite [...]. Molière avait parmi ses livres *la Farce de maistre Pathelin*, et le plus bel éloge qu'on puisse faire de celle-ci, c'est de supposer qu'elle a pu l'inspirer plus d'une fois pour ses farces immortelles.

Arthur Pougin,
Dictionnaire historique et pittoresque du théâtre
(Paris, 1885).

C'est un cas unique que celui de *la Farce de Pathelin* [...]. Ici chacune des deux intrigues est très adroitement conduite, les « scènes à faire » en sont filées avec art, et le troisième acte où ces deux intrigues se réunissent est assez habilement agencé pour éviter le reproche de dualité d'action.

Félix Gaiffe,
le Rire et la Scène française
(Paris, 1931).

La Farce de maître Pathelin passe à bon droit pour le chef-d'œuvre du théâtre français au Moyen Âge [...]. Étienne Pasquier consacre à cette œuvre [...] un long chapitre de ses *Recherches de la France* (t. VIII, chap. LIX, éd. 1621). Geoffroy Tory renvoie le « bon estudiant à maistre Pierre Pathelin et aultres bons auteurs en français » (Geoffroy Tory, Champfleury). *Pathelin* est un des livres de chevet de Rabelais ; il est depuis lu, réédité et rejoué avec succès. Avec les poésies de Villon et de Charles d'Orléans, *Pathelin* est la seule œuvre du XVe siècle restée vraiment populaire.

La Farce de Pathelin réunit deux situations comiques que nous retrouvons, avec des variantes, dans la littérature folkloresque [...] fait un tableau vivant et spirituel d'un milieu singulièrement corrompu et indulgent en matière de morale [...]. Le public naïf et rude [...] a vu dans les fourberies de Pathelin qui s'enchaînent si plaisamment non le spectacle avilissant de la dégradation morale, mais un tableau réjouissant là où le lecteur moderne, avec son sens critique et sa pitié sans cesse en éveil, sa conscience plus affinée et plus inquiète, n'a plus le détachement tranquille qui permet à Rabelais de rire sans malice des plaisanteries cruelles de Panurge, à Molière des mésaventures conjugales de George Dandin. *Pathelin* est une œuvre de franche gaîté, de fine ironie, d'un réalisme spirituel et souriant, sans l'âpre violence, le cynisme, le style mordant qui nous frappent dans d'autres œuvres du Moyen Âge finissant.

F. Ed. Schneegans,
Préface à une édition de *Maistre Pierre Pathelin*
(Paris, « Bibliotheca romanica », 1932).

Malgré son titre, *Pathelin* est autre chose qu'une farce. La farce est un genre essentiellement populaire, créé par l'esprit du peuple à son image, grossier, mordant, dénué de charité et de finesse, et ne visant qu'à se procurer, aux dépens du prochain, « un ris dissolu ». La meilleure est sans doute celle du Cuvier. Mais *Pathelin,* par le développement des caractères et le maniement des situations, est une véritable comédie.

Dans ce sujet si simple, si mince, il y a un tel jaillissement de gaieté, tant de finesse, tant d'exactitude dans l'expression des caractères, un instinct dramatique si sûr, une vie si intense et un style si dru, si vert, si mordant, ici une si exubérante fantaisie et là une si saisissante vérité, souvent un si délicieux mélange de la fantaisie au-dehors et de la vérité au-dedans, que *la Farce de maistre Pathelin* doit être tirée hors de pair.

À la lettre, elle ne continue rien, ne commence rien. Après elle, la farce continue sans faire de progrès, sans s'étoffer, ni se remplir, ni se polir. Indestructible comme le peuple, elle traversera la Réforme, la Renaissance et apportera à Molière les éléments d'une comédie nationale.

G. Lanson et P. Tuffrau,
Histoire de la littérature française
(Paris, 1938).

Cette joyeuse comédie de mœurs et de caractères, la première comédie française, jouit d'une juste et longue fortune [...]. Ce succès, toujours retrouvé, de notre première comédie française se justifie avant tout par des qualités scéniques. À des acteurs de talent ou même à des amateurs un peu doués, elle offre une succession indéfinie et naturelle de situations et de mimiques propres à déclencher chez des spectateurs de toutes classes un rire inextinguible [...]. Ajoutez à cela les jeux de scène qui découlent si naturellement aussi de la situation et que le grand comique inconnu excelle à suggérer sans même avoir besoin d'user de l'artifice des rubriques : Pathelin évaluant sa taille et celle de son épouse, puis aunant le drap avec sa dupe ; Guillemette recommandant à Mᵉ Guillaume de parler bas et criant plus fort que lui ; le rire inextinguible de la rusée après son départ, rire qu'à son retour elle mêle de feintes larmes ; les angoisses du faux malade ; l'embarras du drapier, forcé de plaider pour lui-même ; l'ahurissement du juge ; la stupidité forcée du berger ; le geste de l'avocat, qui cache son visage sous prétexte de mal aux dents ; autant d'effets sûrs faciles à réaliser, difficiles à inventer pour qui ne possède pas le don si rare de la *vis comica,* de la force comique, que seuls Molière et, plus près de nous, Courteline ont eue à un plus haut degré.

[...] Tout cela est encore de l'extérieur ; mais l'intérieur est bien plus riche. L'unité spirituelle de la pièce, très frappante, réside dans la fourberie des personnages, fourberie si complète, si totale que, si elle ne nous faisait tant rire, elle nous ferait pleurer de l'universelle fourbe qui règne sur le monde. Mais comme Corneille bâtissait une tragédie (*Horace*) sur un sentiment unique (le patriotisme) en le différenciant en chacun de ses personnages, celui-ci promène la ruse (heureusement en l'incarnant et non en la personnifiant comme dans les moralités) à travers les milieux les plus divers : à la foire des marchands, au forum des avocats, à la prairie des bergers. Il nous empêche de nous apitoyer sur la victime (ce que n'évita pas toujours son glorieux successeur Molière), parce qu'elle est elle-même un trompeur, que ce soit Mᵉ Guillaume qui croit vendre vingt-quatre sous l'aune le drap qui n'en vaut pas vingt, ou l'avocat payé de son bée qu'il a inventé et dont le trait empoisonné se retourne contre lui-même.

Il y a aussi gradation et nuance dans toutes ces incarnations de la ruse : Mᵉ Guillaume est la ruse-bêtise, épaisse et stupide, Thibault l'Aignelet la ruse finaude, dont la sottise n'est qu'apparente, Guillemette la ruse naïve à fleur de peau, qui s'essaie dans l'imitation des autres et ne réussit qu'à moitié, la franchise la faisant éclater au beau milieu de la singerie, Mᵉ Pathelin, enfin, la ruse raffinée, appuyée sur l'esprit et sur la connaissance, triomphante, jusqu'au moment où elle se butera à l'obstacle, qu'elle a par imprudence fait elle-même surgir. Quant au juge, il n'est qu'un comparse, mais qui est vivant aussi, car il représente le magistrat plus pressé d'aller à ses plaisirs et à ses affaires que de chercher la vérité et de rendre bonne et claire justice.

En lui s'achève la satire gaie, mais profonde tout de même, qui se dégage de cette comédie : satire de la Marchandise et satire de la Justice, en ses magistrats et surtout en ses avocats véreux, guettant le client dessous l'orme, cloués parfois au pilori du marché du samedi, mais recommençant le dimanche, toujours prêts, moyennant finance, à blanchir ce qui est noir et à noircir ce qui est blanc. Le jeu n'est pas seulement d'intérêt, il leur plaît pour le jeu même, l'assouplissement et l'exercice de leur renardie.

Tout cela ne serait rien encore si, chez notre auteur, le don du style ne s'appariait à la puissance créatrice, style qui, quoique nourri de connaissances des vieux auteurs (à l'exclusion cependant de ceux de l'Antiquité, de Plaute et de Térence notamment), est le naturel même, à une époque où, Villon mis à part, la langue des fatistes, facteurs et rhétoriqueurs est si tourmentée.

[...] On comprend que le grand réaliste du siècle suivant, le joyeux et profond auteur de *Gargantua* et de *Pantagruel*, se soit inspiré et comme imprégné de ce patelinage et que son Panurge, maître ès ruses aussi, pratiquant comme lui diverses langues à étourdir les badauds, soit le descendant authentique de Pathelin et le prédécesseur de Figaro.

Gustave Cohen,
le Théâtre en France au Moyen Âge, tome II :
le Théâtre profane, pages 29-98 (Paris, 1948).

La langue est savoureuse et drue, le vers aisé et spirituel, la repartie vive, les caractères finement observés, les deux intrigues mêlées et dénouées avec un art très sûr. Par toutes ces qualités, *Pathelin* est infiniment supérieur à toutes les farces du XVᵉ et du XVIᵉ siècle. Est-ce même une farce ? Il est vrai que les fripons y tiennent toute la place et qu'il s'agit seulement de savoir quel est celui qui rira le dernier ; seul le juge représente les honnêtes gens, et c'est un personnage falot que tout le monde berne et qui invite à souper un avocat véreux. On n'a pas l'impression que l'auteur fasse tout bas des réserves. C'est bien le point de vue des Enfants sans souci. Mais ce qui semble assez naturel chez un farceur irresponsable des Halles surprend dans une œuvre aussi achevée. On se demande s'il n'y a pas ici un procédé voulu. Il faudrait savoir qui a composé la pièce et pour quelle occasion elle a été écrite. Nous ne tenons pas encore le secret de *Pathelin*. Ce que nous savons tout au moins, c'est que, farce ou comédie, il n'y a rien eu de pareil au théâtre avant Molière.

L. Foulet,
dans l'*Histoire de la littérature française illustrée*,
publiée sous la direction de J. Bédier et P. Hazard,
tome I, page 106 (Paris, Larousse, 1948).

Seul l'unique créateur de *Pathelin* avait mieux réussi dans le genre [la farce]. Son œuvre mériterait une étude particulière, dans le cadre de la satire antibourgeoise, tant elle paraît exceptionnelle par ses qualités formelles et par sa signification satirique [...]. *La Farce de maître Pathelin* caractérise la satire antibourgeoise de l'époque mieux qu'aucune autre pièce médiévale. Au même titre que *le Bourgeois gentilhomme* sous l'Ancien Régime. Elle fait la synthèse du plus grand nombre des éléments satiriques utilisés contre les bourgeois.

J. V. Alter,
les Origines de la satire anti-bourgeoise en France
(Genève, Droz, 1966).

SUJETS DE DEVOIRS ET D'EXPOSÉS

● Commentez ce jugement de Génin (préface à une édition de *la Farce de maistre Pierre Pathelin*, 1854) :

« En outre de la verve comique et de l'esprit de mots, l'auteur possédait à un degré peu commun, même aujourd'hui, l'entente dramatique, l'art de faire rendre à une situation tout ce qu'elle renferme sans la surcharger et la noyer en détails. [...] C'est de cette farce qu'est sortie la gloire réelle et durable du théâtre français, la comédie. »

● Discutez ce jugement de Félix Gaiffe (*le Rire et la Scène française*, Paris, 1931) :

« C'est un cas unique que celui de *la Farce de Pathelin* [...]. Ici chacune des deux intrigues est très adroitement conduite, les « scènes à faire » en sont filées avec art, et le troisième acte où ces deux intrigues se réunissent est assez habilement agencé pour éviter le reproche de dualité d'action. »

● Que pensez-vous de cette conclusion de U. T. Holmes à un article paru dans les *Mélanges d'histoire du théâtre du Moyen Âge et de la Renaissance* offerts à Gustave Cohen, professeur honoraire en Sorbonne, par ses collègues, ses élèves et ses amis (Paris, 1950) :

« On distingue, sous l'intrigue superficielle, l'esprit en pleine maturité d'un artiste minutieux » ?

● Dans quelle mesure peut-on appliquer à la destinée de *la Farce de maître Pathelin* cette remarque de Voltaire (*Lettre à M. de Forment*, le 6 février 1735) :

« Il y a sur les pièces de théâtre une destinée bizarre qui trompe la prévoyance de presque tous les jugements qu'on porte avant la représentation » ?

● Arthur Pougin (*Dictionnaire historique et pittoresque du théâtre*, Paris, 1885) voit en l'auteur de *la Farce de maître Pathelin* un précurseur de Molière : il juge cette pièce « puissante et magistrale, merveilleuse en son unité comique et scénique ». Vous montrerez en quoi elle est en effet notre premier chef-d'œuvre classique.

● Discutez ce jugement d'Ernest Renan (*Essais de morale et de critique*, 1859) :

« Le défaut irréparable de *la Farce de Pathelin*, au point de vue de l'art, est cette bassesse de cœur au-dessus de laquelle l'auteur ne s'élève jamais. Ce sont les faiblesses, les inconséquences de la nature humaine qui sont ridicules, et non ses hontes [...]. Quand la farce nous montre la victoire du fripon et la bêtise honnête victimée, elle a complètement tort aux yeux de la morale ; cependant la bêtise étant à sa manière un défaut esthétique, c'est-à-dire quelque chose qui rabaisse la nature humaine, on peut ne pas trouver mauvais de la voir par moments humiliée. Mais que la bêtise et la friponnerie triomphent à la fois, que Thibaud Agnelet, le plus sot de la bande, trompe tous les autres par sa sottise et gagne son procès en faisant la bête, voilà qui est désespérant et immoral au plus haut degré. »

TABLE DES MATIÈRES

IMPRIMERIE HÉRISSEY. — 27000 - ÉVREUX. — Décembre 1972.
Dépôt légal 1972-4ᵉ. — Nº 20963. — Nº de série Éditeur 8443.
IMPRIMÉ EN FRANCE (Printed in France). — 34 345 W-1-78.